||||| ||| |||||||| ||| |||||
CB067512

Impresso no Brasil, agosto de 2013

Copyright © Julia Merquior 2011
Todos os direitos reservados.

Os direitos desta edição pertencem a
É Realizações Editora, Livraria e Distribuidora Ltda.
Caixa Postal: 45321 · 04010 970 · São Paulo SP
Telefax: (5511) 5572 5363
e@erealizacoes.com.br · www.erealizacoes.com.br

EDITOR | Edson Manoel de Oliveira Filho

COORDENADOR DA BIBLIOTECA JOSÉ GUILHERME MERQUIOR
João Cezar de Castro Rocha

GERENTE EDITORIAL | Sonnini Ruiz

PRODUÇÃO EDITORIAL | Liliana Cruz

PREPARAÇÃO | Alyne Azuma

REVISÃO | Geisa Mathias de Oliveira

CAPA E PROJETO GRÁFICO | Mauricio Nisi Gonçalves

DIAGRAMAÇÃO | André Cavalcante Gimenez

PRÉ-IMPRESSÃO E IMPRESSÃO | Gráfica Vida & Consciência

Reservados todos os direitos desta obra.
Proibida toda e qualquer reprodução desta edição por
qualquer meio ou forma, seja ela eletrônica ou mecânica,
fotocópia, gravação ou qualquer outro meio de reprodução,
sem permissão expressa do editor.

Razão do Poema
Ensaios de Crítica e de Estética

José Guilherme Merquior

3ª edição

A H.:
Nunc ad te, mea lux, veniet mea litore navis
Servata

Prop., II, 14.

La profonde joye a plus de severité que de gayeté; l'extreme et plein contantement, plus de rassis que d'enjoué.
Essais, 2, XX.

A qualidade de homem, tomada em si mesma, consiste por essência em ser homem no interior de humanidades reunidas generativa e socialmente; e, se o homem é um ser de razão, não pode sê-lo, a não ser à medida que toda a humanidade a que pertence seja humanidade de razão.
Husserl

La culture ne sauve rien ni personne, elle ne justifie pas. Mais c'est un produit de l'homme: il s'y projecte, s'y reconnait: seul ce miroir critique lui offre son image.
Sartre

SUMÁRIO

Apresentação
   por Leandro Konder 15
Advertência 19

PARTE I – CRÍTICA

Uma canção de Cardozo 22
A poesia modernista 40
Falência da poesia ou uma geração enganada e enganosa:
   os poetas de 45 51
O poema do lá 59
Murilo Mendes ou a poética do visionário 71
Perfil de Cassiano 91
"A Máquina do Mundo" de Drummond 100
Serial 113
Onda mulher, onde a mulher 121
Quand vous serez bien vieille 127
Evtuchenko 143
A escola de Bocage 154
Coppelius ou a vontade alienada 158

PARTE II – ESTÉTICA

Crítica, razão e lírica – Ensaio para um juízo preparado
   sobre a nova poesia no Brasil 180
Notas estéticas:
   Primeira 222
   Segunda 224
   Terceira 225

Quarta 226
Quinta 227
Responsabilidade social do artista 229
Notas soltas sobre o declínio da aura 234
Entre real e irreal 237
Estética e antropologia – Esquema para uma
fundamentação antropológica da universalidade da arte 241
   I) O problema da universalidade da arte.
   A antropologia cultural chamada a resolvê-lo 241
   II) As relações da antropologia com a psicanálise
   e a psicologia social 250
   III) O conceito de inconsciente na antropologia
   cultural 253
   IV) O conceito de forma em estética e linguística 270
   V) Conclusão: arte e história 282

Posfácios à 3ª Edição
   A razão poética segundo José Guilherme Merquior
     por Wanderson Lima 288
   Dez anos sem José Guilherme Merquior
     por José Mario Pereira 306

Índice onomástico 329

RAZÃO DO POEMA[1]

---

[1] Graças à generosa doação de Julia Merquior, a É Realizações Editora constitui seu primeiro acervo documental de autor brasileiro: o "Arquivo José Guilherme Merquior/É Realizações Editora". A partir desta reedição de *Razão do Poema*, todos os volumes da Biblioteca José Guilherme Merquior estamparão documentos atinentes ao livro publicado. Deste modo, esperamos colaborar para o pleno reconhecimento da obra do autor de *Formalismo e Tradição Moderna*. Nos próximos lançamentos, daremos a conhecer sua nutrida correspondência com Claude Lévi--Strauss, Ernest Gellner, Raymond Aron, entre outros nomes fundamentais do pensamento contemporâneo. De igual modo, publicaremos textos inéditos de José Guilherme Merquior, além de inventariar a vasta fortuna crítica de seus últimos livros em inglês, francês e espanhol. (N. E.)

Convite em verso ? Todo convite
de casamento devia ser
(uma alma lírica logo o admite)
como Merquior o soube fazer.

Casar é verbo, ritmo, poesia,
unir destinos, jambo a troqueu.
Não cabe prosa nem letra fria,
Amor foi sábio quando escreveu.

Hilda e Guilherme (José), que o poema
— projeto claro de vocês dois,
seja perfeito em timbre, fonema,
na prima estrofe e sempre depois.

Outubro 1963

Carlos Drummond de Andrade

Poema de Carlos Drummond de Andrade, oferecido ao autor por ocasião de seu casamento com Hilda Vieira de Castro. Merquior ainda não havia publicado *Razão do Poema,* mas seu talento já era reconhecido pelos mais importantes nomes da literatura brasileira.
Fonte: Arquivo José Guilherme Merquior/É Realizações Editora

GUILHERME FIGUEIREDO

Paris, 11 de junho de 1965

Prezado Patrício José Guilherme Merquior:

Não tenho a honra de conhecê-lo pessoalmente mas isto não me impede de dirigir-lhe estas linhas que contêm um pedido fundamental.

Aceitaria você fazer a seleção dos poemas de Carlos Drummond de Andrade e mais uma nota introdutória para a publicação de uma "Anthologie Poétique" em francês, na série que o editor Seghers vem lançando em Paris e que, ainda êste ano, lançará as antologias de Manuel Bandeira e de Cecília Meirelles?

Não sei quem pode traduzir Carlos Drummond. Por favor, fale com êle, se aceita o que proponho – e talvez vocês encontrem o tradutor. E é preferível que êsse tradutor resida no Rio, para facilidades de consulta. O livro, como os demais, será uma edição bilingüe de uns 80 poemas, mais a nota introdutória (de umas 30 a 60 páginas datilografadas) e mais uma bibliografia.

Se aceitar o que lhe peço, por favor, fale ao Carlos Drummond, Rua Conselheiro Lafayette, 60 apartamento 701. Êle já sabe do projeto.

E, com os pedidos de desculpas de intrusão na sua vida e nos seus afazeres, cumprimenta-o, seu patrício e admirador

[assinatura]

Ambassade du Brésil
45 Avenue Montaigne – Paris.

Carta de Guilherme Figueiredo a José Guilherme Merquior,
enviada no ano de publicação de *Razão do Poema*.
Fonte: Arquivo José Guilherme Merquior/É Realizações Editora

Madrid, 18 de setembro de 1965

Meu caro Merquior

Achava-me fora de Espanha, em férias, quando aqui chegou o volume de sua obra, cuja oferta lhe agradeço, profundamente sensibilizado pelos termos tão amáveis com que a fez.

Uma de minhas principais preocupações, após o nosso último encontro no Galeão, era transmitir-lhe os nossos agradecimentos por outra gentileza de sua parte indo receber ali as nossas despedidas e também a minha impressão do ensaio sôbre a canção do exílio e que foi ótima. Nessa dívida, afetiva e espiritual, caí positivamente em mora, o que v. decerto me perdoará admitindo que a correção em deveres epistolares não é uma virtude brasileira... Uma atenuante: em meu primeiro contato com o Angel Crespo falei com o mais sincero entusiasmo sôbre aquêle seu trabalho recomendando-o para uma tradução e pouco tempo depois passei-lhe um ex: da revista em que o ensaio foi publicado.

Estou lendo RAZÃO DO POEMA com o máximo interêsse, e carinho. Quanta seiva nova nesse forte rebento da crítica nacional! Seus primeiros frutos talvez sejam ácidos demais para os paladares singelos mas são sumarentos e autênticos. Não sei de outra interpretação da moderna literatura brasileira que dê melhor evidência da complexidade do fenômeno crítico em nossos tempos nem de maior agilidade intelectual para o assimilar, após destemido mergulho em suas fontes originais. Surgiu enfim com v. um crítico, no melhor sentido deste têrmo, em regra tão mal empregado em nosso país.

Parabéns, meu caro Merquior!

Com renovados agradecimentos peço-lhe apresentar as nossas recomendações à Exma. Senhora e receber um abraço muito afetuoso do real admirador

Eugênio Gomes

Carta de Eugênio Gomes, um dos pioneiros da literatura comparada no Brasil, comentando a leitura de *Razão do Poema*, com destaque para um dos ensaios mais conhecidos de José Guilherme Merquior: "O Poema do Lá", publicado neste livro.
Fonte: Arquivo José Guilherme Merquior/É Realizações Editora

APRESENTAÇÃO[1]

Leandro Konder

Este livro põe ao nosso alcance não só os melhores ensaios já publicados pelo crítico José Guilherme Merquior (e selecionados por ele mesmo) como, também, alguns ensaios inéditos, recentemente escritos.

As vantagens da sua publicação me parecem evidentes. Merquior está longe de ser um nome desconhecido: seus artigos, publicados em diversos jornais e revistas, provocaram reações muito vivas, foram discutidos, tiveram grande repercussão. Isso lhe deu uma notoriedade que, por vezes, é incômoda, pois desperta muita inveja e irrita muito passionalismo provinciano.

Tendo iniciado as suas atividades muito moço (com menos de 18 anos) é natural que o ensaísta hoje considere superadas algumas das posições assumidas em seus primeiros trabalhos e não lhes endosse certas formulações polêmicas. O Merquior de agora não mais se dispõe a uma conciliação com o irracionalismo heideggeriano e rejeita, com disposição mais nítida do que no passado, qualquer *formalismo* na arte (embora nem por isso tenha passado a aceitar o *conteudismo*).

O tempo transcorrido desde a sua estreia não é, do ponto de vista estritamente cronológico, tão grande assim: Merquior está hoje com 23 anos. Mas a evolução do crítico é rápida; a escala exterior e objetiva da cronologia não permite uma avaliação correta do avanço realizado pela experiência do ensaísta. Assim, ele resolveu não incluir na presente coletânea qualquer dos trabalhos

---

[1] Texto da orelha da 1ª edição, da Civilização Brasileira, de 1965, e da 2ª edição, da Editora Topbooks, de 1996.

considerados comprometidos com posições filosóficas, estéticas e literárias inteiramente superadas.

Mesmo, porém, entre os ensaios selecionados e incluídos na coletânea – isto é, mesmo entre os filhos diletos, que o pai satisfeito ainda exibe às visitas – não existe uma integral harmonia de pontos de vista. A perspectiva do ensaio com que se fecha o volume ("Estética e Antropologia"), por exemplo, utilizando uma aparelhagem conceitual inspirada em Cassirer e Lévi-Strauss, não é rigorosamente a mesma (quase lukácsiana) de "Crítica, Razão e Lírica".

Isso representará, acaso, uma transigência de caráter eclético? Não me parece. Com a mesma firmeza com que repele o monolitismo, a fixação artificial de uma unidade dogmática que o obrigasse a "fechar" sua visão do mundo, o crítico se dispõe a repelir o ecletismo, a justaposição estática de ideias não integradas a um todo coerente. A presença de contradições no pensamento de Merquior só lhe traria a limitação do ecletismo se ele se "acomodasse" a elas, se ele *parasse* nelas. Mas o ensaísta procura, no dinamismo do seu pensamento, *assumir* tais contradições, superá-las em seu movimento.

"Crítica, Razão e Lírica" (de 1962) e "Estética e Antropologia" (de 1964) marcam dois momentos vivos de uma história *in fieri*, de um movimento filosófico que o crítico sabe não concluído. Ao contrário do ensaio sobre o "Neo Laocoon", por exemplo – publicado há mais de cinco anos no suplemento do *Jornal do Brasil* –, não pertencem à pré-história do pensamento merquioriano. O "Neo Laocoon", a despeito de conter algumas ideias interessantes, não tinha por que ser incluído na presente coletânea (e não o foi), de vez que, para o autor, está *culturalmente morto*. "Crítica, Razão e Lírica" e "Estética e Antropologia", entretanto, manifestam tendências *atuais* do seu pensamento. Pessoalmente, em virtude da minha posição filosófica, identifico-me mais com a visão do mundo do ensaio que me foi dedicado (deveria, talvez, dar-me por suspeito? Terá havido influência decorrente da gentileza?) do que com a visão do mundo de "Estética e Antropologia", a partir da qual me parece mais difícil uma síntese orgânica dos elementos dialéticos do pensamento de Merquior.

As exigências do racionalismo merquioriano ("doa a quem doer, continuo um racionalista") me fazem supor que tais tendências virão em breve a se definir de maneira mais aprofundada umas em relação às outras. Por ora, através dos trabalhos constantes do presente livro, poderemos sempre acompanhar o movimento de um pensamento notável pelo seu vigor, poderemos segui-lo na riqueza assombrosa da sua problemática. E, na medida em que seu racionalismo o impelir para a frente, teremos sempre muito o que aprender com ele.

ADVERTÊNCIA

Dos dezenove ensaios que compõem este livro, cinco são totalmente inéditos; um – "A Escola de Bocage" – foi reescrito; os outros foram recolhidos de várias publicações, entre as quais o Suplemento Dominical do *Jornal do Brasil*, *Senhor* (que Deus tenha a alma de ambos) e *Praxis*. Não hesitei, nesses últimos, em cortar, ou mesmo, aqui e ali, em modificar. Se, em sua forma original, todos eles me ajudaram a pensar o que hoje escrevo, não é menos verdade que não representariam minhas ideias atuais, quer sobre crítica, quer sobre estética: os cortes e alterações visaram a atenuar essa distância.

O livro vai dividido em duas partes: crítica e estética. O leitor logo descobrirá que a fronteira entre as duas seções é muito móvel. Ainda assim, conservei a divisão, atendendo à tônica que prevaleceu num ou noutro caso: enfrentamento da obra, autor ou estilo, ou predomínio na reflexão estética.

Num livro cujo material abrange quatro anos cheios de mudanças para mim, não posso deixar de sugerir a leitura do que melhor defina o que faço e penso agora. No exercício de "Uma Canção de Cardozo" ou de "O Poema do Lá", na teoria do visionário de Murilo Mendes, no ensaio sobre Hoffmann ou no comprido esquema de estética que encerra o volume – aí poderão encontrar-me como hoje sou (como me tornei) e como me conservarei, se, principalmente, a consciência dos outros me reconhecer nesse estilo de crítica.

Resta o título. Sobre ele, quero apenas indicar que não é gratuito. Doa a quem doer, permaneço um racionalista – embora firmemente convencido de que o único racionalismo consequente é o que se propõe, não a violentar o mundo em nome de seus esquemas, mas a apreender em seus conceitos, sem nunca render-se ao ininteligível, sem jamais declarar o inefável, a essência de toda realidade, ainda a mais esquiva, mais obscura e mais contraditória. Somente as almas cândidas, os cegos voluntários e os contempladores do próprio umbigo não percebem e não aprovam a virilidade *desta* Razão; mas ela é apenas a própria e íntima razão de todo verdadeiro conhecimento humano.

J. G. M.

Parte I

CRÍTICA

Uma canção de Cardozo

a AUGUSTO MEYER
Leitor ideal de poesia.

A Canção é a *Elegíaca* da página 85 de *Signo Estrelado*:[1]

Quando os teus olhos fecharem
Para o esplendor deste mundo,
Num chão de cinza e fadigas
Hei de ficar de joelhos;
Quando os teus olhos fecharem
Hão de murchar as espigas,
Hão de cegar os espelhos.

Quando os teus olhos fecharem
E as tuas mãos repousarem
No peito frio e deserto,
Hão de morrer as cantigas;
Irá ficar desde e sempre,
Entre ilusões inimigas,
Meu coração descoberto.

Ondas do mar – traiçoeiras –
A mim virão, de tão mansas,
Lamber os dedos da mão;
Serenas e comovidas
As águas regressarão
Ao seio das cordilheiras.
Quando os teus olhos fecharem
Hão de sofrer ternamente
Todas as coisas vencidas,

---

[1] Joaquim Cardozo, *Signo Estrelado*. Rio de Janeiro, Ed. Livros de Portugal, 1960.

Profundas e prisioneiras;
Hão de cansar as distâncias,
Hão de fugir as bandeiras.

Sopro da vida sem margens,
Fase de impulsos extremos,
O teu hálito irá indo,
Longe e além reproduzindo,
Como um vento que passasse
Em paisagens que não vemos;
Nas paisagens dos pintores
Comovendo os girassóis
Perturbando os crisântemos.

O teu ventre será terra
Erma, dormente e tranquila
De savana e de paul;
Tua nudez será fonte,
Cingida de aurora verde,
A cantar saudade pura
De abril, de sonho, de azul
Fechados no anoitecer.

São quarenta e três versos dispostos em cinco estrofes, duas de sete, uma de doze, uma de nove e outra de oito: todas lançadas no metro de redondilha maior, ou seja, de sete sílabas acentuadas variavelmente, mas com predomínio de marcação 4-7. Sobre a generalidade como que neutra desse esquema, o trabalho poético da "Canção" desenha o traçado de um dos mais fortes conseguimentos da nossa lírica, moderna e de sempre.

Vamos tentar surpreender a arquitetura do cristal. Uma vez lida toda a canção, iniciemos a releitura de forma analítica, tomando para exame a primeira parte da primeira estrofe:

Quando os teus olhos fecharem
Para o esplendor deste mundo,
Num chão de cinza e fadigas
Hei de ficar de joelhos;

Pela leitura geral do poema, sabemos que o primeiro verso é repetido; ele intervém quatro vezes (I, 1 e 5; II, 1; III,7).² Na divisão estrófica bastante "livre" da canção – livre em contraste com formas mais regulares, não, é claro, por ausência de necessidade poética – o aparecimento reiterado desse verso basta para qualificá-lo como uma espécie de refrão. Por isso, e não por uma simples questão de precedência, convém começar nosso estudo por ele. Vemos assim que está construído à base de consonâncias palatais, no que se refere aos lugares privilegiados da sua extensão sintática: ol*h*os, fe*ch*arem. A sonoridade palatal empresta à imagem física da morte, ou melhor, do morrer, a música mais adequada: os olhos bem fechados, fechados em definitivo, da morta ecoam seu aspecto em consoantes de chumbo; o som plúmbeo reflete o peso das pálpebras, mais grave do que nunca. Por essa razão, o segundo verso, em dentais (esplen*d*or *d*este mun*d*o), pode opor expressivamente, à gravidade do primeiro, a luminosidade do universo que a morta acaba de abandonar. Quando o som palatal se vê retomado (I, 3), numa palavra tão forte como *chão*, já está associado ao doloroso, ao ferido, ao dolorido que os ii representam: *num chão de cInza de fadIgas*. À gravidade física reuniu-se a gravidade moral; ao peso dos olhos que se fecham mortos, a tristeza e a dor do Poeta que ficou, só, no outrora esplendor deste mundo. A dentalidade luminosa do segundo verso encontra uma versão entristecida na sóbria consoante da tônica de *faDigas*. De qualquer modo, porém, o terceiro verso é inanalisável sem o quarto; pois esta primeira parte da estrofe se subdivide em dois membros rítmicos e sintáticos, que são I, 1 e 2 e I, 3 e 4. O mais notável desse quarto verso é, do ponto de vista sonoro, a sombra audível com que nele se cerca a abertura do verbo principal, a firmeza de *ficAr* – abertura que exprime tão bem a prostração de genuflexão, o lançar-se contrito do amante no chão. Essa "sombra" está nos ee fechados do início e do fim

---

² Os algarismos romanos representam estrofes; os arábicos, os versos numerados por estrofe.

do verso: *hEi de ficar de joElhos.* A tessitura musical da estrofe é maravilhosamente adequada à plasticidade do seu significado (vá a palavra) interno. A melhor e mais saliente característica semântica aqui observável é a absorção de toda ideia moral no sensível, no plano concreto, comportamental e físico. Assim, ninguém nos fala, diretamente, da tristeza ou da dor do Poeta. Sabemos delas através da sua aflita e desamparada genuflexão, ou seja: através da manifestação concreta e corporal de suas penas. Igualmente, as fadigas do amante são mostradas de maneira sensorialíssima. No muito concreto chão em que o Poeta se joga, ao lado de uma cinza que por ser simbólica não é menos matéria, é que pousam essas fadigas; e de tão materializadas, nem sequer se distinguem, sintaticamente, da mesma cinza. O verso não diz *chão de cinza e DE fadigas*, o que seria uma distinção; diz, simples e absorventemente, *chão de cinza e fadigas*.

A segunda parte da estrofe I repega do refrão. Com isso se une, à discrição da atitude do Poeta ante o morrer da Amada, a resposta antropomórfica da natureza e do mundo. Os quatro primeiros versos são a reação do ego; os três seguintes, a reação do mundo objetivo. A ambos atinge radicalmente o desaparecimento da Amada. Os dois versos finais, na sua construção paralelística:

> *Hão de murchar as espigas,*
> *Hão de cegar os espelhos.*

mostram como o plano da natureza se imbrica no plano do ego. A morte da Amada produz o fenecimento do mundo físico ao mesmo tempo que provoca uma diminuição substancial no poder de autoconhecimento do Amante. Os espelhos cegos indicam o fim da lucidez do Poeta, sendo o espelho, por excelência, o instrumento de autopercepção, a peça que nos auxilia na percepção de nós próprios. A cega obscuridade dos espelhos abafa tristemente a luminosidade do mundo; o *esplendor* deste último (I, 2) já está comprometido pela morte do ser amado, força de conhecimento para o Amante e fonte vivificadora para a natureza. Dor do Poeta e dor do universo, a primeira estrofe liga suas partes numa perfeita travação, onde, ao lado do uso do estribilho, são apreciáveis a cadeia dos sons palatais (I, 5, 6, e 7: *feCHarem, murChar, espeLHos*), a rima (I, 3 e 6: *fadigas-espigas*; I, 4 e 7: *joelhos-espelhos*) e a rima interna dos verbos principais (I, 4, 6 e 7: *ficar, murchar, cegar*).

A consideração da segunda estrofe poderia começar pelo reconhecimento de que seus três versos representam uma ampliação da imagem da morte proposta em I, 1. A ampliação é favorecida pela rima (II, 1 e 2: *fecharam-repousarem*). O terceiro verso dramatiza o alargamento da imagem, tornando-a, além de mais ampla, mais profunda. No *pEIto frIo e desErto* é o caminho do cálido ao árido – do ditongo quente, tão expressivo da ideia de refúgio e de abrigo evocada por *peito*, às sonoridades realmente desérticas dos adjetivos que completam o verso. *Hão de morrer as cantigas* é a morte do Poeta, a morte da canção, pois as vicissitudes do Amante incluem agora o cessar da sua atividade artística; e este verso corresponde ao quarto da estrofe anterior. O ponto-e-vírgula nos introduz numa continuação da área imagística cujo sujeito é o Poeta-amante, e não como na estrofe passada, numa "segunda parte" distinta da inicial por abrir ao poema um novo campo de imagem. A alteração do acento sofrida em II, 5 – *Irá ficar DESde e sempre*, com a justaposição abrupta das duas sílabas tônicas,[3] sublinha a peculiaridade sintática desse verso; e a mudança do esquema de rimas (em comparação com I, que rimava os versos 3 com 6 e 4 com 7) para 4-6 (*cantigas-inimigas*) e 3-7 (*deserto-descoberto*)

---

[3] Em obediência a um princípio fonético, quando duas tônicas se sucedem, em português, sem intervalo átono, o acento pertence à segunda. Os efeitos poéticos retirados do encontro de tônicas são raros, mas às vezes muito expressivos. Um bom exemplo é o terceiro verso da primeira quadra do soneto XVIII de Cláudio Manuel da Costa – talvez o mais belo desse poeta.

> *Aquela cinta azul, que o céu estende*
> *À nossa mão esquerda; aquele grito*
> *Com que esTÁ TOda noite o corvo aflito*
> *Dizendo um não sei quê, que não se entende;*

contribui para confirmar a retração por que passa nesta estrofe a imagem da ferida (ocorrente em I, 3 e 4), da dor do Amante, retração inversamente proporcional à ampliação da imagem número um – a da morte da Amada. Assim, as balizas da estrofe se fixam agora na imagem da dupla solidão da morta e do Poeta (II, 3 e 7); ao peito frio e deserto de uma responde o coração descoberto do outro. O "primeiro lugar estético" já não pertence às reações do Poeta, agora significativamente impessoalizadas em contraste com I, 4, mas sim ao próprio e desenvolvido acontecimento da morte. Simultaneamente, as *ilusões inimigas* são uma reafirmação de que a morte da Amada implica redução na lucidez do Poeta ou, mais precisamente, na sua capacidade de defesa: entre ilusões inimigas, seu coração está descoberto.

Toda a estrofe III é o desenvolvimento da projeção antropomórfica surgida na segunda parte da estrofe I. Por isso, o refrão só comparece em meio ao conjunto dos doze versos (III, 7): ele indica mudança de imagem, mas não de tema. A relação atitude do ego/atitude do mundo, que se exprimia na estrofe I pelo contraste entre as suas primeira e segunda partes, é aqui reproduzida pela oposição temática entre as estrofes II e III: na segunda, reações do Poeta; na terceira, reações da natureza. Isso parece entrar em choque com o que nós mesmos dissemos acima, ao analisarmos a estrofe II, quando ficou afirmado que o tema dominante daquela estância não eram os efeitos da morte da Amada sobre o Amante, e sim a própria imagem da morte, ampliada e aprofundada. Mas não há contradição: na realidade, o tema da estrofe segunda não foge nunca ao complexo morte-reações do Amante. Ora, a imagem da morte é o eixo de toda a canção; que essa imagem, mais do que as relativas à atitude do Poeta, "dê o tom" à estrofe não impede que, do ponto de vista dos efeitos que essa morte suscita, a estrofe II seja do Poeta, e não da natureza. A divisão dada em I repete-se, portanto, ao nível de uma oposição estrófica entre II e III. O antropomorfismo de, I, 6 e 7 é retomado por doze versos inteiros. Quem quer que os leia, verá sem dúvida a presença insistente de uma natureza toda ela agitada pela morte de um ser cuja extinção inverte fantasticamente o funcionamento do mundo. Este é precisamente o sentido da projeção antropomórfica aqui desenvolvida: a inversão do funcionamento do mundo. O princípio do *mundo ao contrário*, do mundo pelo avesso, rege toda a estrofe, até o ponto-e-vírgula e o reaparecimento do refrão. As ondas traiçoeiras, amansadas, e as águas que correm em direção à nascente – especialmente estas – são exemplo de um universo de cabeça para baixo, de uma natureza enlouquecida e insensatamente ativada. O mundo invertido é um *tópos* que merece atenção especial de Curtius; o qual, com grande riqueza interpretativa, assinala a sua incidência em Virgílio, Ovídio, Arnaut Daniel, Brueghel o Velho (no célebre quadro dos *Provérbios Flamengos*), Théophile de Viau, etc.,[4] às vezes como pungente expressão de perplexidade ante a vida, às vezes como prova dos talentos artísticos do poeta, que através do domínio da linguagem exibe seu poder sobre a própria natureza.[5]

---

[4] Ernst Robert Curtius, *Europäische Literatur und Lateinisches Mittelalter*, 1948, capítulo sobre a tópica. Consultada a ed. francesa, 1956.

[5] Assim, o *tópos* do mundo às avessas pode aparecer como expressão de emoção (como "susto" diante do mundo), variante em que toma aspecto nitidamente antropomórfico, relacionado por Curtius ao motivo do *florebat olim* (exaltação do passado em desfavor do tempo presente) – ou associado ao motivo das juras de amor eterno, como se vê em Maurice Scève (estrofe XVII da *Délie*) e em Virgílio, *Bucólicas*, VII, v. 52-55, onde em vez da promessa de amor a situação que prevalece é o desespero do amante traído. Para Augusto Meyer (*Camões, o Bruxo e outros Ensaios*. Rio de Janeiro, 1958, cap. "O Mundo às Avessas"), é sobretudo a esse último tema que se liga o nosso *tópos*; como expressão exibicionista de talento poético por parte do autor, Augusto Meyer convém com Curtius em que o *tópos* do mundo invertido é antes um caso de *ornatus difficilis*, de virtuosismo retórico, exemplificado na canção XVI de Arnaut Daniel ou na introdução que Jean Molinet escreveu para sua versão em prosa do *Roman de la Rose* (v. o trecho reproduzido por Huizinga no *Declínio da Idade Média*, cap. XXII, in fine). O ensaio de Augusto Meyer, que de certa forma corrige uma interpretação de Curtius, é uma verdadeira demonstração de força em matéria do que pode produzir a erudição literária no Brasil, no terreno da tópica ou em qualquer outro. Augusto Meyer é, como

A reação do mundo diante da morte da Amada atinge aqui sua máxima intensidade. A feição musical do *tópos* é notável; ela mostra o desdobramento do motivo mundo-ao-contrário em duas imagens (as ondas e as águas de volta às nascentes). A primeira imagem ocupa os versos 1, 2 e 3. Dá-se em acento 4-7, embora longe de uniformizar as três redondilhas – pois é sensível o efeito calmante do "rallenti" de III, 3 (*lamber os dedos da mão*), com sua discreta aliteração (d), sobre a sintaxe acidentada de III, 1 e 2, com travessão e advérbio de intensidade. A segunda imagem tem seus três versos (III, 4, 5 e 6) acentuados na segunda sílaba em lugar da quarta. O ritmo ganha um efeito retardatário em *SeREnas e comoVidas* – mas em III, 5 e 6, o mesmo acento (2-7) está como elemento de maravilha, de exaltação, pois aqui o motivo da inversão do natural alcança pleno sentido hiperbólico. A unidade rítmica das duas imagens é mais sólida, como ligação de todo o espaço poético preenchido pelo *tópos* (III, 1 a 6), do que o esquema de rimas, difuso e velado (3 com 5, mas 1 com 6).

Novamente a reiteração de estribilho inaugura uma divisão de estrofe. O refrão indica a supressão do *tópos* mundo-ao-contário e o retorno à projeção animista nos termos da segunda parte da estrofe I. A projeção se faz agora num caráter de abstração (*coisas; distâncias; bandeiras*). Os verbos não designam ações ou paixões específicas da imagem nomeada (como em *murchar-espigas, cegar-espelhos*), e sim ações ou paixões "humanas" (*sofrer, cansar, fugir*), desde que relacionadas com seus sujeitos. A sonoridade é sábia. Os versos 9 e 10 se ligam por meio de um suavíssimo *enjambement* (*Todas as coisas vencidas / Profundas e prisioneiras*); a modificação do acento geral desta parte estrófica (4-7) para 2-7, no verso 10, coopera com a aliteração (p) em expressividade. Os versos 11 e 12 recuperam a marcação de I, 4, da

---

pesquisador e como degustador de poesia, a síntese perfeita de informação com sensibilidade, da "escavação" mais segura com a leitura mais sutil, reveladora e penetrante.

imagem antropomórfica do final da estrofe I (I, 6 e 7), e das orações principais em II, 4 e III, 8 – todas construções com o auxiliar haver, relacionadas com a oração temporal do refrão. Enfim, essa segunda metade da estrofe exclui do Poeta, em virtude da morte da Amada, qualquer disposição de luta, assim como a estrofe I lhe tinha reduzido a lucidez e a II, a capacidade de canto e de defesa. Cego, mudo, inerme e inerte, o Amante vê completado seu ciclo de impossibilitações fatais. É possível ver então que esta estrofe III não cuida somente das reações da natureza; o que parece projeção antropomórfica, na sua segunda parte, é efetivamente – como o "abstracionismo" da imagem o demonstra – de novo o campo da atitude do ego, cuja inércia tímida e dolorosa faz com que seja pela terceira pessoa, por essas abstrações humanizadas por seus verbos, que ele nos fala e nos diz de sua triste condição.

Sopro de vida sem margens,
Fase de impulsos extremos

– a qualificação do hálito da Amada morta vem num ritmo diferente do que serve à enumeração dos seus fazeres. É com o terceiro verso que surge o ritmo 3-7, dominante até o final da estrofe. A mudança de acento corresponde ao aparecimento de uma ação iterativa, traduzida (IV, 3 e 4) pelos gerúndios, pela rima destes e pela insistência dos advérbios de lugar (*longe e além*). O hálito da Amada tem uma significação transcendente; ele é a vida, que não conhece limite (IV, 1), sem nenhuma finitude; e agora mudado em hálito da morta, como que reúne todas as suas forças, mais influente do que nunca. O impulso vivificador exercido por esse alento de sortilégio sobre a natureza é poderoso. A natureza se perturba com ele; hálito mágico, *anima*, alma no sentido respiratório e vital da palavra. Alma, a ação desse hálito se faz invisível; e o que ele insufla – intensificação da vida – só está captado e apreendido pela arte. Os versos 5 e 6 têm um tecido sonoro e sintático disposto adequadamente à representação viva do símile onde se compara a um vento-além-dos-sentidos o sopro secreto do espírito da Amada. *Passasse* é um subjuntivo perfeito – fidelidade do símile à ilusão a um mundo suprafenomênico, suprassensível; a colocação dos relativos é de uma virtude que equivale a uma "ritma de orações". As *paisagens que não vemos* são as da arte: são os girassóis de Van Gogh; são o mistério de uma força inspiradora que a mera morte não pode extinguir – pois na canção, mais que essa Amada transcendente à própria morte, é apenas o Poeta que morre, que se reduz e limita como se morresse. A arquitetura dos dois últimos versos, significativamente oposta aos das estrofes I e III, já não conta com o auxiliar, embora seja igualmente paralelística. Mas o auxiliar haver desapareceu porque aqui a ação não é futura, ligada essencialmente à ocasião de uma morte. Aqui (e isso marca a distinção entre esta e as estrofes anteriores, distinção enfatizada na seguinte) a ação é constante, independente de qualquer evento, insistentemente iterativa: os gerúndios no lugar dos futuros. A morte da Amada encerra a fase do acontecimento brusco e intranquilizador. Uma vez morta, ela passa a agir com a continuidade de seu extremo poder.

A natureza, na visão do Poeta, passa por quatro momentos distintos. Sofre uma projeção antropomórfica, animista (I, 2ª parte). Conhece a exaltação dessa projeção através do *tópos* do mundo-ao-contrário (III, 1ª parte). Absorve o poder vivificador da Amada, na força do seu hálito (IV). E se presta à identificação plena entre a materialidade do corpo da Amada e a da própria terra. A estrofe V, última da canção, representa esse momento final. A ação vivificante descrita na estrofe anterior contrasta com a assimilação do corpo da Amada a uma terra praticamente estéril: *savana e paul*. Seu ventre será terra estagnada, na quietude da morte. Os adjetivos insubstituíveis de V, 2, bem como o ritmo a-b-a dos três versos iniciais (3-7, 4-7, de novo, 3-7), apontam para a inércia total do corpo morto. Nos versos 4 e 5, a Amada imóvel se vê cercada pela vida da natureza. O rápido deslocamento rítmico mostra a que ponto o poeta quis marcar essa imagem de uma estagnação abraçada pela vida: verso 4, ritmo 4-7; verso 5, ritmo 2-7: *Tua nudez será fonte / Cingida de aurora verde.* A *nudez* da Amada é de notável significação. Nua, melhor se identifica com a natureza; melhor penetra na matéria ambiente; e estando nua, também é mais vívido o abraço que a essa morta lhe dá a natureza. A palavra *cingida* qualifica para nós a plasticidade dessa nudez. Os versos 6, 7 e 8, com três ritmos diversos, culminando na mansa queda das sílabas do último (um verso no silêncio), são a imagem de uma morte jovem. A Amada rescende a uma nostalgia da vida. Morta, mudada em terra, sua nudez celebra a saudade das funções vitais, *de abril*, *de sonho*, *de azul*. Seu corpo inerte não pode relembrar a claridade da vida; as prendas da vida foram fechadas pelo anoitecer. Porém, por meio de um dualismo alma/corpo (embora expresso em termos sempre sensíveis, em que alma corresponde a *anima*, a força vital, e não a uma entidade metafísica de natureza imaterial), a nostalgia se baseia já não tanto em que a Amada já não viva, mas em que tonifique a existência física, a natureza, onde não é possível ao Poeta contemplá-la e onde só a arte o consegue. Ora, para a arte, o Poeta está inválido; a morte da Amada o deixou assim (II, 4). A nostalgia é portanto do Poeta, essencialmente dele, e se é a nudez morta da Amada que se dá como fonte dessa saudade das coisas vivas, devemos antes compreender que, agora identificada materialmente com a natureza, a própria Amada tem condições para sofrer e receber os efeitos de uma projeção antropomórfica – a nudez, fonte da saudade, simboliza como tal uma nostalgia cujo sujeito é o Poeta. Igualmente por essa razão, a imobilidade da Amada não oferece nenhum desespero, nenhuma dramaticidade, nem mesmo em cristalização; e é o Poeta quem sofre a ausência dela como uma frustração, uma mudez (II, 4), porque ele não consegue jamais transcender o campo do mundo fenomênico, único *esplendor* que conhece, única luz que divisa para todo o conhecimento – fora dela, nenhuma transformação do mundo será por ele apreendida. A Amada lhe escapou, e com ela a sua lucidez, sua defesa, sua canção. Tão forte foi para ele a presença dela, que mesmo morta a imagina atuante e dando vida;

mas, seja qual fora a vida que ela produza, está fora do campo da percepção dele, do que ele possa tocar ou sentir. O contato com a Amada pertence agora à Arte (IV, 7); mas o desespero do Poeta não encontra nenhuma solução nisso, porque a *sua* arte também morreu. Deve andar por aqui o segredo das duas últimas estrofes. É curiosíssimo como nelas o Poeta é um ausente. Será que se retirou do poema? Ele, que esteve na primeira estrofe, na segunda, no próprio *tópos* mundo-ao-contário – expressão máxima das reações da natureza – (III, 2), e embora velado, nas abstrações do final da terceira estrofe? Mas não; o Poeta não se ausentou por acaso. Sua falta em IV e em V se explica pela insuperável distância que a morte erigiu entre ele e a Amada. O adentramento da morta na terra e o vigor que a Amada empresta à natureza já se passam numa área além da percepção do Poeta. Ambas as coisas se processam, em consequência, num conjunto poético de onde o Poeta é o lógico, estranho e desesperado ausente.

A conclusão de tudo isso revela que a atitude do Poeta diante da morte da Amada é a mais antipetrarquiana possível. Efetivamente, sabemos que a morte de Laura conciliou Petrarca consigo mesmo; ela transformou a "melancolia moderna" de Petrarca, de que tão bem nos fala de Sanctis, aquele agudo conflito entre a castidade da visão cristã do amor e a sensualidade mal reprimida do homem às vésperas da Renascença (conflito de Laura santa com a Laura mulher) em melancolia cristã, nostalgia de um mundo em cuja firmeza já lhe era possível crer. A obra *in morte di Madonna Laura* alivia e conforta a consciência atribulada dos poemas *in vita*. Laura, viva, não era bastante para eximir o Poeta de uma consciência em dúvida, de uma vontade dividida; mas morta, Laura apresenta a Petrarca a certeza inquebrantável de sua fé. Ao contrário, a morte da Amada de nossa "Canção" não leva o Poeta a um conhecer, mas a uma ignorância, a um estado de ilusões, de impotência criadora, de pura saudade das fontes da vida, que ele vê fechadas por irremediável anoitecer. Toda a força do Poeta vinha de existir a Amada. Para ele, a dúvida, as ilusões inimigas, começarão com a sua morte. Se quiséssemos permanecer na órbita das referências ao Trecento, poderíamos dizer que, se Beatriz era a luz da Verdade, do Céu que era para Dante mais real do que este mundo,[6] a Amada também é, a seu modo, e para seu Poeta, o esplendor da verdade e do significado da existência – porém, quando ela se retira deste mundo, seu Poeta não pode acompanhá-la. O amor lhe dá fé suficiente para crer numa vida transcendente da Amada (eis o sentido da estrofe IV); mas nem mesmo o amor consegue arrancá-lo ao seu obstinado pertencimento à terra, ao sensível, ao *este mundo*. Na realidade, é incapaz de acreditar em outro plano de existência; nada resta a seu amor, senão virar saudade. À vida póstuma da Amada, descrita na quarta estrofe, segue-se, implacável, a simples assimilação do corpo à terra – e esta é quem vence. Nem havia espírito, mas apenas *hálito*, fugazmente prosseguindo após a morte no exercício de vida que a Amada encarnava. Essa interpretação final nos obriga a

---

[6] Bem sei que, esteticamente, o Inferno foi para Dante mais real que qualquer outro reino. Reside aqui a modernidade de Dante, e a fonte da tão extraordinária plasticidade da *Comédia*. Porém mesmo o Inferno não pode ser concebido sem levar em conta a sua essencial relação com o Céu. Como o verdadeiro, o bom e o belo são uma só coisa para a mente escolástica de Dante, deduz-se que os vícios pintados no Inferno são privação de ser, e nunca, plena verdade do ser. Que apesar disso sejam eles, e os personagens que os encarnam, tão vívidos e "reais" encontra uma explicação no fato de que Dante é um *moralista* para quem o pecado não é uma ilusão, mas, sim, o que pode haver de mais concretamente inerente, como possibilidade embora, à natureza humana. A Idade Média não compreendeu a essência do homem pelo pecado; mas, em compensação, compreendeu dramaticamente sua existência como uma perpétua possibilidade de pecar. Em virtude disso, Beatriz é a Verdade porque ela é o antipecado, a plena redenção, a intimidade com Deus; mas é a Verdade à qual o homem aspira, do seio mesmo de sua possibilidade pecadora. No plano da existência concreta e de sua captação artística, nenhum reino senão o Inferno poderia ser o mais plástica e vividamente representado; porque o Inferno é o mundo terreno, e *este mundo* cujo "esplendor" jamais pode ser, para Dante, mais luminoso do que a suprema transparência celeste. A propósito dos motivos desse "paradoxal" realismo dantesco, ver Erich Auerbach, *Mimesis*, 1942 (ed. em espanhol, 1950).

alterar o que expusemos sobre a estrofe IV, a propósito do tempo de seus verbos. Dissemos que o valor daqueles verbos (IV, 3, 4, 8 e 9) era iterativo, e que isso lhes conferia uma constância, uma continuidade temporal oposta aos futuros dependentes da oração temporal *Quando os teus olhos fecharem*. Pretendemos que esses verbos traduziam a firme continuidade da ação da Amada, uma vez morta. Aparentemente, a observação se choca com a "fugacidade" por nós atribuída aos efeitos do "hálito" da estrofe IV, poucas linhas atrás. Aparentemente, porque a ambivalência da estrofe IV está justamente em que ela exprime, concomitantemente, a crença do Poeta na prossecução da influência da Amada sobre o mundo, depois de morta, e a sua cabal confissão de que essa influência, se prossegue, opera-se fora de sua percepção, num plano não fenomênico, numa área não terrena. A ambiguidade do termo *hálito* reside aí: algo desprendido do corpo morto e, portanto, salvo da morte; mas, ao mesmo tempo, algo que permanece físico, que é o sopro e não "espírito" – e, portanto, adequado a exprimir, mesmo implicitamente, a descrença inconsciente do Poeta em qualquer sobrevivência, em qualquer possibilidade de transcender o mundo fenomênico e terrenal. Essa ambivalência é resolvida somente na estrofe V; e é resolvida a favor da descrença, e não da crença, do Poeta; é então que se compreende que a Amada morre – irremissivelmente; e se compreende que a "Canção" seja realmente *elegíaca*, no sentido moderno da palavra. Canção essencialmente triste; canção de um desespero e de uma melancolia.

Desespero não foi empregado casualmente. A canção em pauta é essencialmente a expressão de uma melancolia; e a única melancolia real é a que supõe a desesperança. A melancolia cristã, nostalgia de um Céu em que se tem fé, não é radical; não é melancolia. Ela supõe o resgate das horas de tristeza; ela possui uma esperança, ou seja, um horizonte temporal. Em suma: está certa do futuro. Mas a fenomenologia da melancolia, tal como a realiza um psicólogo do renome de Ludwig Binswanger, revela que a melancolia é justamente uma alteração na estrutura da consciência-do-tempo, alteração caracterizada pela incapacidade em que se acha o melancólico de efetuar o ato de *protensão* que o liga a um futuro. Privado de futuro, o melancólico sente escapar-lhe o próprio presente, pois o fundamento do presente é o *projeto*, o lançamento na direção de um futuro por meio do qual a consciência confere solidez e significado ao fluxo temporal que toda a envolve. A melancolia pela morte da Amada na canção de Cardozo, melancolia radical, faz compreender porque a atitude do Poeta diante dessa morte de musa é tão pouco ou nada petrarquiana. É assim porque toda a fidelidade do Amante é a este mundo; porque ele nunca põe sua confiança em nenhum outro. Contudo, admitida essa visão do caso, que dizer das relações entre canção, entre o próprio canto, e melancolia? Com efeito, a melancolia induz ao canto. A consciência sem projeto que é o melancólico tende a encontrar uma compensação para sua inércia na canção. E a ambígua manifestação do ânimo merencóreo, a um só tempo errante e prisioneiro, cativo e vagabundo, escolhe na canção a forma de traduzir-se. Com observa Jean Starobinski,[7] é sobretudo no "labirinto" do lirismo de refrão, tipo rondó, que melhor se exprime a sinuosidade dessa ambivalência. Nem se pense ser essa a única ambiguidade brotada do espírito melancólico. Desde Charles d'Orléans, a imagem da profundidade se vê usada para as confissões de melancolia. Da profundidade da esperança (tradicionalmente representada por poço, ou fonte, enfim, pelo jorrar incessante de suas promessas, jorrar inacabável como o futuro) o poeta da bile negra fez a profundidade sem fundo da melancolia. Um poço sem fundo – onde toda sede será perpetuamente insatisfeita, por não tocar nunca o fundo da água, e não poder apaziguar a pena de seu urgente desconforto. Poço sem fundo (o antônimo da cornucópia), vazio tonel das danaides, fonte tantálica que simboliza a eterna incapacidade de

---

[7] Jean Starobinski, "L'Encre de La Mélancolie". In: *La Nouvelle Revue Française*, n. 123, março de 1963.

satisfazer-se em que vive o melancólico; eis a imagem da melancolia, e dessa fonte (V, 4) que o Poeta nomeia e onde, no corpo morto da Amada, ele vai não-beber seu sossego, e celebrar sua saudade. Mas a água confortadora, negada pela fonte-melancolia, torna-se a tinta de seu tinteiro. Em Charles d'Orléans, em Dürer, em Quevedo, no Outono da Idade Média, no maneirismo e no pessimismo barroco, o tinteiro desempenha um papel: símbolo da bile negra, poço do *"spleen"*, fonte da melancolia. A sublimação pela arte acontece aqui. O melancólico transforma a "impossibilidade de viver em possibilidade de dizer".[8] Como Flaubert, o melancólico age na convicção daquela trágica afirmativa, o *"nous sommes faits pour le dire et non pour l'avoir"*. Impotente para a vida, criador de um mundo artístico. Uma versão menos elevada da incompatibilidade schopenhaueriana e thomasmanniana entre vida e arte. Podemos aplicar ao nosso Poeta uma frase de Starobinski, a de que a impotência para escrever se vê superada na própria obra onde ela se declara – precisamente o caso do nosso Amante, para quem *hão de morrer as cantigas*, mas que é ainda assim o senhor de uma fonte, o cantor de uma saudade e de uma dor; ou seja, alguém que não escreverá, porque já não pode mais viver, mas que escreverá, para dizê-lo a nós e a si mesmo, na superação artística de seu triste desespero. O temperamento melancólico, tão afeito à arte, se mostra significativamente amigo da ordem, da disciplina das formas e da obediência aos princípios impessoais. Esta observação de Tellenbach, outro analista do caráter melancólico, em nada contradiz o comportamento tipicamente artístico, que implica o reconhecimento de valores e de práticas eminentemente transubjetivas, de natureza estrutural, e onde o capricho ou o arbítrio da pessoa cede à necessidade social da linguagem, e à linguagem das necessidades sociais.

Este, afinal é o único projeto permitido ao melancólico, ao homem sem projeto: a superação pela arte. O puro

---

[8] Ibidem.

e incontaminado triunfo do canto – e nada mais. Por isso mesmo, quando Starobinski[9] ilustra essa tese com a vitória do amor sobre o tempo nos sonetos de Shakespeare, com aquele

That in black ink my love may still shine bright

não podemos deixar de rejeitar o poeta citado como exemplo de poesia melancólica. O poema que resgata do tempo, nos sonetos, de Shakespeare (em especial, nos 19, no 63 e no 65, a que pertence o verso reproduzido), a lembrança do amor contém em si uma grande esperança. Radiosamente, a poesia vencerá o tempo, o *"devouring time"*, na memória dos homens – mas a certeza dessa vitória é uma confortadora esperança, não é, absolutamente, melancolia. O poeta que salvará seu amor por seus versos é um esperançoso; seu projeto, seu futuro, não é aquele, simplesmente formal, de superar a melancolia pela canção, sem dúvida, mas *para nada*, para nuamente nada. Ele supera sua tristeza e salva seu amor. Já é pedir demais ao melancólico. Este cantará, porém não mais que a própria melancolia. Escreverá, mas dentro dela, pois que lhe é, para todo o sempre, cativeiro na liberdade, claustro de seu ser errante: condição de que nunca sairá.

E lugar de onde não se mudará: a consciência do Poeta, lançada na melancolia pelo desaparecimento da Amada, é uma consciência tornada *espaço*. Por quê? Pelo uso alegórico das palavras, pelo fato de que sejam, de certo modo, alegorias aquelas *coisas, distâncias e bandeiras* da estrofe III. "A consciência alegorizada" – diz Starobinski[10] – "é uma consciência privada de sua liberdade própria"; não é mais que o teatro onde se movem figuras a que ela mesma se enfeudou. Quando as paixões, quando os movimentos da consciência se cristalizam em alegorias, ou em algo de certa forma similar, o ego lhes abandona a liberdade de iniciativa, e se faz o mero campo

---

[9] Ibidem, in fine.
[10] Ibidem.

onde se desenrolam as cenas de forças que o arrastam. Teatro por um lado, personagem passivo por outro, o ego melancólico alegorizado padece os malefícios de ser uma consciência sem projeto. A história da poesia está aí para dizer se os melancólicos não foram, frequentemente, os autores bem-sucedidos de um lirismo alegórico, que poderia eleger patrono seu o tristíssimo exilado, o sutilíssimo poeta, o príncipe Charles d'Orléans. As abstrações da terceira estrofe da canção de Cardozo são como que alegorias; o Poeta virado coisa é a consciência melancólica, especializada, transformada em arena para um drama de profunda tristeza: Viúva

> *Num chão de cinza e fadigas*
> *Hei de ficar de joelhos*

arena onde o ego, prostrado por um supremo abatimento, é a ferida de uma passividade completa. Bastaria, aliás, dizer dessa canção que é o poema de uma saudade antecipada – e que a saudade é a variante cultural nossa, nossíssima, do comportamento melancólico. Porém que o poema nos permita tantas deduções (até arbitrárias) vem de que a poética (a realizada, não sei da intencional) de Joaquim Cardozo aprofunde tanto a matéria da vida, condensada por esse altíssimo lírico em formas de extraordinária vitalidade estética. "*No tennysonianness of speech*", pediu certa vez o agitado Ezra Pound. Se déssemos a essa exigência um sentido mais sólido (o de uma poética do sensível e da experiência *escavados*, à maneira de um Keats – contra a maneira de um Tennyson, que era a poética da criação de "*moods*" homogêneos e da subtração dos aspectos contraditórios, ambivalentes e sincréticos da experiência), poderíamos exaltar em Cardozo um autor entranhadamente moderno: pois a atitude moderna é exatamente a que confere todo o valor àquelas práticas que, poéticas ou não, rejeitam por princípio a tendência a subtrair, da complexidade da experiência humana, o que quer que seja, a qualquer título ou critério.

1964

A POESIA MODERNISTA

A primeira consequência de um olhar distanciado da poesia de 22 (e de 30 – da poesia antes de 45) é transformar essa visão em próxima; pois do contrário desses poemas nasce, pouco a pouco, a certeza de que o espírito de 22 se conserva absolutamente vivo, e ainda mais vivo, porque depois dessa data e da fundação da grande obra dos modernistas, nada mais alterou verticalmente a poesia brasileira. Por isso mesmo ninguém de boa-fé pode entender a desonesta pichação a que os bons meninos de 45 submeteram o clima do modernismo. Nenhum sentido existia nessa condenação ao suposto "caos" da poesia moderna, simplesmente por não haver "caos" nenhum; as alegações contra o quebra-quebra e o poema-piada pareciam partir de gente que não soube ler, ou que desentendeu, a significação valiosamente construtiva dos maiores livros do movimento 22, aqueles que seus melhores representantes publicaram seguidamente e em que há muito já tinham superado qualquer atitude de mera baderna literária.

Grande parte do assédio ao modernismo se manteve na tentativa de depreciar a sua revolução pela denúncia dos seus estrangeirismos. O modernismo teria sido tão importado quanto as nossas outras mais antigas ondas culturais. O modernismo ainda era, a esse respeito, mais uma mimética macacada... Mas é sobretudo aqui que se faz necessário julgá-lo não pelos seus programas (às vezes desastrados), mas sim pela sua obra, que foi ricamente superior aos erros e até aos acertos dos seus programas: o que essa obra nos diz permite afirmar serenamente a nacionalidade de 22, porque ela nos dá muito menos futurismo, muito menos qualquer sorte de ligeiro "experimentalismo" – do que saudável penetração brasileira, proximidade da terra e vizinhança do povo. A importação foi quase nada; em contraste com ela, a conquista do Brasil se tornou uma das glórias dessa poesia. Há no modernismo uma literatura telúrica de primeira grandeza, incluindo nomes numerosos, e concentrada sobretudo na poesia do Nordeste (Jorge de Lima, Ascenso Ferreira, Joaquim Cardozo) ou na selvagem lírica de "Cobra Norato", de Raul Bopp, poema dos mais realizados sob vários aspectos. Desse regionalismo se poderia dizer que respondeu à exigência de universalizar-se, guardando no seu vigoroso senso de lugar uma dimensão profundamente humana. E basta reler algumas estâncias de uma peça como "Imagens do Nordeste", de Cardozo –

> *Sobre o capim orvalhado*
> *Por baixo das mangabeiras*
> *Há rastros de luz macia:*
> *Por aqui passaram luas,*
> *Pousaram aves bravias...*
>
> *Idílio de amor perdido,*
> *Encanto de moça nua*
> *Na água triste da camboa;*
> *Em junhos do meu Nordeste*
> *Fantasma que me povoa.*
>
> *Asa e flor do azul profundo,*
> *Primazia do mar alto,*
> *Vela branca predileta;*
> *Na transparência do dia*
> *És a flâmula discreta.*
>
> *És a lâmina ligeira*
> *Cortando a lã dos cordeiros,*
> *Ferindo os ramos dourados;*
> *– Chama intrépida e minguante*
> *Nos ares maravilhados.*
>
> *E enquanto o sol vai crescendo*
> *O vento recolhe as nuvens*
> *E o vento desfaz a lã;*
> *Vela branca desvairada,*
> *Mariposa da manhã.*

– para ver quanto essa poesia regional se banhou de emoção genuinamente válida para o Brasil e mundo, sendo amor da terra elevado ao universalismo dos mais altos sentimentos, num jogo entre a particularidade do solo e a excelência da arte, entre o cingir-se ao ambiente e o valor para qualquer local. Regionalismo, portanto, de integração de culturas.

Tão importante, porém, quanto essa poesia de achego à terra foi o paralelo apoderar-se de uma psicologia brasileira, o impulso de realismo social e psicológico pelo qual a nossa literatura conquistou para a expressão lírica tantos "*moods*", comportamentos e jeitos do homem nacional. Justamente neste ponto o tão censurado poema-piada teve um papel relevante, já que por ele frequentemente se comunicava o humorismo dos novos poetas, de Bandeira a Drummond. Nem havia nesse riso-em-verso apenas o desejo de avacalhar as parnasianidades dominantes; nesse humor, tolerante como nós mesmos, revelava-se uma grande dose de nacionalismo, mais interior, mas não menos autêntico, que o da poesia da terra. O poema-piada acabou sendo uma das boas válvulas de liberdade lírica. Com ele se cunhou a típica emoção bandeiriana e o velado sentimento de Drummond. Bandeira, em particular, assimilou-o à sua poesia como um elemento de base, e não há melhor meio de se verificar a evolução da sua obra, cada vez mais pura e despojada, do que através das transformações do seu sorriso rítmico: de *Carnaval* a *Libertinagem* corre a mudança do humor quase *snob*, bem literário, para mais livre e concreto, cheio de observação e surpresa, amoldando a si mesmo a roupa do verso livre tantas vezes talhado para a ironia. E foi, por assim dizer, quando aprendeu a rir das convenções (até das poéticas) que o poeta se ergueu ao seu mais alto lirismo, àquela simplicidade de essencial nudez, de transmissão total e de calor tão puro, com que se tornou o mais vívido de todos os nossos poetas estritamente líricos:

Nas ondas da praia
Nas ondas do mar
Quero ser feliz
Quero me afogar.

Nas ondas da praia
Quem vem me beijar?
Quero a estrela d'alva
Rainha do mar.

Quero ser feliz
Nas ondas do mar
Quero esquecer tudo
Quero descansar.

O segredo de Bandeira talvez resida nessa modesta ousadia de despir a nossa língua de todo atavio, de todo adorno meramente externo, e na sábia maneira de musicar a emoção com enorme fidelidade à marcha do português, do português-brasileiro. Por isso o seu modernismo nunca foi muito de violência, mas de adaptação: foi ele quem utilizou a liberdade da nova escola para reexprimir com nova flama quase todas as nossas tradicionais atitudes líricas. Fez-se uma ponte, uma transição; o seu dizer suave inseriu-se mansamente no melhor da nossa tradição. E se escândalo causou, foi aos cretinos ou aos irrecuperáveis para a sensibilidade real. Aos amantes do pior passado; pois Bandeira nunca renunciou ao que de mais antigo havia no conceito de lirismo, nunca se quis poeta, fora do acaso e da inspiração. Em pureza, é ele o último dos românticos; em língua portuguesa, a última das liras de Shelley, servidas pela poesia ao vento casual da inspiração... mas se a inspiração já não mais rege a poesia, Bandeira regerá em qualquer tempo a emoção umidamente límpida expressa em palavras nossas; modernista por feliz contingência, mas clássico por condição perpétua.

Outra grande fundação do modernismo – a obra de Carlos Drummond de Andrade – não é assim "tradicional". Esse poeta renovou a linguagem e o endereço da nossa lírica. Depois dele, uma e outra se abriram a modos mais objetivos, de direção social, que já não cabem no subjetivismo anterior. O humorista dos primeiros livros deu ao lirismo uma agudeza reflexiva e irônica que o virou pelo avesso; o autor de *A Rosa do Povo* passou a emocionar-se com os sentimentos coletivos; e finalmente o terceiro Drummond, de *Claro Enigma* considerado, fundou entre nós a grande meditação poética sobre as razões da existência, a pensativa poesia sobre a *"condition humaine"* e as recentes significações do neo-humanismo contemporâneo. Desejaria estar afastado de todo gosto simplesmente pessoal, para proclamar nesse último poeta o melhor dos três. Dos três estágios de um artista que cresceu livro por livro e atingiu com a meia-idade a estatura do maior relevo na literatura desse meio século. Se a poesia caminhar – como espero que caminhe – para os temas largamente objetivos, para o interesse coletivo e o estilo de conjunto, a obra de Drummond permanecerá cada vez mais influente; mas será certamente, mais que as outras, a última obra, com sua riqueza de imagens, sua nobre música de ritmos majestosamente expressivos e sua preocupação centrada nas perguntas existenciais, nos imperativos e dolorosos inquéritos psicológicos da mais profunda penetração de que foi capaz até hoje o nosso verso:

Ganhei (perdi) meu dia.
E baixa a coisa fria
também chamada noite, e o frio ao frio
em bruma se entrelaça, num suspiro.

E me pergunto e me respiro
na fuga deste dia que era mil
para mim que esperava
os grandes sóis violentos, me sentia
tão rico deste dia
e lá se foi secreto, ao serro frio.

Perdi minha alma à flor do dia ou já perdera
bem antes sua vaga pedraria?
Mas quando me perdi, se estou perdido
antes de haver nascido
e me nasci votado à perda
de frutos que não tenho nem colhia?

Gastei meu dia. Nele me perdi.
De tantas perdas uma clara via
por certo se abriria
de mim a mim, estrela fria.

A *"réussite"* de Drummond no poema longo veio trazer à poética do modernismo uma nobreza que lhe faltava, ou que só se encontrava na obra de Murilo Mendes, pejada de religiosidade, paixão e dramatismo. De religiosidade verdadeiramente invasora, dando um tom igualmente sacro mesmo aos poemas de aparência não religiosa, mas onde a emoção está dignificada pela expressão quase mágica, de plasticidade irresistível e poderosa lucidez. Sem ter esse mesmo nervo na sua obra religiosa, Jorge de Lima levantou o que seria o mais ambicioso dos poemas do modernismo: "Invenção de Orfeu". Para chegar à sua compreensão, o leitor moderno tem de aceitar o fundo barroquismo da literatura novecentista, e ainda lhe juntar a contribuição do surrealismo, com a deslizante carreira de imagens e de sons a que o poeta livre, mas às vezes ébrio da própria liberdade, periga de abandonar-se. Este mesmo surrealismo destinou esse livro a um talvez fracasso enquanto unidade, resgatando apenas o seu valor de reunião de trechos realmente magníficos, da mais arrojada categoria poética tentada no modernismo. A carga estética do poema é de resto evidente e preeminente; ela domina a fatura de todos os cantos, subordinando qualquer ordem à pura complacência na imagem ou na sonoridade, ao desbragado prazer de Jorge de Lima pelo fluxo de criação poética desentendido de qualquer diretriz ordenadora. Passa então a valer como parte, como passagens mais ou menos sucedidas; e a unidade se rende, tal qual no poema de Ariosto, à profusão desigual dos fragmentos privilegiados. Alguns deles, belíssimos, como este genial derrame de imagens cantantes (canto VIII, 1):

Estando findo o cântico das ilhas
chorei nesses janeiros flagelados
marejados de chuvas ondulantes
e tão cheios de ocasos e andorinhas
e de várias paisagens que mudavam
sob os ventos transidos nas folhagens.

Era nuns tempos quando imaginamos
os seus dias calmosos, seus outeiros,
umas ervas nascendo, rios indo,

*e os jardins dentro d'água transparente
nascendo rosas para carpas plúmbeas,
e em suas lianas raros peixes de íris.*

*As chuvas, sim as chuvas como as aves
baixavam e subiam para as nuvens,
e os grandes lírios úmidos e fundos
inda entreabertos, inda prosseguidos,
fechando-se com as asas dos insetos,
mergulhados na morte dos ocasos.*

 De sacro e de pompa nada tem a melhor poesia de Cassiano Ricardo, que, ao contrário, a partir do famoso *Um Dia Depois do Outro*, publicado em 1947, poderia ser definida como uma grade dor aberta ao mundo – mas retirando à "dor" todo sentimento; a dor de Cassiano é simplesmente a sensibilíssima atenção com que o poeta apalpa a vida, inclusive os seus aspectos sociais, e daí retira uma expressão vivamente dorida e aguda, numa linguagem mantida em ampla disponibilidade comunicativa (se o leitor tiver paciência, poderá recorrer a nosso ensaio "Perfil de Cassiano", neste mesmo volume).
 Parece que os poetas modernistas não preservaram depois de 22 uma intensa consciência de equipe. No entanto, eles são um grupo como tal identificável; e da pregação de Mário de Andrade se pode extrair uma intenção de trabalho em conjunto, baseado substancialmente na conquista de um novo idioma poético. A proposição dessa nova linguagem foi o ponto alto da escola; desejo consciente de levantar uma nova sensibilidade pelo manejo correto e eficaz do seu instrumento, e desejo que se fez obra no próprio propositor, nos livros do próprio Mário, de *Losango Cáqui* aos serenamente belos "Poemas da Negra e da Amiga", do "Improviso do Rapaz Morto" à solenidade íntima, amadurecida e grandiosa de "Meditação sobre o Tietê". Nesse poema, ainda não devidamente considerado, a linguagem de 22 atinge o seu mais largo âmbito, a sua mais vasta e firme sintetização, dentro do mesmo tom, de coloquialismo e lírica, de lúcida comoção e realismo vibrante e vibrátil. Alcança

a mistura enriquecedora que permite ao poeta dizer com gravidade essas expressões:

> *Eu recuso a paciência, o boi morreu, eu recuso a esperança.*

E logo depois, infinitamente comovido:

> *Uma lágrima apenas, uma lágrima*
> *Eu sigo alga escusa nas águas do meu Tietê.*

A fala do movimento só conseguiu essa amplitude depois de um lento e construtivo esforço de concentração; trabalho de rigor, a luta quase contínua contra uma secular prática da anemia do estilo, mas que acabou dando esplêndidos resultados. A pequena obra de Oswald de Andrade, o poeta que descreveu uma tripeça do fotógrafo ambulante como um "canhão silencioso do sol", foi das que mais avançaram na tarefa de concentrar a imagem. Porém as novas exigências de restrição ao poético abrangeram até as áreas onde tradicionalmente imperaram a negligência e o total descuido. Assim, por exemplo, na obra das "poetisas". A maior dentre elas, Cecília Meireles, impressiona hoje em dia as jovens gerações pelo seu hábil e honesto *Romanceiro da Inconfidência* (1953), painel bem traçado e sempre liricamente interpretado do tempo de Tiradentes; embora as qualidades evocativas do poema não acrescentem muita coisa às virtudes da sua obra anterior, que tem o mesmo despojamento (sem ter a mesma ardência) dos mais altos momentos de Bandeira:

> *Minha canção não foi bela:*
> *minha canção foi só triste.*
> *Mas eu sei que não existe*
> *mais canção igual àquela.*
>
> *Não há gemido nem grito*
> *pungentes como a serena*
> *expressão da doce pena.*
>
> *E por um tempo infinito*
> *repetiria o meu canto*
> *– saudosa de sofrer tanto.*

A seu lado, a poesia de Henriqueta Lisboa também reserva grande habilidade em conservar o tratamento linguístico quase integralmente poetizado. Como quer que seja, com o modernismo a nossa poesia feminina deixou de ser "menor".

Não, é claro, porque o movimento não contivesse as suas coisas menores. Os seus autores em tom menor, alguns muito bons. Sérgio Milliet é dono de uma poesia sempre inteligente, de rara agilidade e grande interesse técnico: é um legítimo cubista, assim como outro apreciável inovador paulista, Luís Aranha. Augusto Meyer reuniu deliciosamente regionalismo com humor, dos mais finos entre os humores, nos *Poemas de Bilu*, livrinho cheio de genuína criação lírica. Dante Milano, atualmente dos mais queridos entre os modernistas, só publicou livro em 1948; mas a sua pequena produção trouxe desde logo a marca de permanência, pela perfeita captação do sentimento no seu mais recolhido e cálido instante. Milano possui o dom da enxuta e essencial simplicidade das palavras. "Menores" como ele só o são pelo vulto, mais do que pela qualidade da obra em verso. Pela mesma razão, alguns dos poetas que Bandeira apelidou de bissextos são secundários; de muitos nem se pode considerar o autor, mas apenas o poema: é o caso do famoso "A Cachorra", de Pedro Dantas, realmente uma das mais dramáticas poesias do modernismo.

Toda essa riqueza, que constitui o mais rico sistema poético da nossa evolução literária, se viu a partir de 30 ameaçada pelas reações neorromânticas e a campanha para voltar ao sério e triste lirismo convencional. O principal responsável pelo retorno ao "sublime" foi, como se sabe, o autor de *Canto do Brasileiro Augusto Frederico Schmidt*, o próprio, circunspecto e lúgubre poeta Schmidt. Mas se no primeiro livro havia realmente um bom nível de expressão, nos próximos volumes essa conquista se dilui até a saturação. E somente a série de sonetos de *Mar Desconhecido* e *Fonte Invisível*, publicados na década de 1940, restituem a essa poesia verdadeira altitude; fora disso, Schmidt é um monótono. Nem adianta dizer que da monotonia ele retira a eficiência do seu estilo; porque na verdade suas angústias morrem numa linguagem imperdoavelmente aguda. Não há dúvida: o neorromantismo é um defeito. Seguindo a rota de Schmidt, estreou na mesma época, cheio de misticismo, o muitas vezes famoso Vinicius de Moraes. Quando mais tarde abandonou o seu derrapante "sublime", transformou-se no maior poeta popular do modernismo. O seu erotismo substituiu as cigarras do bom senhor Mariano; e sem a intragabilidade da poesia d'amor de outros *best-sellers* entre senhoritas desprevenidas, como J. G. de Araújo Jorge e o bobalhão Géraldy, os versos mulherengos de Vinicius acabaram introduzindo certas técnicas modernas no gosto do grande público.

A voga do modernismo popular de Vinicius fecundou até mesmo as canções do Brasil atual. Ao contrário, na seríssima e compenetradíssima poesia do espiritualismo de Tasso da Silveira a atmosfera dominante ainda é fornecida pelos últimos ecos do simbolismo. Seu companheiro no antigo grupo *Festa*, Murilo Araújo, não ultrapassa a mediocridade sonora. São poetas marginais em relação às melhores instaurações expressivas no movimento de 22. Mais grave, contudo, é o caso de alguns outros que se dedicaram ao fingimento de ser moderno. Menotti Del Picchia já falsificara o regionalismo mesmo antes de 22, com o seu pedante, artificial e linguisticamente antibrasileiro *Juca Mulato*, logo seguido por essas *Máscaras* que fazem no estilo do senhor Julio Dantas (ai, como é dif'rente a poesia em Portugal!...) uma aprofundada pesquisa psicológica da qual se conclui que o amor perfeito consiste na soma de um sonho de Pierrot com um beijo de Arlequim – o livro é até hoje amado pelas bondosas professoras de português ginasial. Depois dessas graças, Menotti publicou seus livros "modernistas", ameaçando o movimento com o seu amazônico verbalismo e o seu niagárico derrame de palavras fracas. Guilherme de Almeida adotou um processo igualmente diluidor; suas composições são um triunfo do mau intelectualismo, como se o poeta quisesse construir todo o poema a partir de uma imagem *a priori* e, em geral, nula de todo conteúdo poético. Chegou a ser querido pelos despoetas de 45 "*et pour cause*"...

Esses poetas apenas fingiram a modernidade, tendo conservado o espírito pré-modernista, penumbrista ou parnasiano. Sua adesão não podia, é claro, enriquecer a obra de 22. Que tampouco ficou mais rica com a produção de neorromânticos tardios, de Emílio Moura a Mário Quintana – muito pouco renovadora e tendendo mesmo a uma reação em linguagem.

A poesia de hoje se livrará do medíocre, do vácuo poético, quando reencontrar para si mesma a urgente precisão de nacionalidade tão bem sentida por Mário; quando recomeçar o caminho da intimidade com o social; quando finalmente compreender – como João Cabral de Melo Neto – que a herança de 22 manda impelir a poesia brasileira na direção dos grandes temas objetivos, sociais e filosóficos que a preparação de linguagem dos mestres do modernismo tornou possível e imperiosa. Não porque a literatura se melhore pela simples modificação dos assuntos, mas porque nenhuma língua poética, nenhum instrumento de alta expressão, jamais se renovou pelo tolo experimentalismo sem raiz na existência e no mundo – e sempre se expandiu, sempre ergueu seu tom e construiu seu símbolo, naquele exato momento em que a linguagem se abriu para a nervosa e complexa compreensão da vida social; da grande vida coletiva de que, na literatura como no mais, o país funda agora a mais vívida consciência – e do autêntico brasileirismo que os poetas de 22 tiveram o esforço e a glória de instaurar.

1962

Falência da poesia
ou
Uma geração enganada e enganosa: os poetas de 45

A chamada geração de 45 é, do ponto de vista do valor literário, uma dege(ne)ração. Do seu programa, frustrado desde a primeira hora, não ficou nenhum resultado no plano do monumento, do definitivo, do que vem para permanecer e, por isso mesmo, justifica os seus autores.

Qual era esse programa? Ainda que não tenha sido formalizado, sempre consistiu num antimodernismo. Isto é: sempre foi uma reação contra 22 como de resto nem mesmo no início se deixou de perceber. Reação que fazia do movimento não bem um neomodernismo, como propôs Tristão de Athayde, mas antes o antimodernismo, como quis Afrânio Coutinho. Tentativa de desentender o espírito de 22: falso pudor da "bagunça", desejo tímido de "volta à ordem", repulsa ao grito, ao nacional, ao desparnasianizado que a nossa poesia tivesse até então instituído, desde a famosa Semana libertadora. Os poetas de 45 eram comportados. Bons meninos: em nenhuma hipótese, capazes de fazer pipi na cama da literatura.

Mas que tinha esse *enfant terrible* do modernismo de tão diabólico, de tão caótico, que fizesse necessário o sr. Lêdo Ivo apelar, dramático, pelo retorno de Bilac? Se era o seu lado destruidor, de fúria antiacadêmica, foi muito o escândalo para tão pouco motivo – pois já nesse ano de 1942 o próprio Mário de Andrade, com honesta eficiência, não havia sugerido uma sóbria liquidação desse aspecto, uma distanciada superação do "estado de guerra" pela tranquila trajetória dos antigos terroristas, agora mudados em poetas maduros?

E nem sugerira mais do que reconhecera. Estava há muito encerrada a fase heroica de 22 a 30. Vivia-se, ao contrário, uma década de serena construção, de despojamento, de semiclássica transformação dos modernistas de ontem em poetas para sempre. O que já implica confessar que o modernismo sobrevivia; que só morrera o seu tom de estalo, a sua inicial (e necessária) disposição de arrasar o armazém das convenções e da fingida literatura. Era preciso, portanto, dar o nome certo aos bois, embora o mesmo Mário de Andrade, nessa questão terminológica, tivesse metido os pés pelas mãos: o modernismo-atitude, morto; mas o modernismo-processo, instaurador, renovação progressiva da língua poética – a revolução vinda de dentro da literatura – esse, em 1942 como hoje – permanecia vivo, bem vivo ainda, mais vivo até, porque desafiado pelo mais triste dos novos defuntos, o programa dos iludidos de 45.

Nenhuma revolução literária se prova revolução sem mudar linguagem. Já não digo mudar o tom, o metro, a imagem, a sintaxe e o vocabulário, mas alterar tudo isso e transformar, antes de mais nada, a relação de distância entre povo e poesia. Essa distância se torna menor. A proximidade da fala popular volta a fecundar a literatura. O coloquialismo aparece, não como traço dominante, mas como sintoma de que a língua dos escritores remergulhou na sua fonte eterna, no seu poço cíclico, no seu alternado e necessário banho de autenticidade social. A revolução não pode ser, em consequência, meramente destruidora. Terá com grande ruído o prazer de denunciar a esterilidade cristalizada da poesia procedente. Terá de ser, em parte, agressiva – essa é a sua fase apenas estreante, a temperatura do seu começo, que não compromete a outra empresa, mais íntima e profunda, de substituir uma dicção e renovar o contato com o público. Isso está nos objetivos do romantismo inglês. É o desejo expresso no famoso prefácio das *Lyrical Ballads*, de Wordsworth; e também se mostra no nosso próprio honesto romantismo, na tarefa de fazer língua brasileira para criar sentimento do Brasil. Ninguém esquecerá a apaixonada defesa de Alencar. Ou a tranquila prática de uma poesia abrasileirada durante todo o romantismo.

Precisamente como nova marcha em linguagem, o modernismo de 22 venceu. Porque lançou, depois do esboço romântico, a primeira firme devolução da poesia às suas legítimas origens. Porque foi, pela intenção e pela obra, nacional. Porque se obstinou, não somente em contemplar as coisas e o jeito do Brasil, mas em dizer essa contemplação da única maneira pela qual ela não seria simples exotismo. E foi assim que, com ou sem folclore, com ou sem regionalismo, a nossa poesia conquistou lugar de honra para a psicologia do brasileiro. Na língua de *Libertinagem*; dos primeiros livros de Drummond; nos poemas nordestinos, de Jorge de Lima e Joaquim Cardozo; e do mesmo modo se revelou capaz de permitir e fecundar, já um pouco longe das lutas de 22, a brotação magnífica de outros líricos, poetas de lirismo aclimatado aqui, como uma Cecília Meireles ou um Murilo Mendes (e ainda mais tarde, Cassiano Ricardo). Até o tão condenado humorismo de 22, a piada, a deliciosa malícia com que o sorriso moderno afrontava a gravidade parnasiana, teve parte significativa no processo de câmbio estilístico. Sob alguns aspectos, foi quase essencial: se não como nota única, nem mesmo dominante, pelo menos como função natural e orgânica – como atitude de duas faces; uma voltada para a destruição da ideologia acadêmica, outra, porém, quem sabe mais penetrante, de adequado reflexo daquele mergulho na sensibilidade brasileira: já que esse humor, frequentemente, foi mais brasileirice do que sarcasmo, mais ironia mansa e no fundo boa, do que aspereza de sátira sem perdão. Um humor tolerante como o Brasil. Tão nosso, que talvez tenha sido o grande motivo a invalidar a triste ideia de alguns modernos, como Augusto Frederico Schmidt, de retornar à poesia "séria".

Mas a linguagem de 45 é o avesso do poema-piada. Seu vocabulário parece nascido no dicionário de Cândido de Figueiredo. Suas imagens são "raras", de rara anemia e abstração. Seus metros repelem a flexibilidade psicológica de 22. A poesia pôs gravata. Uma seriedade difusa se espalhou pelo verso. E uma "construção" de falso ar pensado; como se esses poetas, não tendo chegado a meditativos, ficassem apenas meditabundos. Um passadismo parnasianinho fez a sua *"rentrée"*. Da necessidade da forma se deduziu, com moderada inteligência, a imposição da forma. E o que foi pior, sem que fosse uma ordem de escola; foi antes engano coletivo e irreparável. Daí nasceu outro equívoco, bem perigoso. Como a geração surgia mais ou menos paralela à introdução da nova crítica entre nós, desde logo se tentou unir uma à outra. O esteticismo de 45 seria contraparte da crítica estética, finalmente aparelhada para o desvendamento das estruturas do poema. Ora, o absurdo dessa relação é intolerável. A nova crítica veio para ficar; a poesia de 45 era quase natimorta. Os novos métodos de análise, a recente retórica reveladora, nada possuem de cúmplice do formalismo pedante e oco de 45. Para que se ajustasse a essa poesia, seria necessário que a nova crítica fosse um bizantinismo. Uma cultura de Alexandria. Um refinamento de sutilezas vãs. E não, como de fato é, um instrumento muito mais poderoso, que iluminando o fato estético desde o interior, não faz senão denunciá-lo pelo que tem de definitivamente ligado à sociedade, como expressão autônoma do pulso coletivo. A nova crítica, enfim, que é prazer todo colocado na revelação de formas de máscula verdade poética, bem longe dos moldes e dos espartilhos.

Aquele direito permanente à pesquisa estética, defendido por Mário de Andrade, ganhou em 45 uma categoria quase maneirista. Deixou de ser a fundação de uma nova linguagem, para ficar no vazio esteticismo de uma etiqueta poética. Com isso a crítica se deliciou: e docilmente se rendeu à promoção dos "novos", logo na estreia, tentando mesmo dirigir o seu aparecimento por uma espécie de vaga previsão de urgência de uma poesia "outra". Esse foi o pecado da crítica em 45. Tratou bem – excessivamente bem – todos esses moços cultos, estudiosos, simpáticos e refinados que fazem do elenco dessa geração um quase perigo para o crítico; perigo de ceder ao inegável brilho das suas pessoas, e esquecer o opaco mais grave das suas obras.

Não vamos falar de todos: há uns oito por si só bastante significativos. Há esse Bueno de Rivera, químico (também) de palavras, poeta considerável mas pouco sólido. É o grande praticante entre nós dessa via média entre a confissão e o surrealismo – dosagem com sutileza que informou a obra de vários poetas menores do século, em especial na França. Os preocupados com a palavra, como

Domingos Carvalho da Silva, crente na poesia e, às vezes, seu incontestável senhor. Embora sem aquela obstinada escavação de João Cabral, autor de coisas boas sobre a poética da poética –

> *Quero a palavra fluente,*
> *viva e inquieta como o sangue.*
> *Pura ou impura eu reclamo*
> *a poesia do momento,*
> *filtrada exata constante.*

– ou de poemas como o "Terciário", de rara beleza metafórica –

> *Cavalos já foram pombos*
> *na madrugada de outrora.*

– mas cuja poesia, no melhor instante, sempre acaba num resultado sem perspectivas. Numa obra feita, e não obstante impotente para propor uma linguagem mais ampla, de sensibilidade mais coletiva. Frágil, de fraqueza surrealista, poeta brilhante (nos primeiros livros) de enganadores "fogos de artifício" é Lêdo Ivo. Grande verbalista: incapaz de energia, mas não de encanto, de lirismo grávido de som e imagem, de... "charme" versificado:

> *A meus olhos terrestres, teu sorriso,*
> *enquanto existes, fruta de esplendor,*
> *não se assemelha às ondas, mas à flor*
> *pelo acaso deposta onde é preciso.*
>
> *Entendes o equinócio, no indiviso*
> *sulco de luz dormida. E é meu temor*
> *que te desgaste o sol, com seu fulgor*
> *persuasivo e sonoro como um riso.*
>
> *O verde condenável das piscinas*
> *no cântico braçal desenha os prantos*
> *que a noite oferta à fímbria de teus cílios.*
>
> *Conformada às marés, como as ondinas,*
> *dás a manhã aos céus, e os acalantos*
> *de teus pés frios soam como idílios.*

Aqui, é claro, o melhor. Em outras peças, mais francamente frouxo; e tendo, recentemente, cometido *Magias*. Já os mais altos momentos de Péricles Eugênio da Silva Ramos são de outro tom. Têm uma anemia interior, como se a circulação do poema fosse quase empurrada; e um jeito declamatório de vã solenidade. De todos o mais digno poeta é José Paulo Moreira da Fonseca. Pensador, por vezes eliotiano, tem algumas qualidades e alguns dos vícios do seu modelo. Mas sabe pensar em verso, com emoção-do-ser; assim, nessa "Máscara Trágica" –

> *No ritmo das linhas*
> *Imóvel o espanto permanece,*
> *Como se morte o recolhera*
> *De toda a metamorfose.*
>
> *No ritmo das linhas*
> *(Fronteira do visível)*
> *Retorna o tempo*
> *E perene é a forma.*
>
> *No ritmo das linhas*
> *A tragédia se esculpe –*
> *Gesto imaturo*
> *Contemplando o eterno.*

E é o autor de *Raízes*, meditação sobre a nossa tradição, de pureza notável e de uma secura, um *prosaísmo* que é dos poucos *necessários* na nossa poesia. Veja-se, para amostra, "El-Rei" –

> *Qual seja o rei, é sempre o mesmo.*
> *Talvez mais presente no austero cunho da moeda*
> *Que usamos, ou na frase*
> *Desenhada sobre as lajes de um muro, longe*
> *Porém mais rei, e dele em nós:*
> *O amparo e a esperança que a ideia configura.*

– exemplo único de captação de psicologia colonial, admiravelmente servida nesse longo verso de oratória. Porém mesmo a quietude desse poeta meditativo se ressente da falta de um nervo social. A sua objetividade não é para aqui nem agora. Não é, portanto, um caminho; e sendo pessoal, de cogitação culta e serena, ganha às vezes uma aparência de dignidade iludida. De todos os modos, entre essa nobre evasão e certas "participações" de 45 medeia um abismo de valor. A poesia participante de Geir Campos é a maior denúncia de falsidade dessa geração, a mais infeliz tentativa de escapar – pelos temas – à falência de uma linguagem. Ninguém pode levar a sério os versos de Geir. Esse intelectual de "esquerda" com armação parnasiana. Essa infinita mediocridade –

> *Em uns países, pelo que me dizes,*
> *quem assina, por exemplo, um poema*
> *de pura crença na divina providência,*
> *cai em desgraça...*
>
> *Noutros, incluso o meu, digo-te eu:*
> *quem assina, por exemplo, um poema*
> *de fé pura na humana criatura,*
> *cai em desgraça!*

– do mais intragável pedantismo. Sem pedantismo nenhum, ao contrário, é a poesia de Paulo Mendes Campos; infelizmente sem nenhuma força especial (às vezes com a graça e a difusa carícia verbal do cronista); o autor parece não levar muito a sério essa obra de poeta. Não chateia com ela. É uma vantagem; ainda nisso sabe ser simpático. Em compensação, Thiago de Mello está até hoje convencido de que é poeta. A inclusão do seu nome (não sou eu quem a faz) no rol de 45 é esteticamente um delicioso paradoxo. Trata-se do mais derramado dos versejadores, numa equipe que se proclamou "contida" e disciplinada... O ritmo dos versos de Thiago seria o da prosa, se essa prosa tivesse ritmo; e a imagem, o tom, a emoção, tudo nele se coloca no polo oposto da poesia:

> *Estamos sós e calados*
> *defronte de nossa face*
> *que desvelada se mostra*
> *e austera nos interroga*
> *acerca do que fizemos.*
> *Nossa resposta é nenhuma.*
> *Nem lhe podemos contar*

> *da sede que nos consome:*
> *vontade de fazer nada*
> *ou fazer, ainda que pouco,*
> *tudo bem feito. E isso é tudo.*

A sua banalidade é o canto de marreco da lírica de 45.

Não sabemos se é por ingenuidade ou malícia que se situa João Cabral de Melo Neto entre os autores dessa geração. Deve ser por uma tola mistura de ambas as coisas. Mas a sua subtração do grupo é obrigatória. Sua atitude de rigor, de concentração é toda consequente e penetrante: nada tem que ver com as camisas de força parnasianas desses senhores. Seu verso curto é também único. Seu realismo está a quilômetros de distância das pobres fantasias dessa versalhada; e a coragem singular, grandiosa e áspera na sua virilidade, com que enfrentou e venceu a tarefa da poesia social brasileira faz dele um cavaleiro solitário entre esses ilustres conformistas. Há portanto, entre um e outros, apenas uma incômoda convergência cronológica. Incômoda, decerto, porque João Cabral é simplesmente o que a geração de 45 poderia ter feito e não fez. Ou, falsificando o verso de Bandeira; a obra inteira que poderia ter sido e não foi...

E afinal, por que não foi? Por desejar as formas em vez de instaurar as formas; por afastar a linguagem da fonte nacional e popular; por manejar os ritmos do mecânico, os metros sem vida, as imagens em conserva; por não ter visto o Brasil (nem de 45, nem depois) e o mundo onde ele com esforço tenta existir na frente; por tê-lo visto, sem compreendê-lo, e assim matado a poesia com a falsa "participação"; por se ter acumpliciado com o processo de abastardamento e oficialização da literatura; por ter recusado, com dano e má-fé, a audaciosa lição de 22 – por tudo isso, eu acuso a geração de 45 (as exceções que se retirem) pelo crime de ter traído a poesia, e de ter atrasado em tantos anos o firme florescimento de uma poética da realidade brasileira.

Ecrasez l'infâme!

1962

O poema do lá

A meu amigo Paulo Renato, *maranhense.*

Na "Canção do Exílio" de Gonçalves Dias –

Minha terra tem palmeiras,
Onde canta o Sabiá;
As aves, que aqui gorjeiam,
Não gorjeiam como lá.

Nosso céu tem mais estrelas,
Nossas várzeas têm mais flores,
Nossos bosques têm mais vida,
Nossa vida mais amores.

Em cismar, sozinho, à noite,
Mais prazer encontro eu lá;
Minha terra tem palmeiras,
Onde canta o Sabiá;

Minha terra tem primores,
Que tais não encontro eu cá;
Em cismar – sozinho, à noite –
Mais prazer encontro eu lá;
Minha terra tem palmeiras,
Onde canta o Sabiá;

Não permita Deus que eu morra,
Sem que eu volte para lá;
Sem que desfrute os primores
Que não encontro por cá;
Sem qu'inda aviste as palmeiras,
Onde canta o Sabiá.

– já se quis encontrar na ausência de qualificativos a chave da extraordinária densidade lírica. Assim Aurélio Buarque de Holanda,[1] para quem até mesmo o *sozinho*

---

[1] Aurélio Buarque de Holanda, *Território Lírico*. Rio de Janeiro, 1958. O primeiro ensaio, "À Margem da Canção do Exílio", foi previamente publicado no *Correio da Manhã* de 3 de abril de 1944.

das estrofes III e IV não é bem qualificado, já que lhe faltaria a "essência pictural" característica dessa categoria de palavras. A abstenção de qualificativos, por parte do poeta, emprestaria aos substantivos despojados da "Canção" maior intensidade e nitidez. Outro comentador, Aires de Mata Machado Filho,[2] relaciona os vários desses substantivos – palmeiras, Sabiá, flores, várzeas, bosques, vida – com a infância fazendeira de Gonçalves Dias, vivida em intimidade com a natureza, e evocada, através de seu quadro físico, pelo estudante de vinte anos, saudoso da terra natal. O apreço pela pátria distante levaria naturalmente o poeta a valorizar negativamente a terra do exílio, não só por meio de comparações explícitas como a dos versos 3 e 4 da estrofe I, mas por antíteses sugeridas, como no caso do *minha terra tem palmeiras* (onde o possessivo faz subentender: "e esta terra não as tem"), ou, ainda, por comparação de que o segundo termo está implícito, como em *nosso céu tem mais* estrelas – "do que o céu desta terra".[3]

Vejamos, porém, mais de perto essa comparação implícita da segunda estrofe. Nela, a insistência do possessivo só tem rival na frequência desse *mais*, realmente comparativo. E todavia, o simples comparar já nos abre uma nova via de interpretação. Tudo se passa, efetivamente, como se o poeta preferisse, a enumerar as boas coisas de sua terra, o confronto das mesmas coisas, das coisas *comuns* à terra natal e à de exílio, deixando apenas à localização o critério para estabelecer sua preferência. Estrelas, várzeas, flores, bosques, vida, amores – tudo isso existe em Portugal, como existe no Brasil. O que de fato provoca a saudade não é portanto a sua simples existência, e sim a qualidade que esta ganha, quando na moldura da pátria. A canção não compara o que o Brasil tem

---

[2] Aires da Mata Machado Filho, *Crítica de Estilos*. Rio de Janeiro, 1956. Os seis primeiros ensaios do livro são consagrados à "Canção do Exílio"; o primeiro reproduz uma conferência pronunciada em 1943, no centenário do poema.

[3] Observação de Aurélio Buarque de Holanda, op. cit.

com o que a terra alheia não possui; indica, isso sim, o maior valor que as mesmas coisas revestem, uma vez localizadas no Brasil. Todos esses substantivos são, no fundo, como as aves da primeira quadra. Tanto as de aqui, do exílio, quanto as de lá, gorjeiam; só não gorjeiam *da mesma maneira*. A que nos leva constatá-lo? A reconhecer no poema o primado do subjetivo. Não é tanto por evocar elementos do país onde se nasceu que a canção se desenvolve como expressão de uma saudade; é antes a saudade que, como se preexistisse a todo dado objetivo, oferece ao poeta a pura afetividade com que julga de ambos os lugares, o de "aqui" e o de "lá". Nem chega a ser certo que as aves daqui não gorjeiam tão bem quanto as de lá; toda a certeza do poeta é íntima, é subjetiva; não é mais do que a dogmática convicção de que, qualquer que seja o objeto, tudo que pertença ao país de origem é superior ao estrangeiro. Nenhum juízo objetivo, e nenhuma realidade objetiva. Seres e valores estão empapados de subjetividade, sob a forma de obstinada nostalgia. Por isso os próprios substantivos não são bem evocados da fazenda do Maranhão, porque, ainda que o sejam, não é por esse lado que se apresentam esteticamente. Se fossem evocações, seriam mais vívidos, mais visualmente sugestivos, mais concretizados e, numa palavra: estariam qualificados, quase seguramente. Assim como vêm, nus e abstratos, sem acompanhamento, mas também sem particularização – só a insistência do sentimento lhes dá vigor e presença semânticos. Não é à toa que o mais abstrato de todos – vida – seja exatamente o mais acentuado, tanto pelo crescendo obsessivo, de que é o termo final, quanto pela rima encadeada que ele marca, e que é a síntese de uma afirmação de valor abertamente fundada na pura intensidade de uma emoção:

> *Nossos bosques têm mais* vida,
> *Nossa* vida *mais amores*.

No conjunto sonoro da segunda estrofe, o timbre em *i*, agudo e tenso, desse nome sintético repercute da maneira mais viva.

Logo se poderia argumentar que é injusto generalizar, com base na estrofe II, para todo o poema, porque a comparação implícita entre termos da mesma natureza não o domina inteiro. Irrespondivelmente, as palmeiras e o Sabiá são exclusivos do Brasil. Se são comparados, é dentro dessa exclusividade, e do caráter de evocação que denunciam. Mesmo assim, creio na possibilidade de provar que o Sabiá, estilisticamente, e embora, decerto, o estímulo inicial a despertar a sensação de saudade, não está menos envolvido do que os outros nomes na trama subjetiva da nossa canção. Se é evocativo, é sobretudo como lembrança *transformada em obsessão* que o Sabiá comparece, nesses versos onde o seu papel de estribilho já o situa na condição essencial para a ocorrência obsessiva – a repetição.

Na música da "Canção do Exílio" ressoa claramente o motivo da obsessão. A aparência aliterada do estribilho se reforça na energia com que se firma o ritmo. O primeiro e o segundo versos estão construídos de acordo com um modelo trocaico

(–––––––––):

Minha terra tem palmeiras,
Onde canta o Sabiá;

o terceiro verso desobedece a essa norma métrica, iniciando-se por um iambo, ao qual se seguem um anapesto e outro iambo –

As *aves que aqui gorjei*am,

O modelo desse verso (–––––––––), não obstante, coincide no essencial com o dos dois primeiros, que o quarto retomará. A leitura atenta confirma a impressão do ouvido, que é a de que não há diferença entre os dois tipos métricos a partir da quarta sílaba, toda discrepância estando limitada ao começo do verso. Daquela sílaba em diante, o terceiro verso se acentua, como os outros, na quinta e na sétima; mas seu início irregular, sublinhado pela vírgula, é de uma expressividade única. Justamente no verso em que introduz o tema da terra alheia, Gonçalves Dias faz variar o ritmo. Essas *aves* fora do trilho métrico são o único elemento não brasileiro da estrofe. Discrepam, em consequência, no ritmo como na imagem. Mas – sutileza reveladora – mesmo essa variação, ainda que tão perceptível, é pequena, de brevidade quase instantânea. A pressa com que o verso recupera a concordância com o esquema geral da estrofe traduz a urgência com que o poeta, a caminho da obsessão pela terra nativa, retorna ao ritmo que a designa desde o estribilho.

A estrofe II está dominada pela repetição: no ritmo, uniformemente trocaico, no possessivo, anafórico, e no advérbio de comparação. É a evidência mais flagrante da repetição, num poema onde, em vinte e quatro versos, sete repetem linhas anteriores, sem contar os que as repetem apenas parcialmente. A terceira, de idêntica estrutura métrica, abre com um verso magistral –

Em cismar, sozinho, à noite,

– onde a posição do qualificativo, se não lhe dá a "essência pictural" que estranhamente lhe exigiram, confere-lhe toda uma concreção psicológica, todo um colorido anímico. O próprio Aurélio Buarque de Holanda reconhece que a expressão *sozinho, à noite* é "fundamente" sentida. Aires de Mata Machado nota-lhe o matiz afetivo do sufixo, que permite ao termo, tão de nossa língua, "indicar um carinhoso dó de si mesmo". Mas o valor estético do bloco *sozinho, à noite* se estende, na verdade, ao verso completo. Cercado por duas expressões adverbiais, uma oração e uma locução, o qualificativo retira desse abraço metade da pungência que sugere. Todo o verso aponta para a condição de saudade. A solidão meditativa e noturna: é a atmosfera sempre adequada à manifestação das espécies melancólicas; e a saudade é integrante do gênero melancolia. A linha imediata (*Mais prazer encontro eu lá*) já sofreu comentário estilístico dos mais desassombradamente afirmativos. Aires da Mata Machado quis ver na posposição do sujeito de primeira pessoa uma função de expressividade, de que logo fornece vários exemplos em Herculano, tão admirado por Gonçalves Dias.[4] De tais exemplos, porém, os dois primeiros são, do ponto de vista fônico, equivalentes ao texto gonçalvino, ou seja: apresentam o *eu* em posição ritmicamente fraca, em sílaba não acentuada, no esquema métrico do poema. Ora, na leitura do verso, essa desvantagem musical retira bastante expressão ao pronome, ainda que posposto ao verbo. Os melhores casos de realce estilístico provocado pela posposição do sujeito são, como nota o mesmo analista, as fórmulas cristalizadas do tipo *penso eu, suponho eu*. No entanto, precisamente nelas, a situação rítmica do sujeito é a melhor possível. Fica-se até pensando se o pronome não frequenta essas orações intercaladas justamente porque o são: para que a insistência no *pessoal* da expressão tenha segura sustentação sonora. De qualquer modo parece um pouco artificial e mecânica a atribuição de valor expressivo ao *eu* do décimo verso da canção com base nos exemplos oferecidos. Incomparavelmente mais artificial, contudo – e, mais do que isso, simplesmente inaceitável – é a interpretação analítica proposta por Aires da Mata Machado para os dois versos seguintes – que retomam, palavra por palavra, as duas linhas de abertura, transformando-as em refrão. Nosso comentador comete a tranquila violência de dizer que, entre os dois versos iniciais da estrofe III e seus dois versos finais, ocorre uma "subordinação implícita", acusada pela "pontuação". Entre os dois grupos sintáticos, estaria oculta, mas vivamente sensível a conjunção casual:

> *Em cismar, sozinho, à noite,*
> *Mais prazer encontro eu lá;*
> *(Pois) Minha terra tem palmeiras*
> *Onde canta o Sabiá.*[5]

---

[4] Aires da Mata Machado Filho, op. cit., p. 24-25.
[5] Aires da Mata Machado Filho, op. cit., p. 23. Outro "pois", igualmente absurdo, é "descoberto" entre o refrão e os dois versos finais na estrofe I.

É evidente que esse "pois", completamente imaginário, só existe na mente do comentador. Dele não necessitamos, em nenhum momento, para compreender a estrofe em seu pleno sentido poético. Essa conjunção de contrabando nunca disfarçaria seu ar de enxerto lógico, de invasão da sintaxe lírica por um elemento de gramática intelectual arbitrariamente introduzido. Não é que o "pois", como qualquer conjunção ou qualquer nexo lógico, não possua seus direitos estéticos, que lhe autorizem a presença em versos; apenas, sua presença, como o de toda palavra, precisa preencher uma adequação ao espírito da linguagem concretamente usada no poema. Se para existir, impressa, numa obra lírica, uma conjunção necessita disso, calcule-se para poder ser reconhecida como existente oculto!... A relação de causalidade estabelecida entre os dois grupos de versos simplesmente não tem realidade, nem gráfica nem psicológica. A justaposição do estribilho revela nessa estrofe a renovação do tema obsessivo da terra natal. Trata-se de uma associação instantânea: logo após um movimento de descrição psicológica, em que nos representa a condição meditativa propícia à saudade, Gonçalves Dias repete a frase-núcleo da canção, o estímulo de que quem sabe terá partido para o desdobramento de sua obstinada nostalgia. Mas, na subitaneidade dessa associação, não há sequer lugar para o raciocínio lógico nem para a intervenção de "explicações" causais. Querer vê-las, à força, num poema como a "Canção do Exílio", é mero intelectualismo crítico, desleal para com a natureza própria desse lirismo.

A linha obsessiva, do crescendo da segunda quadra e da segunda ocorrência do refrão, passa a explicitar-se, ainda mais, na estrofe IV.

Minha terra tem primores,
Que tais não encontro eu cá;

Primores, palavra que até etimologicamente (*primus*) denota acepção de valor, é uma espécie de argumento final em favor da tese de que o poema da saudade não se constrói pelo enunciado dos atributos peculiares da terra natal, e sim pela insistência com que se confere maior valia a coisas em toda parte encontráveis, quando se acham no solo nativo. O segundo verso ecoa o ritmo de *As aves, que aqui gorjeiam* de maneira apropriada, pois também ele é referência direta à terra estranha. Em seguida vêm as linhas que repetem, enfaticamente, a condição do melancólico, numa segunda via de obsessão: esta já não se contenta agora com o repisar o tema da terra; e expandindo-se além dele, reitera também a solidão que favorece a sua lembrança. Termina enfim a quarta estrofe – sexteto e não quadra – com o retorno do estribilho. O sexteto se casa admiravelmente com o desenvolvimento tríplice da estrofe: "racionalização" sintética da preferência pela pátria; reiteração da situação afetiva de onde nasce o sentimento de saudade; retorno da obsessão fundamental, objetivada no estribilho mágico. A cada fase desse desenvolvimento correspondem dois versos.

O segundo sexteto (e última estância) da canção está perpassado pelo pressentimento doloroso de um exílio tornado definitivo. A intensidade do pressentimento traduz-se na urgência do ritmo, aqui, como na estrofe II, construído em crescendo elevado, em cujo ápice surge, semelhantemente, o timbre em *i*, princípio e fecho de uma fremente volição. Entre *permita* e *inda aviste* há como que o arco distendido de uma vontade elétrica. Mas o timbre agudo, cercado pelas vogais em maioria fechadas dos cinco primeiros versos, representa a terminação polar de uma variação rítmica não menos apreciável. O primeiro verso obedece ao cânon predominante no poema, expresso no próprio refrão, e que é o metro trocaico, acentuado nas sílabas ímpares. O segundo só tem, em relação a tal norma, a tenuidade da quinta sílaba, onde a preposição apaga a força do acento, legada toda ao *volte* imperioso e aberto. No terceiro verso, entretanto, num movimento que abrange os dois seguintes, o ritmo sofre um desvio enérgico, de jorro último, e de apelo transido de uma vibração a que só o silêncio, depois do fragmento de estribilho, serenamente sucederá. Da terceira, o acento se desloca para a quarta sílaba: *Sem que desfrute os primores*. Não é possível ler a estrofe sem sentir a intensidade que ela extrai dessa mudança. Quando o último verso – pedaço de refrão – cai sob os olhos depois desse arrepio, a rima em *á*, vinda desde a quadra inicial, recebe em cheio toda a sua expressividade. Quase se deveria dizer rima em *lá*: tanto se faz o advérbio, o designativo poderoso e simples da terra natal, eco sintético das palmeiras, do Sabiá, e de tudo que, em valor incomparável, oferece o país de origem. Síntese de uma obsessão, essa palavra mínima contrasta, inalterada, com as várias designações adverbiais da terra estranha, tratada por *aqui, cá* e *por cá*. Nas quatro vezes em que ocorre, *lá* vem sempre assim, puro e o mesmo. É verdade que no verso 20 lemos *para lá*; mas esse *para*, depois do verbo *volte*, antes reforça a ideia verbal, distinguindo-se com isso das funções puramente locativas, como a daquele neutro *por cá* do verso 22.

A "Canção do Exílio" é um poema simples e desnudo, mas não porque haja nela, em alusão poética, os elementos essenciais da terra nativa. A verdadeira razão, o verdadeiro segredo de sua direta comunicabilidade é a unidade obstinada do sentimento que a domina. Esta é a qualidade distintiva da canção, e o que faz dela poema realmente "sem qualificativos", precisamente porque *todo* o poema é qualificativo: todo ele qualifica, em termos de exaltado valor, a terra natal. Mas a qualidade atribuída ao país saudoso é em si mesma abstrata. Recusando-se a tomar de seu país qualquer peculiaridade concreta para submetê-la a amorosa descrição, o poeta preferiu partir do Sabiá simbólico para sobrevalorizar sua pátria, irrespectivamente a qualquer elemento particular. O Brasil, na "Canção do Exílio", não é *isso* nem *aquilo*; o Brasil é sempre *mais*. Mas essa expressão, de outro modo fatalmente quantitativa, transforma-se pelo sentimento de saudade em algo irredutivelmente qualificativo, no *mais-melhor* que o poeta, cativo de uma teimosa nostalgia, vê como aspiração suprema e como valor entre todos primeiro.

Mário de Andrade, numa página famosa dos *Aspectos da Literatura Brasileira*,[6] mostrou a diferença existente entre o tema romântico do exílio, acompanhado do desejo intenso de voltar, e a vontade de partir dos modernistas, ansiosos por se libertarem da vida presente e de suas mil limitações, em direção a uma Pasárgada sem retorno. À primeira vista, são os modernos quem encarnam o evasionismo completo, no seu vou-me-embora sem passagem de volta. Na realidade, o escapismo romântico foi, como fuga, mais autêntico. Os românticos tinham a nostalgia da fonte, do berço, do nada originário. A sedução da morte nos poemas românticos pode ser psicanalisada em temos de retorno ao seio materno – é muito significativo que o psicanalista mais devotado a esse tema, Otto Rank, tenha sido igualmente o autor de uma concepção do artista como modelo de personalidade superior, outra ideia tipicamente romântica. A poesia moderna, ao contrário da romântica, desenvolve uma atração por um desconhecido futuro, nem sempre análogo a uma situação já vivida e perdida, a um *"éternel retour"*. Ernst Fischer, em *Da Necessidade da Arte*,[7] distingue a fascinação fúnebre do romantismo, simbolizada no *La Belle Dame sans Merci*, de Keats, da sofreguidão pela novidade com que Baudelaire invoca a morte em *Le Voyage*. Como evasão de toda realidade, como desejo de um nada absoluto, a nostalgia romântica é mais acabada que a impaciência moderna. Recusa total, calafrio de imersão na morte, reingresso num puro não-ser, a poesia romântica, essencialmente melancólica, denuncia o drama de uma consciência sem projeto, privada de sua liberdade de ação, vivendo de impulsos alheios, enfeitiçada e prisioneira.[8] A "Canção do Exílio", poema romântico, é a expressão

---

[6] "A Poesia em 1930", artigo escrito em 1931.

[7] Ernst Fischer, *Von der Notwendigkeit der Kunst*, 1959. Trad. inglesa, 1963.

[8] O tipo de consciência descrito por Jean Starobinski et. al., a que se refere o ensaio "Uma Canção de Cardozo", neste mesmo volume.

de uma "melancolia saudosa", no dizer de Veríssimo, aprovado universalmente. O tema do retorno à terra natal seria apenas uma variante da nostalgia romântica? Se o for, deverá haver na canção a marca de uma consciência "congelada" e de uma visão do mundo, por isso mesmo, predominantemente estática. Mas o levantamento estilístico da obra de Gonçalves Dias – iniciado brilhantemente por Othon Moacyr Garcia[9] – revela um estilo onde prevalecem substantivos e adjetivos sobre verbos, indicando uma concepção não dinâmica da realidade. A análise da "Canção do Exílio", em particular, não faz mais do que confirmá-lo: entre os dez verbos do poema (ter, cantar, gorjear, cismar, encontrar, permitir, morrer, voltar, desfrutar, avistar), somente um – *voltar* – é verbo de movimento.

Não seria esta a primeira vez que se enquadrasse a "Canção" no conjunto romântico de poemas onde um melancólico aspira a um país edênico, a uma terra ideal, a uma pátria sonhada e, de sonhada, idealizada. Só compreenderemos, porém, fielmente, essa obra única da nossa lírica, se reconhecermos que sua melancolia, embora na moldura genérica do romantismo, exprime algo entranhadamente brasileiro. Profundamente brasileira é a saudade da terra natal, na forma de um desprezo cego pela realidade objetiva do país. Boa ou ruim, promissora ou aflitiva, essa realidade jamais conseguirá demover o saudoso de seu amor obstinado à terra. A pureza e o vigor desse sentimento popular, eis o que Gonçalves Dias apreendeu nos versos simples da "Canção do Exílio". Hoje, como sempre, reluz nesses versos a vibração da certeza consoladora de nos sabermos irremediáveis amantes do Brasil, mesmo o Brasil tão frequentemente errado e decepcionante, pobre de fortuna e de projetos, abrigo de vícios e de molezas. É que o brasileiro será sempre incapaz de adotar o *"ubi bene, ibi patria"* dos que reduzem o amor de sua terra ao prazer que ela lhes

---

[9] Othon Moacyr Garcia, *Luz e Fogo no Lirismo de Gonçalves Dias*. Rio de Janeiro, 1956.

possa dar; porque, para nós, será sempre possível esquecer a miséria da pátria, presente na sublime teimosia com que a amemos, boa ou má, na força de quem faz desse amor uma vontade firme. Quando um dia nós fizermos um Brasil *amável,* um Brasil definitivo, desgraçados de nós se perdermos a fé desse amor-vontade; desgraçados de nós, se então justificássemos o amor da nossa terra pela sua grandeza palpável – porque teríamos perdido a feição mais nobre do sentido da terra natal, que é essa reserva, esse poder de amá-la, sem outra justificativa que o próprio amor.

Santa Teresa, setembro de 1964.

MURILO MENDES
OU A POÉTICA DO VISIONÁRIO

*A D. DIRCE CÔRTES RIEDEL
e a MÁRIO CHAMIE*

Murilo Mendes é um poeta deslocado na tradição dominante da lírica de língua portuguesa. A audácia de suas imagens, o feitio irredutível de seu ritmo, a violenta frequentação do visionário de onde brotam ambas essas características, e a conjunção impassível, de uma absurda naturalidade, com que a plena fantasia e o mais vulgarmente cotidiano se entrelaçam em seu verso – tudo isso foge à média de uma tradição poética estabelecida no predomínio do sentimental-convencional, sem arestas nem conflitos, sem asperezas de expressão e sem sustos de comunicação.

Marginal de nossa corrente lírica, poeta sem precedentes, Murilo não obteve compreensão substancial por parte da generalidade da crítica. Ganhou mais admiração pelo assombro do que pelo entendimento; e até bem recentemente, numa obra de objetivos analíticos como é *A Literatura no Brasil*,[1] Péricles Eugênio da Silva Ramos, encarregado do capítulo sobre a poesia modernista, pasmava diante do meteoro Murilo sem conseguir enriquecer-lhe a compreensão. Semelhante espanto é a decorrência natural do descarrilhamento que a poética muriliana provoca no leito da lírica tradicional. Numa das poucas páginas que resgatam a crítica daquela censura, Alceu Amoroso Lima[2] via muito bem, a propósito do primeiro livro de Murilo, que "este livro *marca*, não, como a *Pauliceia*, uma *época*, mas um *estado de espírito*". Quer dizer: Murilo não vinha apenas renovar uma

---

[1] *A Literatura no Brasil*, ed. sob a direção de Afrânio Coutinho. Rio de Janeiro, 1959.
[2] Alceu Amoroso Lima, *Estudos* (5ª série). Rio de Janeiro, 1933.

tradição artística – a da nossa lírica – reaproximando-a das fontes e motivos da vida moderna; vinha, para além de toda renovação, acrescentar aos nossos modos poéticos algo de novo, de impraticado anteriormente, e que sua obra traria para o verso brasileiro como um verdadeiro alargamento psicológico, uma disposição de espírito adicionada pela literatura modernista.

Qual é então essa modalidade psicológica? O que de melhor a crítica escreveu sobre Murilo (o único texto crítico realmente superador daquela mudez espantada) já em 1931 a apontava e corretamente designava. O texto, no caso, são dois artigos de Mário de Andrade, que foi, em suma, o melhor crítico de poesia do modernismo. O primeiro deles, de que nos ocuparemos agora, está nos *Aspectos da Literatura Brasileira* e se chama, significativamente, "A Poesia em 1930". Significativamente porque o artigo se ocupa, além do *Libertinagem* que é tão básico em Manuel Bandeira, de um poeta recém-estreado, Augusto Frederico Schmidt, e de dois importantíssimos estreantes, Drummond e Murilo.

As observações de Mário sobre a poesia de Murilo podem ser esquematizadas em nove. A primeira já é o diagnóstico do "estado de espírito" pressentido por Tristão de Athayde: pois Mário nota, sobre a poesia de Murilo, que é o "aproveitamento mais sedutor e convincente da lição surrealista". A palavra essencial foi dita: surrealismo. O que Murilo introduzia na literatura brasileira em 1930 era a prática do surrealismo. O sintoma mais gritante de semelhante prática era a "integração da vulgaridade da vida com a maior exasperação sonhadora ou alucinada", integração realizada com elasticidade e naturalidade bem cariocas. Com esta terceira característica, Mário nos conduz à posição singular de Murilo no plano do projeto de abrasileiramento literário do modernismo, reconhecendo no poeta um brasileirismo todo natural, não procurado; e, ao mesmo tempo, constando que o resultado de sua poesia não era nada de "regional" – sendo antes um produto genérico, universalmente humano, despersonalizado e desindividualizado. Praticante de surrealismo, Murilo é, para Mário, um "lírico" e não um "artista"; sua obra estaria liberta de toda "inteligência superintendente"; e embora o poeta-crítico veja nessa fusão de planos conseguida pelo surrealismo uma "inflexível desapropriação da Arte em favor da integralidade do ser humano", seu juízo sobre a visão do mundo por trás dos poemas murilianos acaba denunciando neles um exemplo de não meamolismo, ou seja, daquele pasargádico evasionismo captável igualmente em Bandeira e em Drummond. A fusão dos planos do real indicaria também uma confusão de valores; e esta última, a vontade niilista subjacente ao evasionismo da nossa lírica em 1930.

Mas será mesmo que o surrealismo, instrumento e estilo dessa alegada evasão, consiste realmente numa fuga ao mundo concreto? A interpretação do surrealismo nem sempre o sugere. Se, no livro de Marcel Raymond (*De Baudelaire au Surréalisme*, 1933), insiste-se no seu caráter de "poesia do Ser", de parente espiritual do romantismo alemão e, por conseguinte, do esteticismo à Novalis (de que o outro crítico suíço, Albert Béguin, já tentara a valorização no famoso *L'Âme Romantique et le Rêve*) o que se tem sublinhado mais recentemente é o seu aspecto de poesia da ação. Yves Duplessis[3] e Gaëtan Picon[4] concordam em acentuá-lo. Vista desse ângulo, a escola de Breton permanece como neorromantismo – mas agora a semelhança já é com o romantismo revolucionário dos franceses, com a poesia social de Victor Hugo. A poesia dos "videntes" se faz lirismo do gesto e da práxis; como o próprio Murilo nos diz no poema "A Marcha da História", "se fundem verbo e ação". Porque se o romantismo, na definição de Hugo, é o liberalismo na literatura, é igualmente a literatura do liberalismo e *para* a liberdade. Ao assumir essa herança, o surrealismo se destina a uma luta social, concretizando e materializando a esperança do acesso ao Ser. Um dos

---

[3] Yves Duplessis, *Le Surréalisme*. Coleção "Que sais-je?", Presses Universitaires de France.

[4] Gaëtan Picon, *Panorama de la Nouvelle Littérature Française*. 2. ed., 1960.

livros de Murilo se intitula, a propósito, *Poesia Liberdade*; e as duas palavras não estão justapostas por acaso: para o surrealista, elas se definem uma à outra, ambas subentendendo a mesma tarefa e o mesmo ato essencial. Gaëtan Picon acerta ao considerar o surrealismo dentro de uma vertente em que a literatura manifesta a ambição de ser algo mais do que puramente literária; é a ambição de transformar o mundo que confere ao movimento a sua designação de "otimismo romântico" e a sua qualidade de *entusiasmo*, suficientes para separá-lo, irremediavelmente, da literatura da angústia, cuja voga o sucedeu. Portanto, se Murilo é efetivamente um surrealista, não pode ser ao mesmo tempo um evasionista, um não meamolista, um fugitivo. Também ele deverá revelar, em plena obra, o impulso revolucionário e crítico que, germinando desde o início na aventura de Breton e de seus companheiros, veio a cristalizar-se no Segundo Manifesto, de 1930 – quando surrealismo e dialética, o imaginário e a práxis, firmaram uma aliança perfeitamente lógica e previsível. Murilo não é, de fato, um poeta de evasão. Visionário, nem por isso deixa de enfrentar o mundo. Seu onirismo é apenas uma técnica de participação. A alucinação, uma forma exaltada de engajamento. Mário de Andrade, imbuído de alguns preconceitos contra o intelecto muito em moda no Brasil de 1930, desentende o lirismo muriliano como superação englobante do intelectual, mas o certo é que esse lirismo não rejeita as funções intelectuais. Por estarem integradas, elas não estão menos presentes. São elas, no fundo, que fazem, da poesia de Murilo, não apenas um grito, uma interjeição, uma indignação contra a miséria do século – mas, ainda, uma *compreensão crítica* de sua época. Murilo não é menos lúcido, menos crítico, por ser visionário; pois a poesia visionária pode ser uma modalidade de realismo e de crítica. Murilo percebe o mundo através de suas perturbadoras visões, lente de aumento para aprendê-lo melhor. Visionário-observador, é capaz de desenvolver toda uma estratégia de atenção, de alerta e de alarma; e é somente a poesia – nunca o poeta, a rigor – quem, na sua obra, entra *em pânico*. Porém se a poesia entra em pânico, é por se ter aberto ao mundo, e por se ter agitado com ele. Só o parnasianismo pseudomoderno dos neobizantinos, dos puristas mestres do desinteresse, poderá preservar a poesia das fortes vibrações a que a submete, como a uma antena viva, a vária e dura realidade contemporânea.

O espectro dos temas da poesia muriliana mostra a presença do senso da realidade através de um respeito básico pela complexidade do humano. Renunciando à pretensão enciclopédica, a abordar todos os temas, o realismo se evidencia na penetração com que escava seus objetos. Assim, a sensualidade é simultaneamente uma expressão do ócio brasileiro ("Cartão Postal"), que faz do namoro uma preguiça domingueira ("Arte de Desamar"), ou a revelação catastrófica e apocalíptica de um irresistível poder do feminino ("Jandira"); no amor, palco de contradições, a Igreja do poeta convertido pode disputar à amada o domínio místico-erótico de seu cantor, na disputa apaixonada entre Ecclesia e Berenice ("Ecclesia", "A Usurpadora", "Igreja Mulher"); mas o mesmo amor se reconcilia com a religião, envolvendo em piedade a mulher arquetípica encarnada em "Tu"; no religioso Murilo, a convivência consciente com o pecado ("O Impenitente") e o reconhecimento doloroso da trágica incongruência entre o Criador e a Criação ("O Filho Pródigo") admitem a seu lado a nostalgia purificante de um Cristo aquático e lunar, que cega, barrocamente, em virtude da própria luminosidade ("Emaús"), da sua escurecedora irradiação divina, penumbra rembrandtiana onde o fascínio da sombra se faz constante adivinhação da luz. É preciso compreender a religiosidade muriliana em seu rosto ambivalente e em seu coração dilacerado de contrários – religiosidade em que o pecado desempenha um papel de tanto relevo, e em que o catolicismo, concebido como "grandeza de uma luta" (Lúcio Cardoso), confere uma "intensidade inédita" (Alceu Amoroso Lima) dostoievskiana ao conflito maior entre o bem e o mal – para atribuir, com certeira justiça, a condição de grande poeta religioso a Murilo Mendes. Cristão dialético, religioso moderno, muito mais teilhardiano que tomista,

Murilo extrai de uma crença dramática uma concepção de vida sob o signo marcante do devir. Para ele, a situação dos homens é a de seres "exaustos entre o não-ser e o vir-a-ser", da mesma forma que a morte, cristãmente entendida como passagem a vida superlativa, merece dele o sagrado apelido; *morte, grande fêmea.* Essa fidelidade ao caráter complexo e múltiplo da existência não poderia deixar de abrir-se ao social em sentido estrito. Passada a fase humorística da *História do Brasil,* competirá à poesia de guerra de Murilo oferecer a prova da vigilância do poeta sobre a realidade imediata e convulsionada do universo. Não menos que Drummond, Murilo exerceu para nós o lirismo da denúncia humanista da guerra, frequentemente alcançando o cerne social da desgraça. É suficiente reler apenas como "Lamentação" ou como "Os Pobres" para verificar com que profundidade o poeta foi tocado pela guerra, e com que humanidade lhe reagiu.

Uma vez aceita a ideia de que a imaginação surrealista faz valer, tanto ou mais do que o realismo *"stricto sensu",* seus direitos à firme apreensão da realidade, que poética haverá, com atitude estilística de base, na poesia de Murilo Mendes? O núcleo do seu lirismo é uma poética do *visionário.* Talvez nenhum de seus poemas possua melhor chave, para a compreensão dessa atitude, do que o próprio poema de *As Metamorfoses* que a leva por título:

> *Eu vi os anjos nas cidades claras,*
> *Nas brancas praças do país do sol.*
> *Eu vi os anjos no meio-dia intenso,*
> *Na nuvem indecisa e na onda sensual.*
>
> *À meia-noite convoquei fantasmas,*
> *Corri igrejas de cidades mortas,*
> *Esperei a dama de veludo negro,*
> *Esperei a sonâmbula da visão da ópera:*
>
> *Na manhã aberta é que vi os fantasmas*
> *Arrastando espadas nos lajedos frios:*
> *Ao microfone eles soltavam pragas.*
> *Vi o carrasco do faminto, do órfão,*

Deslizando, soberbo, na carruagem.
O que renegou a Deus na maldição,
Vi o espírito mau solto nas ruas,
Cortando os ares com seu gládio em sangue.

Vi o recém-nascido asfixiado
Por seus irmãos, à luz crua do sol.
Vi atirarem ao mar sacos de trigo
E no cais um homem a morrer de inanição.

À luz do dia foi que eu vi fantasmas,
Nas vastas praças do país do amor,
E também anjos no meio-dia intenso,
Que me consolam da visão do mal.

"O Visionário", como tantos poemas de Murilo, apresenta uma variação rítmica muito grande. Ainda assim, em vinte e quatro versos, onze são decassílabos sáficos (acentuados na 4ª, 8ª e 10ª). Essa dominante rítmica abre e fecha o poema; é ela quem introduz, severamente marcada, a imagem de um elemento *visionário meridiano*:

Eu vi os anjos *nas cidades* claras,
Nas brancas praças *do país do* sol.

(*Praças*, no caso, indica clareza pelo adjetivo e pelo timbre.) Em contraste com a primeira estrofe, a segunda estabelece uma tentativa de fantasia noturna, à romântica, invocação do visionário fúnebre e vampiresco contra a visão do meio-dia, meridianamente clara. A imagem e a música (*fantasmas, espadas, pragas*) da terceira estrofe nos informam do fracasso dessa tentativa. Inalteravelmente, o visionário Murilo Mendes se afirma como diurno, solar, de alvura aberta e luminosidade total. Porém, na própria estrofe III, a vitória da visão diurna sobre a fantasia lunar se identifica com a denúncia da crise, da miséria e do conflito modernos. A acusação se estende até a penúltima quadra; e na última, ao lado dos perversos fantasmas solares, ressurgem os anjos não menos claros do começo, visão consoladora e promissora. Tanto o dinamismo latente (a dialética potencial) dessa polarização quanto o caráter meridianíssimo do visionário, distinguem a imaginação muriliana do lirismo romântico novalisiano ou nervaliano, lirismo da noite, da morte e da fuga querida para o nada. Ao contrário do esteticismo romântico, o visionário de Murilo agarra-se a um mundo concreto, atento ao moderno (*microfone*, imagem de hitleriana contemporaneidade) e à matéria (a *nuvem indecisa*, a *onda sensual*). Não é escapismo – é uma *forma imaginária de realismo*.

Depois que a crítica moderna descobriu, pela experiência de Auschwitz e Dachau, o realismo premonitório de Kafka, depois que foi levada a revelar o visionário como origem mal disfarçada de muito realista tido por exemplar – Hoffmann com fonte de Balzac – já não parece haver dúvida sobre a legitimidade do imaginário enquanto realismo. Resta apenas distinguir entre as modalidades realistas do próprio imaginário. Por que, com efeito, entre a linha de Kafka e a poética muriliana existem tantas diferenças? Admitindo o fato de que não advêm do maior ou menor valor estético nem da condição de poeta, por oposição à do prosador, qual o núcleo estilístico responsável por essa divergência de caminhos, dentro da esfera geral do realismo imaginário?

Talvez seja preciso fundar uma distinção entre duas vias do realismo imaginário: entre a literatura do fantástico e a literatura do visionário. Do *fantástico* foi Sartre[5] quem nos deu uma penetrante fenomenologia. A descrição do mundo fantástico descobre-lhe as leis, a primeira das quais é a que exige, para a sua realização, que esse mundo seja completo. Se não obedecer a esse caráter de *universo completo* – universo totalmente fantástico –, nenhum extraordinário conseguirá assumir a condição fantástica. Sartre exemplifica com o caso das fábulas, nas quais o insólito, dado entre tantas coisas não insólitas, não chega nunca a virar fantástico. Na fábula, um cavalo põe-se a falar: é um acontecimento extraordinário. Mas

---

[5] Jean Paul Sartre, "'Aminadab' ou *du Fantastique Considéré comme un Langage*". In: *Situations*, I, 1947. Da consideração da narrativa de Maurice Blanchot, Sartre extrai uma teoria do fantástico como consciência e visão do mundo.

ela fala em meio a árvores, a rios, a seres e coisas que permanecem, da maneira mais natural, obedecendo às leis do mundo em sua absoluta normalidade. Por causa disso, percebe-se logo que o cavalo é tão somente máscara; compreende-se que é um homem disfarçado – e reconduz-se o pseudofantástico ao sistema das leis do mundo. A fábula finge o fantástico; não o cria verdadeiramente. Se o cavalo falante fosse realmente fantástico, o universo inteiro também seria, e cada coisa, cada ser, violaria, tanto quanto o cavalo, a legalidade da natureza. O fantástico só se realiza quando o extraordinário abrange um universo completo. Porém desse universo, que rompe a norma do natural, qual é a lei suprema, a lei que autoriza a inversão das regras ordinárias? É *a revolta dos meios contra os fins*, responde Sartre. No mundo do fantástico, os objetos-meios se esquivam ao nosso uso, rebelam-se contra os fins que lhes são normalmente assinalados. No romance de que Sartre partiu para teorizar sobre o fantástico, um personagem tem um encontro no primeiro andar de um café. Chegado a este, ele vê perfeitamente que o primeiro andar existe, vê as mesas dos fregueses lá em cima – só não vê, por mais que a procure, a escada, ou elevador, que possa fazê-lo chegar lá. A escada é um meio rebelde, cuja rebelião adquire a forma da pura ausência. A impotência do herói diante desse meio-fantasma nada tem a ver, observa Sartre, com a impotência humana diante do *absurdo*. Na literatura do absurdo (em seu modelo perfeito, *L'Etranger*, de Camus), em lugar da rebelião dos meios, acontece a pura ausência de fim, de qualquer fim. "*Les hommes aussi sécrètent de l'inhumain*", diz Camus em *Le Mythe de Sisyphe*; e o inumano segregado é a consciência passiva, mecânica, que renunciou a elaborar significações e portanto a designar finalidades. O homem que constata o absurdo renuncia a todos os projetos; não reconhece mais nenhuma finalidade. O herói do mundo fantástico, entretanto, continua perseguindo os fins num universo que a insolência dos meios torna hostil, torna cruel, torna indecifrável – mas não absurdo. O mesmo Sartre separa Kafka de Camus, sob a alegação de que, no primeiro, o mundo não é sem sentido; é, isso sim, um mundo de sentido angustiantemente oculto, universo de cifras intraduzíveis. A cifra indecifrável, o texto ilegível, são manifestações de rebeldia dos meios naquilo que é o meio por excelência: a mensagem. As mensagens, objeto cuja existência se resume em comunicar, em consumir-se como ponte, como contato entre polos, emissor e receptor, estão sempre descumprindo sua função, no plano do fantástico. Nunca transmitem normalmente: ora desaparecem, ora transmitem em falso, ora transmitem à pessoa errada. Texto rebelde, as mensagens, comunicação essencial entre os homens, correspondem no fantástico à sociedade burocrata, onde os próprios homens, num universo de meios rebeldes, se fazem meios. Os burocratas de Kafka são simples utensílios. Como utensílios, são os representantes de um mundo invertido, onde o sujeito de todas as finalidades, o homem, degrada-se em instrumento puro, enquanto os instrumentos recusam-se a servir.

Se o fantástico é um universo completo, vale dizer, onde tudo é homogeneamente extraordinário, no plano do visionário o mundo é, diversamente, um *universo misto*. Misto ou híbrido, no universo visionário convivem o insólito e o natural, o maravilhoso e o vulgar. O plano do visionário é eminentemente transitivo: nele, o espantoso irrompe e desaparece com a mesma naturalidade. Seu ingresso abrupto, e sua não menos brusca reconversão ao natural, são fenômenos frequentes numa espera em permanente *processo*. Em oposição ao estático do fantástico, o mundo visionário é vivamente dinâmico. Heterogêneo, aí se chocam vários elementos contraditórios, num procedimento dialético jamais reduzido à imobilidade. Nenhuma situação é fixa; nenhuma se exime de ser envolvida pelo processo. Assim, se os meios às vezes se rebelam, se os utensílios ameaçam trair sua função, nunca se pode dizer, do homem desse universo, que tenha perdido sem apelação a liberdade de sua consciência. O habitante do visionário não é, como o do fantástico, um burocrata medular. Ele perde-e-recupera, perde-mas-recupera o seu *status* humano de detentor supremo de finalidades.

Tampouco habita um mundo sem significação (absurdo), ou de significação irremediavelmente oculta (fantástico). Por mais que vacile, por mais que se contradiga, atribui sempre ao mundo um sentido inteligível, de leitura parcial e não raro difícil, mas nunca impossível. A concepção do mundo do visionário é, portanto, aberta ao entendimento de uma lógica do acontecer, de uma razão histórica e de uma ordem temporal – embora não seja esta simplesmente linear.

Se é possível estabelecer uma distinção entre as técnicas de representação derivadas dessa diferença de visão global, deverá ser dito que a literatura do fantástico se funda no uso de um estilo alegórico, ao passo que a literatura do visionário se encarna num estilo de natureza preferencialmente simbólica. O uso poético da alegoria foi definido, em grande profundidade, no ensaio de Walter Benjamin sobre o drama barroco alemão (publicado em 1928; redigido, como tese universitária, alguns anos antes). Suas conclusões foram em parte aproveitadas por Lukács num ensaio do livro *Die Gegenwartsbedeutung des kritischen Realismus*.[6] Benjamin, embora oficialmente estudando apenas a tragédia barroca, na realidade desenvolveu uma teoria do estilo alegórico como fundamento da literatura de vanguarda contemporânea, com especial aplicação a Kafka, autor a quem dedicou outro de seus ensaios. Para ele, a alegoria fixa o sentido da temporalidade como certeza da morte e da decadência. No estilo alegórico, a significação de todo fluir está ligada aos motivos do pessimismo e à revelação do vazio da existência. "As alegorias são no reino das ideias o que as ruínas são no reino das coisas." No estilo alegórico, toda a significação do real se encontra na caducidade, na "paixão do mundo" em que se transforma a história como pura vocação para o nada; e por isso mesmo, toda singularidade, toda coisa, pessoa ou relação pode vir a representar qualquer coisa;

---

[6] Este ensaio de abertura, para o leitor que, como eu, ainda não saiba imperdoavelmente o alemão, pode ser lido no nº 27 (julho-agosto de 1957) da revista *Nuovi Argomenti*, sob o título "La Vision du Monde Sousjacente à l'Avant-garde Littéraire".

pois o mundo profano, mundo sem sentido, embaralha as significações em virtude da sua completa privação de valores. As relações da literatura do fantástico com o estilo alegórico são patentes. Benjamin cita as palavras do próprio Kafka: "A mais profunda das experiências vividas é a de um mundo rigorosamente sem sentido, que exclui toda esperança, e que é o nosso mundo, o mundo do homem, do homem burguês contemporâneo". Kafka concebe o universo como um sem sentido. Benjamin insiste numa interpretação antibrodiana de Kafka. Segundo sua linha de análise, Kafka é um ateu, não do tipo progressista, que afasta Deus do mundo para liberar este último do controle transcendente, mas sim – como nota Lukács – do tipo niilista que imagina um mundo abandonado por Deus para figurá-lo inteiramente despojado de significação e sem nenhum vislumbre consolador. O Deus de Kafka, os juízes supremos de *O Processo*, a administração de *O Castelo*, são "a transcendência das alegorias kafkianas: o nada" (Lukács). Esse nada transcendente é o fundamento único de todo existente; em consequência, mesmo sendo um observador, um narrador de extraordinária vividez no detalhe, na minúcia de cada cena, Kafka não nega com isso a constatação da ausência de sentido deste mundo, a que um transcendente aniquilado e aniquilador retirou para sempre qualquer significação. Tudo neste nosso mundo é, para Kafka, fantasmagórico. A realidade concreta não passa de espectro. Eis a razão por que mesmo a cena mais banal desperta tanta atenção de Kafka – precisamente por seu caráter de pesadelo, de sonho absurdo, e história do outro mundo, em suma: de episódio fantástico. A transcendência, sendo nada, aniquila o sentido deste mundo e dos projetos humanos. A consciência alegórica, que se representa esse universo, é prisioneira e passiva, consciência congelada e melancólica, privada de iniciativa e de liberdade. O surgimento do "mundo invertido" é o sintoma corrente da subtração da finalidade (subtração do projeto humano) a que a transcendência submeteu a terra. A consciência antropomórfica da angústia vê isso como "rebelião dos meios".

O estilo fantástico ancora nessa visão, já descrita por Sartre. A literatura do absurdo ultrapassa a consciência do mundo sem sentido em sua forma antropológica, de modo que, em lugar de representar uma rebelião dos utensílios, simplesmente se representa esse universo na própria razão da aparente revolta dos meios, ou seja: na sua absoluta carência de sentido. Mas, a partir da apreensão, pela consciência, do sintoma da rebelião dos utensílios e da metamorfose do homem sem projeto em simples instrumento, tudo aparece como insólito, ainda o mais banal e mais vulgar, porque o universo em que essa "rebelião" se dá, o mundo em que irrompe essa inversão da legalidade natural, é um mundo fechado, completo *homogeneamente fantástico*. Porque tudo parece estranho, cada cena e cada singularidade provoca intensamente a atenção do narrador. A vividez narrativa de Kafka – a lucidez minuciosa de seu estilo – não é portanto casual. Em relação à alegoria, base da literatura do fantástico, esse amor pelo detalhe não é uma contingência: também ele faz parte da essência da alegoria, e igualmente encontra razão no próprio núcleo do fantástico.

A técnica da representação simbólica já pertence a uma outra visão. O símbolo é, goetheanamente, o universal no concreto. Em termos hegelianos e lukacsianos, confunde-se com a manifestação no estilo da categoria estética da *particularidade*, que é o ponto nodal do processo dialético e da passagem do singular ao universal (e vice-versa). Particular, típico ou simbólico será o personagem (ou a imagem lírica) que, sem deixar de oferecer características concretas e presença material, representa a concentração, num exemplo, das tendências gerais do dinamismo histórico e da temporalidade objetiva. E porque essas tendências raramente estão isentas de contradição, o típico-simbólico não sustenta a figuração de um mundo homogêneo, mas sim de um universo heterogêneo, campo de contrários, área mista, terreno onde coexistem diversos polos opostos em contínuo movimento e variadas posições.

A distinção entre uma literatura do fantástico e uma literatura do visionário está potencialmente confirmada pelos modernos estudos a que, sob a influência do processo de revisão do maneirismo como estilo cultural, a crítica moderna submeteu o conceito de literatura (e de arte) do *grotesco*. Exponencial, entre esses estudos, é o livro de Wolfgang Kayser, *Das Groteske*, de 1957.[7] Kayser propôs a arte grotesca como revelação de um mundo sem sentido, e da desorientação humana frente a ele. As deformações grotescas indicariam a insignificação do mundo. Por isso mesmo, as distorções que, por mais aberrantes, ainda possuam certa orientação satírica, derivada do desejo de censurar os desvios de conduta e os vícios da ação do homem, não seriam verdadeiramente grotescas. O universo infernal de Bosch, por exemplo – que encontra sentido numa interpretação cristã do ser – não configura o grotesco autêntico, exatamente porque Bosch, por mais que pinte aberrações, é ainda senhor de uma compreensão e de uma inteligência do mundo; ao passo que o universo de Brueghel, já liberado de coordenadas explicativas, denunciaria, não o infernal (que supõe o celestial), mas sim o puro sinistro (que só supõe o absurdo). Em nossos termos, Bosch, pintor do pecado, seria um visionário; quanto a Brueghel, deformador solitário, intérprete sem chave conhecida da existência, seria já um fantástico. Bosch, sobrevivência medieval, ainda detém a segurança da visão cristã; Brueghel, artista problemático do estilo problemático que foi o maneirismo, já não conserva nem mesmo o refúgio de uma tal certeza. Aproveitando o exame de Kayser, é possível distinguir de forma equivalente entre Hoffmann e Kafka, ou seja, entre as alucinações do romantismo e as fantasmagorias da literatura moderna.[8]

Seria fácil demonstrar que essa fronteira se dá também na arte contemporânea. Depois do cortante estudo de Sartre sobre Wols (em *Situations* IV, 1964, originalmente

---

[7] Edição argentina de 1964. Entre nós, o tema do grotesco foi tratado por Anatol Rosenfeld em artigo breve porém altamente informativo: "Sobre o Grotesco", incluído em *Doze Estudos*, São Paulo, 1959.

[8] Ver, neste mesmo volume, o ensaio "Coppelius ou A Vontade Alienada".

prefácio a um volume de desenhos e aquarelas do pintor), seria tranquilo repetir, entre Wols e Klee, o mesmo jogo diferenciador que se armou entre Brueghel[9] e Bosch. Com efeito: para Paul Klee, para além da aparência sensível dos objetos, o ato de criação artística estabelece um comércio vivo entre pintor e modelo, de modo que um revela o outro, ambos participantes de uma mesma totalidade dinâmica. "*Le Voyant est chose vue, la Voyance s'enracine dans la visibilité*", diz Sartre: o pintor supera a aparência sensível imediata percebendo uma união de essência entre ele próprio e seu modelo; e, simultaneamente, o mundo exterior lhe fornece essa visão, em que objeto e sujeito devolvem um ao outro o seu reflexo. As formas abstratas são para Klee o resultado de uma contínua observação da natureza; mas a grande revelação do cosmos ao artista é a de que todos os seres podem servir de símbolo de um *processo*, de signo do movimento do universo, que o pintor descobre em si e prolonga por sua obra. Desse ângulo, o ser se define pela práxis criadora. Parte de um tal todo, sua participação é funcionalmente ativada pelo artista. A arte de Klee, agudamente denominada "realismo operatório", é uma disciplina onde se impõe a consideração da função dinâmica sobre a da forma acabada, onde "se aprende a reconhecer as formas subjacentes, a pré-história do visível" (Jean-Louis Ferrier). Para Klee, o mundo é um perpétuo a fazer: visão cristã e fáustica da realidade. Ao seu lado, Wols é um nirvanista oriental, um fugitivo de toda a ação. Seus preceitos são a apologia da passividade: "a cada instante, em cada coisa, existe a Eternidade"; "quando se vê, não é preciso nos encarniçarmos sobre o que se poderia fazer com o que se vê, mas apenas ver o que é". O mundo de Wols não é uma totalidade que o artista contribui para unificar, é uma unidade incriada, "feita" de uma vez por todas. Klee age sobre o ser; Wols padece os objetos. A teoria do conhecimento de Wols, de colorido

---

[9] Sobre outro maneirista de gênio, Tintoretto, o mesmo Sartre publicou, no mesmo volume, um estudo verdadeiramente superior, pela riqueza dialética da interpretação. Desde logo, é dos textos mais importantes para a compreensão do maneirismo.

ético-oriental, é precisamente a atitude epistemológica de Schopenhauer, de quem Cassirer disse genialmente que foi a primeira a substituir a apreensão real pelo padecimento do mundo. O indivíduo, o homem, a ordem reconhecida das coisas, tudo perde com Wols a sua identidade originária; tudo se dana e se aniquila. O visionário Klee pinta o universo do múltiplo e dinâmico; o fantástico Wols, tornando todo o objeto incaracterístico, indefine tudo para a submersão final no Uno estático, imovelmente existindo sobre a nossa abdicação do gesto, do querer e do fazer. A diferença entre ambos sela a sorte do abstracionismo contemporâneo, que passou de fáustico a ascético, do construtivismo à renúncia "lírica".

Voltemos agora – e não sem tempo – ao nosso visionário titular, Murilo Mendes. Na construção do poema muriliano, o processo simbólico, traço do visionário, conhece impulsos da violência mais inesperada. A "anulação de perspectivas psíquicas" (Mário de Andrade) fere pelo modo abrupto da justaposição de imagens, sem o desenvolvimento linear de um – digamos – Drummond, em quem, apesar de marchas e contramarchas, o discursivo[10] tende a impor sua lei. O predomínio da imagem sobre a mensagem e do plástico sobre o discursivo, a que aludiu João Cabral de Melo Neto, é realmente característico da arte muriliana, muito embora a sua evolução tenha talvez atenuado essa tendência (depois do "cultismo" da *Contemplação de Ouro Preto*, o conceitismo se fortalece em *Sonetos Brancos, Parábolas, Siciliana e Tempo Espanhol*, os últimos livros do poeta). Às vezes, nessa obra desigual, surpreende-se um certo descuido pelo artesanato, especialmente no ritmo, por que Mário, no *Empalhador de Passarinho*, responsabilizava o engano,

---

[10] Emprego a palavra sem nenhum sentido pejorativo; estou hoje convencido da desvantagem de menosprezar o *discurso* como ingrediente poético. A trama sintático-lógica da frase tem lugar assegurado na lírica de tipo ocidental, hoje como sempre. Se discurso é sinônimo dessa estrutura de pensamento e de frase, então o *discursivo* não pode ser confundido com o estilo derramado, frouxo ou falto de concentração verdadeiramente poética.

de tradição romântica, que induz à "inflação do artista e esquecimento da obra". Inflação é bem dito: pois, no caso, o que acontece é um excesso de inspiração sobre os meios de comunicação poética, correspondente estrutural da demasia dos meios de pagamento sobre os bens disponíveis. O pecado foi, aliás, comum a todo o surrealismo. No entanto, sirva de resgate o fato de que, ao passo que é difícil citar, dentro de um estilo surrealista "puro", mais de algumas bem poucas obras, em Murilo a realização poética se oferece numerosa e fértil, através de dezena de livros, ao longo de um tempo considerável. Ficou para nós a glória de ter nele não só um surrealista, como um surrealista realizado como tal. E o êxito artístico dessa poesia foi tão notável, que até se pode extrair-lhe um corretivo a certos vícios literários dos eus contemporâneos. Talvez o mais evidente antídoto seja o do próprio tom de lirismo muriliano. Em Murilo, o mundo *sério* dá origem a uma linguagem frequentemente solene; mas, na sua solenidade sem forçada imponência, no seu grandíloquo sem bombasticidade, essa linguagem nos faz ver como mera caricatura do solene a empostação lírica do profetismo, neorromântico de um, por exemplo, Augusto Frederico Schmidt. A diferença, aliás, não para por aí. O que Murilo tem de sacro, tem de plástico; mas Schmidt, ao contrário, substitui ao plástico, não a expressão do fluido, do verdadeiramente líquido, mas sim a do pura e simplesmente *agudo*, o que é bem diverso e bem condenável. Entre a ascendência romântica do surrealista Murilo e o tradicionalismo antimodernista do neorromântico Schmidt, a distância, tanto em atitude quanto em resultado, é a que existe entre a tradição autêntica – que se renova pela incorporação aberta do moderno – e a simples reação cultural, desesperada ante a vitória das novas formas, e tristemente absorvida pelo esforço inútil de condená-las, em nome de uma descabida e lúgubre "seriedade".

A seguinte análise de um poema de Murilo Mendes – "A Inicial", do livro *O Véu do Tempo*, pertencente ao volume *As Metamorfoses* – tem por objetivo insinuar a pesquisa sistemática (e não em forma de notas como estas) dos recursos de estilo de uma poética do visionário. A necessidade de fixar este último conceito no plano da literatura do imaginário impediu-nos um exame mais minucioso da obra muriliana. Mas o espaço dedicado ao estabelecimento da distinção fantástico/visionário é, em si mesmo, tributo à grandeza do poeta; pois somente os autores verdadeiramente relevantes incitam a crítica a tentar, além da compreensão específica da sua obra, a clarificação de categorias estéticas em plena generalidade. Quando o interesse crítico se eleva ao nível de reflexão estética, é porque o peso de uma obra chegou a pôr em questão os próprios fundamentos do gesto artístico – e isso é seguramente um sinal de grandeza.

"A Inicial", como a maioria dos poemas de Murilo, é uma breve peça lírica:

1   *Os sons transportam o sino.*
    Abro a gaiola do céu,
    Dei a vida àquela nuvem.

    As águas me bebem.

5   *As criações orgânicas*
    Que eu levantei do caos
    Sobem comigo
    Sem o suporte da máquina,
    Deixam este exílio composto
10 *De água, terra, fogo e ar.*
    A inicial da minha amada
    Surge na blusa do vento.

    Refiz pensamentos, galeras...
    Enquanto a tarde pousava
15 *O candelabro aos meus pés.*

Seus quinze versos maravilham pela audácia das figuras, aspectos de um universo invertido. À brusquidão das perturbações da natureza corresponde o modo fragmentário com que se sucedem as "estrofes", cuja ilegalidade métrica é total. Ao entrarmos no poema, deparamos com um jogo complexo de inversões: *os sons transportam o sino*. De acordo com a consideração "natural" das coisas, o sino, ao badalar, produz sons. O sino é, portanto, a causa do efeito sons. O primeiro tempo metonímico do verso é, por conseguinte, aquele em que à categoria de causa se substitui a de continente: como se o sino, produtor de sons, passasse a transportar (continente) deles. É um caso "herético" de metonímia: pois não se substitui um polo por outro numa mesma relação (por exemplo, a causa pelo efeito, ou vice-versa, na relação de causalidade), e sim uma relação por outra (a de causa/efeito pela de continente/conteúdo). Mas voltemos ao verso: não é o sino que transporta os sons, é o contrário – seria uma nova metonímia, desta vez "ortodoxa" (conteúdo por continente), se a frase não fosse explícita. Não são os sons que, no *lugar do sino*, transportam uma terceira coisa: eles transportam o próprio sino. Em vez de metonímia (onde um termo substitui outro, que fica, como na metáfora, implícito), temos inversão pura e simples. Não é que uma coisa se substitua à outra: as coisas se substituem em suas funções. Estamos diante de um "impossível"; diante de um *tópos* (e não de um tropo) chamado *adynaton*, pelo qual se exprime o "mundo às avessas", a ordem invertida, o mudado funcionamento da natureza. Os versos 2 e 3 oferecem uma inversão da prosopopeia em benefício da afirmação da onipotência do poeta. Em vez de emprestar vida ao inanimado, o poeta acentua seu caráter inerte, mesmo ao declarar que deu "a vida àquela nuvem". O *aquela* tem valor comparativo: uma só nuvem foi animada, as outras continuaram mortas. O *adynaton* retorna no quarto verso: *as águas me bebem*. Mas a verdadeira significação desses "*impossibilia*" se manifesta na próxima estrofe; seu fundamento é, como na canção XVI de Arnaut Daniel ou no soneto 177 de Petrarca, baseado no provençal, o tema do poeta todo-poderoso.[11] A exaltação dos poderes do poeta ressalta dos versos 5, 6 e 7: a arte constrói o orgânico a partir de um primitivo caos. Porém os três versos seguintes introduzem outro motivo,

---

[11] Ver, sobre o *tópos* do mundo às avessas, a nota 5 ao ensaio "Uma Canção de Cardozo", neste mesmo volume.

o do "exílio do qualitativo". O poeta arrebanha o orgânico para deixar este mundo. O que é naturalmente qualidade, naturalmente organicidade, abandona uma terra madrasta. A retirada do qualitativo é enfatizada pela alusão a concepções não quantitativas (i. e., anteriores à visão da física moderna) do Universo: referência à teoria dos quatro elementos. Por meio desse paradoxo (o qualitativo banido de sua terra natal), dramatiza-se a sorte das criações que prescindem do *suporte da máquina*, ou seja, do domínio do mecânico-quantitativo. Agora podemos reconhecer no problema da qualidade e da ameaça ao orgânico, a motivação do vigor com que o poeta afirma sua onipotência. Seus poderes de criação se opõem ao mundo mecânico; rebelde, ele preserva o dom da vida, que concede a uma natureza desanimada. Assim, a *blusa do vento* corresponde à *gaiola do céu*: é a natureza humanizada, mas antes doméstica do que viva, porque só viverá (verso 3) quando o poeta quiser. O verso 13 é uma felicíssima ocorrência de metáfora por contiguidade, por imediatismo associativo, de rara beleza. Finalmente, nas duas linhas finais, o poeta se vê servido pela natureza, e por ela reconhecido como criador. A imagem da hora crepuscular, que atribui toda a luz ao poeta, por meio da entrega, não de nenhuma lâmpada física, mas de um objeto humano, tem toda a força de uma consagração. O poeta onipotente, senhor do amor e da fantasia, se entroniza como soberano da criação. O pequeno poema cheio de metamorfoses repete, desse modo, a vocação primeira da lírica de Murilo Mendes, que é a de assumir, pela via do visionário, o sentido da plena transformabilidade do real. Pois a mensagem sintética de Murilo é esta: a de que a significação do mundo reside essencialmente em seu dinamismo, e de que esse dinamismo, esse movimento, consiste em nosso poder de alterá-lo, ao arbítrio da nossa vontade criadora.

Santa Teresa, setembro-novembro de 1964.

Perfil de Cassiano

Cassiano Ricardo é hoje um dos nossos maiores poetas. Através de 47 anos, sua obra mudou muito – comparativamente mais do que qualquer outro grande modernista – mas sempre se alterou da maneira mais legítima, de acordo com as necessidades mais autênticas de expressão. Um poeta que vestiu, com a maior humildade, todas as roupas que a emoção da vida lhe exigiu; e escolhendo um novo estilo, quase se limitava a obedecer ao curso dos acontecimentos e dos ambientes, sem querer fingir de isolado ou evadido. A sua estreia como parnasiano foi superada pela participação histórica, embora retardada, no processo do modernismo e da nacionalização da literatura. *Martim Cererê* sintetizou essa atitude, telúrica, de prazer pela terra e amor pelas suas origens. O poeta cantava a experiência – Brasil. Mas dava por suposta a eliminação do alienado, do culto ao estrangeiro, e preferia se lançar de uma só vez na tentativa de penetrar a aventura nacional. Não admira que tenha irritado alguns dos outros *rebeldes*, ainda na fase da demolição. Seus ritmos foram suspeitados de retorno ao antigo. As imagens, as rimas como essas, de "Lua Cheia" –

Boião de leite
que a Noite leva
com mãos de treva
pra não sei quem beber.

E que, embora levado
muito devagarzinho,
vai derramando pingos brancos
pelo caminho...

– cheiravam a heresia... E, no entanto, para descobrir o Brasil, a sátira algumas vezes deveria ceder à reconquista do estado lírico. Que essa retomada não desdenhou a técnica da poesia nova, é evidente; as suspeitas eram bem infundadas, e a prova é a velocidade, os adjetivos sintéticos, o "*mood*" eletrizante de "Relâmpago" –

A onça-pintada saltou tronco acima que nem um relâmpago de
                              [rabo comprido e cabeça amarela:
zás!
Mas uma flecha ainda mais rápida que o relâmpago fez rolar ali
                              [mesmo
aquele matinal gatão elétrico e bigodudo
que ficou estendido no chão feito um fruto de cor que tivesse caído
                              [de uma árvore!

Mais tarde veio o momento em que Martim, sem deixar de ser brasileiro, troca a paisagem externa pela moral: *Um Dia Depois do Outro* (1947) reúne os poemas de contemplação interior aos da percepção do mundo moderno. Os críticos saudaram essa mudança como uma reestreia; e, de fato, era a evolução mais audaciosa que o modernismo conhecera. Cassiano se humanizou; ou melhor, aprofundou-se no humano, escavando no "brasileiro" as camadas sensíveis de conduta universal. Do pitoresco ao psicológico; mas psicologia de homem-entre-os-outros, denúncia da dor contemporânea, de quem se sente inocente pela própria extensão dos crimes alheios (*Elegia*) – ao mesmo tempo que sabe ser inútil a esperança passiva, e propõe uma outra capaz de ser "não abdicação diante da vida". Um poeta *presente*, querendo viver sem evasões, que aceita a luta e considera a eternidade uma forma de não existência: não existência, porque a força do atual, aqui e agora, exclui o eterno como abstrato sem peso e sem resultado. Cantor solidário, de convivências, cheio de terror diante do suicídio; pois sente, no gesto do suicida, um assassínio coletivo, uma resposta social – a negação violenta da existência em comum, da sociedade e da natureza:

Ah, ele conserva ainda
na mão a arma com que apagou o sol e as estrelas.

Cassiano se compromete, se divide, se prende aos homens e ao tempo e ao lugar de todos. Embora guarde as origens do lirismo individual, como quando à mãe morta envia esses versos infinitamente comovidos –

*Só me resta agora
esta graça triste
de te haver esperado
adormecer primeiro.*

....

....

*Sou um ramo seco
onde duas palavras
gorjeiam. Mais nada.
E sei que já não ouves
estas vãs palavras.*

*Um universo espesso
dói em mim com raízes
de tristeza e alegria.
Mas só lhe vejo a face
da noite e a do dia.*

– ou busca dentro de si próprio as dolorosas verdades da *condição humana*: a angustiante compreensão do hereditário –

Não fui quem sou, quando nasci.

*Nem sou quem sou, quando amo.
Nem quando sofro.
Porque coexisto. Porque a angústia
é uma herança.*

– e na descoberta ferida da sua individualidade irredutível:

*Este rosto que é meu, mas não por causa dos retratos
ou dos espelhos.
Este rosto que é meu, porque é nele
que o destino me dói como uma bofetada.
Porque nele estou nu, originalmente.
Porque tudo o que faço se parece comigo.
Porque é com ele que entro no espetáculo.
Porque os pássaros fogem de mim, se o descubro
ou vêm pousar em mim quando eu o escondo.*

Com *A Face Perdida* (1950) essa nova órbita de expressão adquire maior apuro técnico. O estilo amadurece com o autor. A imagem é cada vez mais forte ("O beijo com que a tarde / me ensanguenta a boca"), o ritmo mais seguro. O erotismo de *Geografia Amorosa* é tão cerrado quanto poderoso. O poeta do disforme ("Só amo as coisas / que não têm forma") é, paradoxalmente, o dono de formas progressivamente enérgicas. Mas continua a sentir-com-os-outros, mesmo infeliz,

> *Já me desceu ao corpo*
> *Uma tristeza exata*

porque reconhece, na vida, um fazer-se, uma criação ("Desejo"), e, de sua pessoa, sabe que vive em luta, em pena e inquietação –

> *Eu sou eu mesmo, o que nunca foi outro.*
> *Eu mesmo – o eternamente condenado*
> *a obedecer à física do estômago,*
> *não obstante ao pão preferir a rosa.*
>
> *A exibir meu sinal, qual fez Ulisses,*
> *ao retornar, aos seus, e já ignorado.*
> *A ter, na vida, um número de porta,*
> *por onde entrou, e há de sair meu corpo.*
>
> *Eu sou eu mesmo, e pra sempre forçado*
> *a seguir para a frente de batalha,*
> *a voltar caminhando, em carne e osso,*
>
> *sobre minhas feridas. E – já morto, –*
> *a provar, quanto mais desfigurado,*
> *que nunca fui tão eu, tão nenhum outro.*

– até no último instante recusando evadir-se. Os seguintes *Poemas Murais* ainda acentuam o tom coletivo, com a visão precisa do valor da máquina e a reafirmação de que a luta se faz aqui embaixo, "pois a glória não está nas alturas, / Está no chão, está na luta áspera / da planície, da rua" – enquanto o poeta, cada vez mais fraterno, se mostra honesto até a extrema simplicidade:

> *os meus maiores inimigos*
> *seriam a complicação, o ornato,*
> *o colarinho duro, o parnasianismo*
> *e a gravata.*

O *Arranha-céu de Vidro*, de 1954, é uma firme preparação do último Cassiano: ritmo bem lançado, cada vez mais para o curto; imagens límpidas e quase inteiramente funcionais. A "Ode Sáfica" já pode ser um grande exercício no modelo grego; pois a poética de *Orfeu* permite muito ao poeta livre do mundo, da natureza e sobretudo de qualquer lei mecânica e prevista. Ao mesmo tempo se apura a vigilância do presente, a consciência prática do instante agora. O poeta se decide sem hesitação pelas atitudes de assumir o universo. Nunca se colocara tão longe das gratuitas fantasias –

> *Não quero mais saber do surrealismo,*
> *nem da branca nuvem,*
> *quero a minha cabeça.*

– como agora, quando nada mais consegue iludi-lo, na sua sólida convicção de que só a mais estrita responsabilidade pelo *atual* é realmente palpável; de que é vazio tentar fugir desta existência, querer a fuga impossível:

> *Não espero outra vida, depois desta.*
> *Se esta é má*
> *por que não bastará aos deuses, já,*
> *a pena que sofri?*
> *Se é boa a vida, deixará de o ser,*
> *repetida.*

O modo de dizer essas coisas da vida e de dura moral, nesse estilo também rijo, parece privilégio de Cassiano, e só lembra Fernando Pessoa. É a concisão natural, nascida de um pensamento fechado, definitivo, inabalavelmente gravado. Reconhecimento mais pleno da vida eu não conheço; nem sei de simplicidade mais grávida do que esta –

> *A paisagem é minha*
> *só porque tenho olhos.*

> *O pássaro é meu*
> *só porque tenho ouvidos.*
> *Amo com a mão as coisas*
> *que o estar aqui me deu.*

– canção que soa surda, palavra de voo direto, grito, no entanto sereno e calmado pela nobreza de que se veste: essa beleza severa do último estilo dos grandes poetas.

De mais "último", no entanto, são os dois volumes de 1960, *Montanha Russa* e *A Difícil Manhã*. Do Cassiano, por excelência, filósofo concreto: impondo pensamento ao cotidiano, ao trivial e singular. Poeta pensador, mas sem abstrações, que não especula fora dos objetos, e surpreende o conceito ao longo do diário, do sensível e comum. Sem usar, portanto, as abordagens tradicionais do poema filosófico, a que prefere a rapidez de um *flash*, de um instantâneo de ideias em plena conversa com o mundo. Captação de uma intimidade onde o lirismo é o primeiro a surgir, do que menos se espera, na imagem mais viva:

> *o relógio*
> *solução como um pássaro*
> *em meu bolso*

e onde o ritmo se faz dócil ao pensamento; vejam, a propósito, como o balanço do metro sugere a instabilidade da existência –

> *já o ser inquieto não*
> *está em nenhum lugar*
> *porque a inquietação já*
> *é uma forma de não*
> *estar nunca estar.*

O verso oscila como a própria ideia. Talvez por ser tão vário, chegue a essa grande dose de funcionalidade; pois vai das fronteiras do concretismo ao soneto, passando por uma espécie de *contraponto* irresistivelmente expressivo, de metros confrontados num jogo de fino equilíbrio. O ritmo (e o timbre) de um poeta maduro para enfrentar as quatorze linhas de maneira mais pessoal –

> *Não amo o espaço que o meu corpo ocupa*
> *num jardim público, num estribo de bonde.*
> *Mas o espaço que mora em mim, luz interior.*
> *Um espaço que é meu como uma flor*
>
> *Que me nasceu por dentro, entre paredes.*
> *Nutrido à custa de secretas sedes.*
> *Que é a forma? Não o simples adorno.*
> *Não o corpo habitando o espaço, mas o espaço*
>
> *dentro do meu perfil, o meu contorno.*
> *Que haja em mim um chão vivo em cada passo*
> *(mesmo nas horas mais obscuras) para*
>
> *que eu possa amar a todas as criaturas.*
> *Morte: retorno ao incriado. Espaço:*
> *virgindade do tempo em campo verde.*

– e para fazer do soneto uma voz profunda, clara e dominante. Esses dois livros de Cassiano abrem toda uma técnica. Há neles um clima de culminância, de arte contente consigo mesma, e que por isso reinventa a cada verso uma linguagem. Um "otimismo" verbal de poeta chegado ao mais alto, lirismo tornado mitológico, com o aparecimento de figuras – como em Yeats – que são personagens-símbolo. As *dramatis personae* de *Montanha Russa* tem essa categoria; e entre elas, pelo menos uma, o sofrido Jim Hull, é capaz de fazer carreira como o *Juca Mulato* da nossa poesia grave. Um idioma poético expansionista, empreendedor, que do próprio assunto linguagem gosta de extrair seus símbolos: o elfo Mafaguifo, Ariel da palavra, deliciosa expressão do que há de lúdico na língua:

> *Mafaguifo tem o hábito*
> *das palavras em grifo.*
> *Mafaguifo grifa muito*
> *tudo quanto me diz.*

Os temas só podem se beneficiar de um tratamento assim. E de fato, a paisagem esquelética de "Festa no Morro", com sua forte carga social; o espelho, tema cíclico em Cassiano, imagem da imperativa exigência de viver melhor, o espelho que não poupa nada e indica a necessidade de autocorreção; a consciência do *outro*, também antiga na obra do autor, agora dramatizada até as últimas consequências (estar no mundo é viver em grupo) –

> *Não matarás, sem que, no mesmo ato,*
> *te suicides num só relógio exato.*

– e, sobretudo, a velhice, a aflição de se sentir velho, são motivos poéticos magnificamente desenvolvidos pelo Cassiano de 1960. O último é realmente superior, pela emoção, pela absoluta nudez dessa grande dor da idade, às vezes sublimada e contemplativa –

> *Meu coração é hoje um pássaro*
> *pousado na árvore que eu fui.*

– outras vezes quase violenta, ressentimento contra a vida muito áspera, cansaço de viver em guerra; um lirismo que poderia ser uma fala do rei Lear:

> *Arranquem os meus olhos*
> *já sujos de prazer.*

Vamos deixar por aqui – simplesmente entrevisto – esse perfil de Cassiano Ricardo. Perfil, que é uma parábola; a grande curva de um poeta que jamais foi surdo ao apelo do mundo e do século. Que pratica hoje em dia, exemplar e mestre, uma poesia *objetiva*, não por excluir a emocionada intervenção do indivíduo – mas objetiva, daquela objetividade essencial que consiste em dirigir o sentimento para o coração de todos, a emoção para o nervo social, e daí retirar uma suma de pensamento simultaneamente lógico e dramático, conceito e paixão. Cassiano Ricardo, entre os poetas do modernismo, é agora o mais vasto tratador de uma poesia de endereço coletivo.

1962

José Guilherme Merquior:

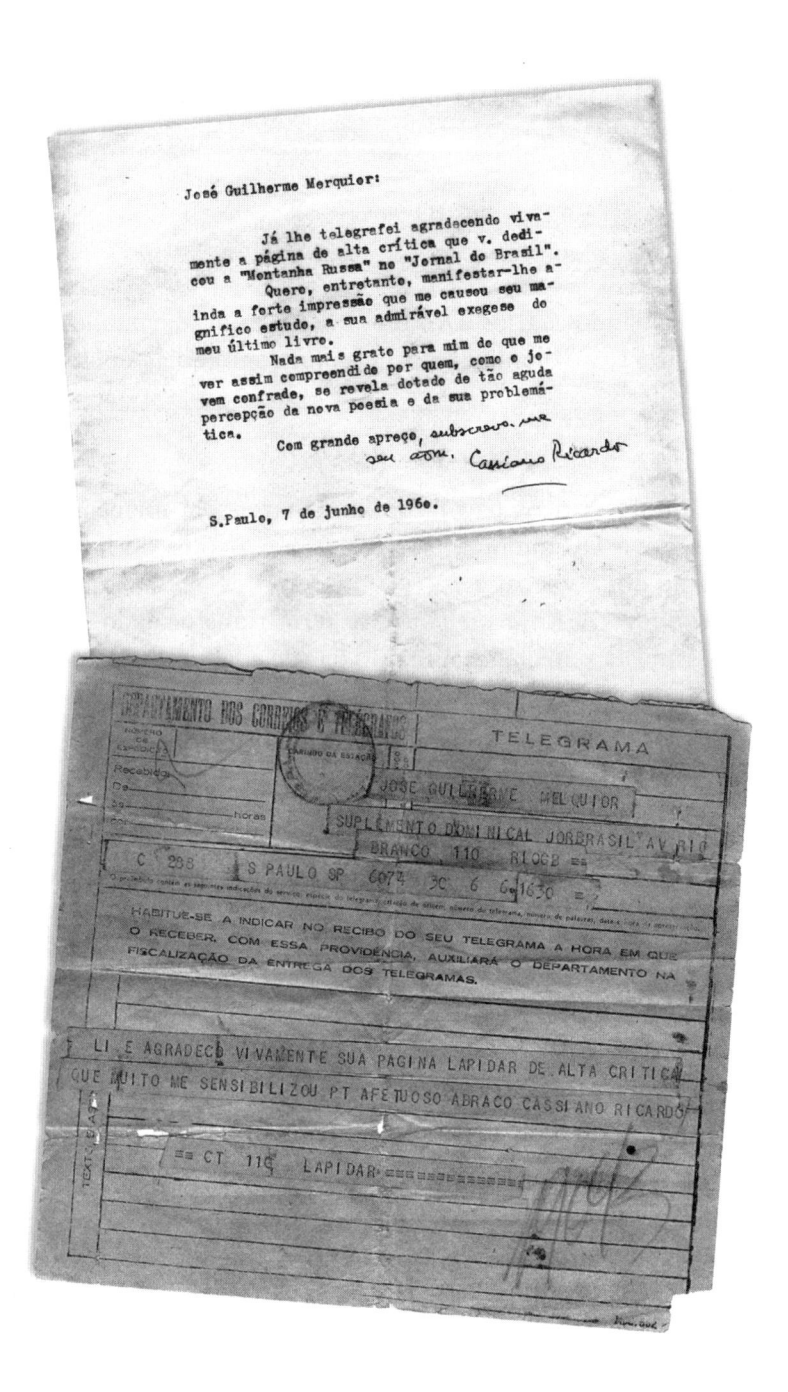

Já lhe telegrafei agradecendo vivamente a página de alta crítica que v. dedicou a "Montanha Russa" no "Jornal do Brasil".
Quero, entretanto, manifestar-lhe ainda a forte impressão que me causou seu magnífico estudo, a sua admirável exegese do meu último livro.
Nada mais grato para mim do que me ver assim compreendido por quem, como o jovem confrade, se revela dotado de tão aguda percepção da nova poesia e da sua problemática.
Com grande apreço, subscrevo-me
seu am. Cassiano Ricardo

S.Paulo, 7 de junho de 1960.

LI E AGRADEÇO VIVAMENTE SUA PAGINA LAPIDAR DE ALTA CRITICA QUE MUITO ME SENSIBILIZOU PT AFETUOSO ABRAÇO CASSIANO RICARDO

Carta e telegrama do poeta Cassiano Ricardo, agradecendo a agudeza do estudo de José Guilherme Merquior sobre sua poesia. Merquior manteve correspondência regular com Murilo Mendes e Carlos Drummond de Andrade, entre outros poetas de renome.
Fonte: Arquivo José Guilherme Merquior/É Realizações Editora

"A Máquina do Mundo" de Drummond

a Mauro Villar

Quando Carlos Drummond de Andrade publicou, em 1951, o volume *Claro Enigma*, com aquela epígrafe de Valéry:

Les événements m'ennuient

leitores e críticos não tardaram a fazer-se a imagem de um novo Drummond, o terceiro, que, depois do humorismo dos começos e do "poeta social" de *Sentimento do Mundo* e *A Rosa do Povo*, se teria transformado num pessimista semiclássico, fugido da sociedade, alheio às lutas concretas, descrente de tudo e de todos. A riqueza e a altura poética dessa terceira fase não eram contestadas; mas seu reconhecimento se impunha *apesar* da "direção para o formalismo", aberta ou veladamente combatida.

O prolongamento de semelhante ingenuidade crítica alcançou até mesmo as opiniões mais recentes. Em todos aqueles que, movidos por uma atitude socialmente empenhada, se defendiam da tentação de adotar um conceito grosseiro de literatura, era comum a ideia de que, no último Drummond, *a despeito* dos temas negativistas, a complexa estruturação de uma nova "poesia do pensamento" – considerada, ao lado da de João Cabral, a expressão mais perfeita de um lirismo objetivo, superador do velho cancioneirismo subjetivista – era o suficiente para resgatá-lo da grave condenação dos "participantes". Estes nunca engoliram bem aquela epígrafe, nem foram em nada tocados pela nostálgica evaporação dos fumos de Itabira, pela líquida evanescência da "Elegia", ou pela desesperançada lucidez de "A Ingaia Ciência"... (Eu próprio compartilhei um dia dessa visão, arremetendo contra a má vontade intransigente dos insensíveis ao valor da forma – mas sem ousar um pio a favor dos temas [tão incômodos] do melancólico fazendeiro do ar!).

Ora, essa ilusão de uma forma resgatando o conteúdo não passava de expediente insustentável. As formas artísticas não são, é verdade, inteiramente congruentes com o conteúdo; não é raro ver-se uma nova mensagem "rachando" uma velha forma. Mas este é um raciocínio *histórico*. É possível, de fato, constatar a eclosão subterrânea da nova arte que ainda se serve, inicialmente, de um estilo em breve ultrapassado. Porém, do ponto de vista estrito do estético, não há hipótese de a forma não corresponder, plenamente, ao conteúdo: porque, do ponto de vista da obra realizada, da obra em ato, da consecução artística (do *conseguimento*, como dizia Mário de Andrade), simplesmente não há o dualismo forma-e-conteúdo: existe apenas a unidade das formas significativas.

Não pode a forma do terceiro Drummond "valer", se não "valer" sua temática. Não há como ser bom um poema cuja mensagem não tenha relevância e validez no conjunto da experiência humana. Não se pode afirmar a qualidade do "artista" contra a discutibilidade das posições do "homem" – porque, no poema, homem e artista não são de nenhum modo dissociáveis.

Admitida, portanto, a excelência dos poemas de *Claro Enigma*, *Fazendeiro do Ar*, *A Vida Passada a Limpo* e até *Lição de Coisas* onde uma visão do mundo desiludida ou absenteísta se revele, deve haver, no fundo dessa visão – na forma pela qual o poeta a exprime – um valor de experiência reconhecível e estimável por nós. Valor não imputável à simples forma externa desses poemas – ao movimento métrico e sintático, à índole filosófica, ao tom de *poema* e não de canção – mas sim à sua forma íntima, coextensiva com seu suposto (para efeito de análise) conteúdo ou significado. Na raiz das atitudes "negativas" tratadas poeticamente por Drummond tem de existir um sentido exemplar, uma revelação de alto interesse e de permanente valia para nós. E contudo, se chegarmos a uma conclusão desse tipo, seremos obrigados a atribuir a essa poesia "niilista" importância pelo menos tão grande quanto a dos versos "sociais" de seu autor; seremos obrigados a levantar toda objeção "temática" ao fugidio poeta cuja meditação sobre a existência resume dolorida a forte inclinação para o nada, para a fria quietude de uma terra nua e deserta.

Aqui se contém apenas uma insinuação para a leitura mais atenta do terceiro Drummond. Agiremos de acordo com o princípio exposto acima, segundo o qual "forma" e "conteúdo" não se despregam, constituintes de um só bloco de significações. Escolhemos para análise – embora esquemática – um dos mais representativos poemas desse período drummondiano, o maior e mais sugestivo dos textos de *Claro Enigma* – a composição intitulada "A Máquina do Mundo":

> *E como eu palmilhasse vagamente*
> *uma estrada de Minas, pedregosa,*
> *e no fecho da tarde um sino rouco*
>
> *se misturasse ao som de meus sapatos*
> 5 *que era pausado e seco; e aves pairassem*
> *no céu de chumbo, e suas formas pretas*
>
> *pausadamente se fossem diluindo*[1]
> *na escuridão maior, vinda dos montes*
> *e de meu próprio ser desenganado,*
>
> 10 *a máquina do mundo se entreabriu*
> *para quem de a romper já se esquivava*
> *e só de o ter pensado se carpia.*
>
> *Abriu-se majestosa e circunspecta,*
> *sem emitir um som que fosse impuro*
> 15 *nem um clarão maior que o tolerável*

---

[1] No volume da Nova Aguilar, *Poesia e Prosa*, organizado pelo próprio Carlos Drummond de Andrade, o verso diz: "*lentamente* se fossem diluindo (...)". O poeta e crítico Antonio Carlos Secchin esclarece a diferença: "O 'enigma' é de fácil resolução: Drummond optou por 'pausadamente' na primeira edição (1951) de *Claro Enigma*, mantendo o advérbio em *Fazendeiro do Ar & Poesia até Agora* (1955). Merquior deve ter lido o verso numa dessas edições, pois já em *Poemas*, de 1959, e daí em diante, o poeta preferiu 'lentamente'. O curioso é que na primeiríssima aparição do texto, nas páginas do *Correio da Manhã*, em 1949, CDA grafara 'lentamente'. As dúvidas do poeta quanto ao emprego de um ou outro advérbio só cessaram, portanto, em 1959". (N. E.)

*pelas pupilas gastas na inspeção
contínua e dolorosa do deserto,
e pela mente exausta de mentar*

*toda uma realidade que transcende
20 a própria imagem sua debuxada
no rosto do mistério, nos abismos.*

*Abriu-se em calma pura, e convidando
quantos sentidos e intuições restavam
a quem de os ter usado os já perdera
25 e nem desejaria recobrá-los,
se em vão e para sempre repetimos
os mesmos sem roteiro tristes périplos,*

*convidando-os a todos, em coorte,
a se aplicarem sobre o pasto inédito
30 da natureza mítica das coisas,*

*assim me disse, embora voz alguma
ou sopro ou eco ou simples percussão
atestasse que alguém, sobre a montanha,*

*a outro alguém, noturno e miserável,
35 em colóquio se estava dirigindo:
"O que procuraste em ti ou fora de*

*teu ser restrito e nunca se mostrou,
mesmo afetando dar-se ou se rendendo,
e a cada instante mais se retraindo,*

*40 olha, repara, ausculta: essa riqueza
sobrante a toda pérola, essa ciência
sublime e formidável, mas hermética,*

*essa total explicação da vida,
esse nexo primeiro e singular,
45 que nem concebes mais, pois tão esquivo*

*se revelou ante a pesquisa ardente
em que te consumiste... vê, contempla,
abre teu peito para agasalhá-lo".*

       As mais soberbas pontes e edifícios,
50 o que nas oficinas se elabora,
       o que pensado foi e logo atinge

       distância superior ao pensamento,
       os recursos da terra dominados,
       e as paixões e os impulsos e os tormentos

55 e tudo que define o ser terrestre
       ou se prolonga até nos animais
       e chega às plantas para se embeber

       no sono rancoroso dos minérios,
       dá volta ao mundo e torna a se engolfar
60 na estranha ordem geométrica de tudo,

       e o absurdo original e seus enigmas,
       suas verdades altas mais que todos
       monumentos erguidos à verdade;

       e a memória dos deuses, e o solene
65 sentimento de morte, que floresce
       no caule da existência mais gloriosa,

       tudo se apresentou nesse relance
       e me chamou para seu reino augusto,
       afinal submetido à vista humana.

70 Mas, como eu relutasse em responder
       a tal apelo assim maravilhoso,
       pois a fé se abrandara, e mesmo o anseio,

       a esperança mais mínima – esse anelo
       de ver desvanecida e treva espessa
75 que entre os raios do sol inda se filtra;

       como defuntas crenças convocadas
       presto e fremente não se produzissem
       a de novo tingir a neutra face

       que vou pelos caminhos demonstrando,
80 e como se outro ser, não mais aquele
       habitante de mim há tantos anos,

> *passasse a comandar minha vontade*
> *que, já de si volúvel, se cerrava*
> *semelhante a essas flores reticentes*
>
> 85 *em si mesmas abertas e fechadas;*
> *como se um dom tardio já não fora*
> *apetecível, antes despiciendo,*
>
> *baixei os olhos, incurioso, lasso,*
> *desdenhando colher a coisa oferta*
> 90 *que se abria gratuita a meu engenho.*
>
> *A treva mais estrita já pousara*
> *sobre a estrada de Minas, pedregosa,*
> *e a máquina do mundo, repelida,*
>
> *se foi miudamente recompondo,*
> 95 *enquanto eu, avaliando o que perdera,*
> *seguia vagaroso, de mãos pensas.*

Este é um dos poemas mais sombrios de Drummond. A serena marcha dos tercetos, clássicos, mas não no modelo encadeado de Dante, faz de seus versos algo sem precedentes na história de nossa lírica. Só no belíssimo "Triunfo" de José Albano (que possui igualmente um arcabouço narrativo) consigo ver, de pena brasileira, tão firme traçado, nesse tipo de estrofação. E se o poeta se afastou da disposição estrófica de Dante, logo se vê, na sintaxe dos tercetos, a razão do desvio. Em Albano, praticamente todos os tercetos constituem um período; cada terceiro verso termina em ponto. Em "A Máquina do Mundo", porém, em trinta e duas estrofes, existem apenas seis períodos (versos 1-12, 13-21, 22-48, 49-69, 70-90, e 91-96); o *"enjambement"* é muito frequente. A energia do ritmo, suas acelerações, suas "cristas" – como o ápice de enumeração, no verso 67 – modificam o interior daquela serenidade de maneira talvez pouco adequada ao esquema das *"terzine"* encadeadas. Há um predomínio do encadeamento sintático sobre o estrófico; do rítmico, sobre o métrico.

Os nove primeiros versos oferecem a moldura temporal-modal do acontecimento que será narrado. Quatro orações regidas pela conjunção do início (*e como...*)

configuram uma narrativa elaborada hipotaticamente: por subordinação sintática e não por justaposição. Quando finalmente surge a oração principal, no décimo verso, três estrofes já prepararam o evento que ela refere. Ao abrir-se a máquina do mundo, sabemos da condição do viajante e da paisagem que a reflete. A consciência disso foi vivamente comunicada pela sintaxe de subordinação.

Vinha ele vago, mas pausado; numa estrada íngreme, que a noite próxima envolvia... é possível firmar, entre o vago andar e a noite crescente, uma equivalência correspondente a passo seco-estrada pedregosa. Em ambos os casos, a paisagem responde ao homem. O jogo de espelhos é explicitamente confirmado pela indicação acústica (versos 3-5): o sino rouco se confunde com o som dos sapatos. Portanto, duas ordens de significados: o motivo do *vago*, da noite, do obscuro – e o motivo do palmilhar, do difícil, da medida lentidão: do *pausado*. Na segunda parte do quinto verso, assistimos à transposição desse contraste para o interior da própria natureza. A chave da transposição é o advérbio *pausadamente*, que ecoa o som dos sapatos; agora, entretanto, sendo as aves que se opõem à noite, na dissolução de suas formas, o tema do pausado contrasta com o do vago dentro da paisagem. Enfim todas essas "oposições" temáticas, isoladas pela análise, na verdade, representam, no poema, duas ordens que se misturam, bem mais do que se contrariam. A explicação está nos versos 8 e 9: é que a escuridão, a vaguidade, o motivo noturno, tem origem tanto no físico quanto no anímico: sombra vinda do céu, como do homem e de seu escuro desengano. Vemos então que o motivo do pausado termina embebido no tema dominante da noite abrumadora. Com se alguém, cansado da aspereza de andar, mentalmente se diluísse, e acompanhasse a imersão dos pássaros na noite grávida e completa.

O surgimento da máquina do mundo incide sobre essa fadiga. A precisão do verbo o demonstra: *para quem de a romper já se esquivava / e só de ter pensado se carpia* (versos 11-12). O imperfeito indica, não um ponto qualquer na escala do tempo, mas a duração da ação. Ele é, como se sabe, uma forma verbal menos "temporal" do que *aspectual*. A quarta estrofe é ilustração plástica da oposição entre o aspecto "em curso" do imperfeito e o de ação momentânea e conclusa do perfeito. Graças ao confronto dos tempos verbais (*entreabriu* / esquivava-se, carpia-se), sentimos, com toda a nitidez, como a aparição da máquina do mundo surpreendeu o viajante em meio a sua renúncia, no curso de um movimento para assumir o cansaço e desistir de uma penosa perquirição. Os dois verbos no imperfeito são, em linguagem direta, o que os três primeiros tercetos figuraram pela imagem: a confissão da resignada atitude do caminhante, decidido a evitar, imerso na noite, a luta cansativa pelo conhecimento.

No segundo período, a própria máquina do mundo respeitará sua debilitante fadiga. Nem auditiva nem visualmente agredirá esse vencido indagador. A sedutora máquina não quer ferir as ex-curiosas, abdicantes pupilas. Abrir-se-á, portanto, em calma pura, sem exigir do caminhante mais do que uma percepção mínima: mínima, porque os sentidos estão gastos, embotados, feridos: mas também porque, ainda que não o estivessem, não seriam agora, pelo desejo do homem, reativados (verso 25),

se em vão e para sempre repetimos
os mesmos sem roteiro tristes périplos.

Essas duas linhas reiteram a abdicação ao conhecer expressa por imagem nos primeiros tercetos e, declarativamente, nos versos 11-12 e 16-21. Mas desta vez, com seu ar parentético, com sua sábia aliteração (r), com o timbre dominante em e, e com o quase completo paralelismo rítmico (acentos na 2ª, 6ª e 10ª), somente alterado, na segunda linha, pelo arrastado peso da oitava sílaba (*tris*) – a expressão da renúncia ao esforço cognitivo se torna realmente lapidar.

São tais sentidos, cansados e restantes, que captarão a oferecida verdade, a *natureza mítica das coisas*. O movimento hipotático, concentrado no gerúndio *convidando* (versos 22 e 28), novamente temporal, reexpõe a situação do viajante até o começo da fala da máquina, tal como, no início do poema, até o instante de sua aparição. Antes, porém, do parlamento da máquina, outro desdobramento subordinativo intervém, em forma de oração concessiva (versos 31-35). As palavras da máquina são imaterializáveis, intestemunháveis (versos 31-33). Nenhum sinal externo pode comprová-las. Assim, o caminhante sozinho, *noturno e miserável*, sozinho as ouvirá. Noturno, já sabíamos que ele se fizera, mergulhando na escuridão nascida da terra e de si mesmo. Mas por que *miserável*? Não será porque, noturno, ele desceu a uma condição degradada? Com efeito, ele abdicou uma dignidade superior, a da manutenção da vontade de saber. Por isso a máquina, embora aliciante, embora sem ferir-lhe os olhos doloridos, emprega logo o imperativo (verso 40): manda que veja o que lhe mostra (e que, isso sim, é *sublime*, pairando portentoso acima da capacidade do homem); e manda, ainda, que o agasalhe em seu peito, num peito que faz as vezes de uma inepta visão, e capta, em seu lugar, o segredo do mundo.

Na enumeração seguinte, que constitui o quarto período, a presença do humano não é mais dignificada. Das três esferas de objetos oferecidos à contemplação do homem, totalizando aquela "natureza mítica" do ser – as obras e pensamentos humanos (versos 49-53); as obras da natureza, realizadas no homem, nos animais, nas plantas ou nos minerais (versos 54-60); o "absurdo original", a lembrança de deuses e o sentimento de morte (versos 61-66) – não é a primeira a mais valorizada pelo poema. Não só ocupa menor extensão, como, vindo no começo, não usufrui do crescendo rítmico que a longa vertente enumerativa, cada vez com maior ímpeto, acaba resumindo na oração culminante do final, iniciada pelo pronome-clímax *tudo* (verso 67). A espera física e a metafísica superam a humana. No "reino augusto", na "ciência sublime" que a máquina exibe, o homem é apenas uma parte, sem ser sequer a mais valiosa.

Tínhamos um homem pronto a desistir do esforço de conhecer. Temos agora uma revelação que lhe é feita, mas que, longe de estimular o reexercício daquele esforço, antes prefere o homem rendido – não de visão armada, mas sim de coração aberto; e temos o objeto dessa revelação sobrenatural, que é um universo amplíssimo, mas onde o homem em nada parece ocupar um posto eminente. Como reagirá o viajante a esse convite, ao mesmo tempo imperioso e sedutor? Curiosamente, persistindo na fadiga e na renúncia em que se envolvera. Nas orações causais do quinto período se alinham as razões da frieza do caminhante face ao maravilhoso conhecimento revelado. Ele é um homem sem fé, sem mais nenhuma esperança, sem mesmo a derradeira palpitação da crença. A impossibilidade de conhecer, a impotência da visão, desde o início do poema traduzida em imagens do velho símbolo "obscuridade", perfaz agora uma treva tão densa

que entre os raios do sol inda se filtra;

Nada reavivará, nesse espírito estéril para a fé, os antigos anseios do acreditar. A "neutra face" desconhece o estremecimento místico, a vibrante certeza do crente. A própria vontade apaixonada de conhecer, que tanto o dominara antes, não se enamora da gratuita revelação. O "dom tardio", não conquistado, mas oferecido, não consegue seduzir; a ciência, *dada*, não estimula o engenho; ao cansaço dos olhos, exaustos de tentar ver, não tenta agora o quase insulto de uma visão que não lhes custa.

O caminhante recusa o dom gracioso da máquina do mundo. Desdenha o conhecimento sobre-humano, acima das deficiências insanáveis da medida humana; o conhecimento místico, a graça, o presente de poderes mais altos que o homem. Ao recusá-lo, investe-se da condição plenamente antropocêntrica, estritamente profana, do homem moderno: não aceita nada que não esteja contido em sua própria capacidade, sem auxílio superior. A visão de que desvia o olhar é a mesma a que aspirou, fremente de fé, o habitante da dimensão teocêntrica, o home que buscava jubiloso a união com o ser sagrado; a visão iridescente do religioso, tão comovido por ela, que a luz suprema termina por cegá-lo, diluída na pura vibração do sentimento – como a contemplou, cego de beatitude, o mais ilustre dos Viajantes:

> (...) *quasi tutta cessa*
> *mia visione, ed ancor mi distilla*
> *nel core il dolce che nacque da essa.*
>
> *Così la neve al sol si disigilla;*
> *così al vento nelle foglie lievi*
> *si perdea la sentenza di Sibilla.*
>
> (Paraíso, XXXIII, 61)

Mas essa visão beatífica, puramente intelectual, dissolve as formas e as palavras; é luz não dirigida aos olhos, e sim ao coração. Por isso a máquina do mundo ordenara: é preciso agasalhá-la no peito (verso 48), na sede do sentimento, e não na fria região do raciocínio. Ao contrário de Dante, nosso triste andarilho não aspira à visão mística. Para ele, a vida do espírito na interioridade, no cálido refúgio do sentimento, não lhe satisfaz os desejos. A contemplação mística é uma das formas da *infelicidade da consciência*. Drummond poetiza o tema hegeliano da consciência em desgraça (*Fenomenologia do Espírito*, IV, b, 3), do espírito insciente de sua própria autonomia, projetando todo valor num além a que não se liga pelo pensamento e sim pela devoção – consciência "culpada", remordida pela alienação, em meio à insuportável dor de existir fora de si.

Oposta à visão suprema do florentino, a atitude do nosso "incurioso" também não coincide com a de outro presenteado com o vislumbrar a máquina do mundo: o Gama, a quem, no último canto de *Os Lusíadas*, a bela Tétis, soberana das ninfas da Ilha dos Amores, concede a visão secreta e total:

> *Vês aqui a grande máquina do Mundo,*
> *Etérea e elemental, que fabricada*
> *Assi foi do Saber, alto e profundo,*
> *Que é sem princípio e meta limitada.*
> *Quem cerca em derredor este rotundo*
> *Globo e sua superfície tão limada,*
> *É Deus: mas o que é Deus, ninguém o entende,*
> *Que tanto o engenho humano não se estende.*
>
> (Os Lusíadas, X, 80)

Se bem seja a visão do Gama menos mística do que *erótica* – significativamente propiciada através da mediação amorosa de Tétis – porque, como todos aprendemos com Antônio José Saraiva, o sentido último do poema não é o de exortação bélica e nacional, mas, num Camões roído pela decepção traduzida em arte maneirista, o depreendido da própria trama mitológica, onde desde o início os navegantes se colocam sob o amorável signo de Vênus.

Ao conhecimento pela religião e pelo amor, o viajante mineiro contrapõe um invencível pessimismo epistemológico. Rejeita voluntário a ciência rara, inumana, hermética e sacra. Quando afasta o formidável oferecimento,

A treva mais estrita já pousara
sobre a estrada de Minas, pedregosa,

essa "treva estrita" já não é mais a obscuridade dinâmica do prelúdio; o espírito já se imergiu completo na escuridão. E, todavia, a treva perfeita, o escuro acabado, não deixam de recordar o esforço anunciado no princípio, a luta vã, mas digna, que o cansaço de certo modo não conseguiu substituir, porque o seu objetivo, oferecido gratuitamente, o lutador desprezou. A treva estrita é inteiramente humana. Quando ela se perfaz, a máquina, do mundo, a dádiva dos deuses, é quem se humilha e perde toda a antiga majestade:

e a máquina do mundo, repelida,
se foi miudamente recompondo

enquanto de novo ressalta a matéria da estrada, a *pedregosa*, teatro e símbolo de uma oferta que se recusa e de uma procura que se retoma. O motivo do pausado reingressa vitorioso: o viajante, vagaroso, repalmilha o caminho da aspereza, mas, também, da realidade. *De mãos pensas*, por não ter colhido – ou por sugestão do quanto valem as mãos no processo de conhecer. O oferecimento da máquina do mundo, aparentemente convidando todos os sentidos (versos 23 e 28), na verdade só mandava *olhar*, *auscultar*, *agasalhar*; nenhuma referência à captação tátil-manual. A distância *prática* entre sujeito e objeto se mantinha, a ponto de, longe de o homem agarrar seu objeto, ser este quem o abraçava, superior e solene (verso 68). Assim, as mãos, pensas, inúteis na revelação, terminam o poema aludindo ao papel por elas desempenhado no conhecimento profano. A estrada *pedregosa* é, de fato, uma imagem eminentemente tátil, sugerindo a dificuldade dos pés e das mãos em dominá-la.

Não é possível dizer que o poema seja negativista, em relação à possibilidade do conhecimento, sem atestar que, onde ele é mais negativo, é em relação à viabilidade de um conhecimento sobrenatural, sobre-humano, extra-humano. A recusa decidida dessa via – apresentada como alternativa para os fracassos do espírito humano – está, mais do que qualquer outro tema, extensa e intensamente plasmada nos seus versos. É facultado ver, por trás do cerrado pessimismo de Drummond, um não menos compacto humanismo. Para tanto, só são necessárias duas disposições: saber ler, e, em lugar de exigir da poesia o sloganismo e a vulgaridade que consiste em ela obrigar-se a travestir o mundo real num universo ideológico roseamente fácil e irreal, reclamar-lhe apenas a dimensão de profunda verdade com que, todas as vezes que se cristaliza, ela define o fluido e complexo mundo do homem.

Santa Teresa, janeiro de 1965.

SERIAL

Terceira Feira reúne os três últimos livros de João Cabral de Melo Neto; mas desses, só *Serial* era volume inédito. Traz nova mudança no curso do estilo? Alguma fase outra, como foi *O Engenheiro* depois de *Pedra de Sono*, a *Psicologia da Composição* depois daquele, e *O Cão Sem Plumas* depois desta? Nem tanto: parece antes que se trata de um poeta em equilíbrio, ou de uma pausa numa evolução que é de longe a mais significativa dos dois últimos decênios da poesia nacional. De novo, apenas, a franca adoção de um processo, o do poema em série, a modo de variações; assim mesmo, já esboçado no livro *Quaderna* (1960).

Mas o que não chega a ser uma alteração, é sempre intensificação. *Serial*, livro de manso andar, exibe um poeta cada vez mais devoto do objeto, cada vez mais olho-de-ver, e de ver melhor que o comum, mais dentro e mais penetrantemente fino. Alguém capaz de contemplar as coisas de novo jeito. De tão perto, que as deixe falar por si, e oferecer todas essas virtudes que as coisas têm de humanas, mas onde, de tão bem olhadas, já não há somente antropomorfismo, não há somente o reflexo do próprio homem. Como esse ovo que é "franco":

> *na forma clara*
> *que tem um ovo, e na franqueza*
> *de sua parede caiada.*

A visão mais próxima, vizinha, pegada à coisa; a visão quando o que se vê, ao mesmo tempo se domina, e até se apalpa,

> *de perto, quando o olho é tacto*
> *ao olho imediato em cima*

não tivesse o filósofo, ainda há pouco, revelado a essência dominadora de toda percepção (*Phénoménologie de la Perception*). Por isso, por ver, de perto, tão longe, João Cabral escolhe os seus mestres entre os grandes "objetivos", os partidários das coisas, e são Ponge e

Marianne Moore, Cesário Verde e Dubuffet – os artistas do sólido realismo, junto a quem os grandes "organizadores", os cansados do improviso, recomeçam penosamente a árdua redescoberta do mundo: Miró e Mondrian.

O poeta da objetividade, policial da pura ordem, é no entanto suscetível de ver com a mesma visão o material das pessoas. A mulher; os tipos nordestinos, como aquele circunspecto Severino Borges apesar disso tão dado a mulheres, que a elas se dava sem cessar, de início pelo dinheiro, mas

> *Depois, quando o jogara todo,*
> *dava-se nas roupas do corpo,*
> *jogando-as, peça a peça,*
> *querendo ir numa delas.*

os tipos de moral comum, como a gente do poema "Generaciones y Semblanzas", onde há de tudo, desde os que usam uma "farda" machadiana aos que têm a alma em perpétua disponibilidade; os tipos, enfim, de definição social, como o defunto comendador, surpreendido no caixão, que foi toda vida um retrógrado imbecilizante –

> *Buscava um carro ajustado*
> *ao compasso do que foi;*
> *mas ronceiro, se possível,*
> *que os torpes carros-de-boi.*
>
> *Mas dos que achava dizia*
> *perigosos para usar:*
> *perigosos como um livro*
> *ou uma corrente-de-ar.*

– e depois de morto, mostra apenas a inutilidade de sua estreita mercancia:

> *mesmo com essa comenda*
> *e a embalagem de flor,*
> *eis que ele, em mercadoria*
> *não encontra comprador.*

Versos, como esse, da mais fina sátira, ainda mais aguda pelo pudor de ser, diretamente, sátira; que são também uma parte da obra de *moralista* do seu autor, moralista no sentido que lhe deu uma vez, com toda a razão, o sempre sábio Antônio Houaiss – moralismo, por exemplo, de um Molière.

João Cabral toma as pessoas como objetos; não, é claro, que as reduza ao nível, ao estilo de existir das simples coisas – mas porque põe no exame do humano a mesma cortante contemplação. A mesma e maravilhosa habilidade de surpreender o inusual, de vestir com a expressão incomum aquilo que se sentia sem definir com propriedade, como as chuvas galegas, na sua abundância, levaram o poeta a dizer que na Galícia, "a chuva cai de todos os lados / e inclusive de baixo". Isso é bem João Cabral: a fala quase inteiramente única, jeito na linguagem ainda não dado, mas sem embargo da sua novidade, fala que não recorre a nenhuma retórica, nenhuns "efeitos", fala sem mesmo o arsenal mais legítimo das comparações bruscas e do ambiente metafórico. É raro quando se vê nessa poesia uma comparação tão forte, como o final de "Graciliano Ramos", um dos mais belos pedaços do livro:

que é quando o sol é estridente,
a contrapelo, imperioso,
e bate nas pálpebras como
se bate numa porta a socos.

Frequente, ao contrário, é a imagem quase nua, às vezes carregada daquela curiosa adjetivação cabralina. Caso de um dos poemas "Generaciones y Semblanzas", onde vem o retrato da gente que cultiva o seu íntimo e despreza o lado externo; essa raça que inclui os poetas, pois

Nela está o hortelão
que se tranca na horta
para cuidar melhor
sua literária flora:

da flora, geralmente,
que se acostuma agora
e que reclamas estufas
fechadas, de alma mórbida.

> *Porém nesse hortelão*
> *há uma coisa curiosa:*
> *quanto maior cuidado*
> *tem de fechar as portas,*
>
> *tem ele de entreabrir*
> *vidraças para fora,*
> *a fim de que os legumes*
> *de sua íntima roça*
>
> *(os tomates sensíveis,*
> *as alfaces barrocas,*
> *couves meditabundas,*
> *sentimentais cenouras),*
>
> *legumes madurados*
> *ao sol de sua sombra,*
> *seus íntimos legumes*
> *possam dispor de montra.*

Servido desses instrumentos, desses símbolos discretos ao mesmo tempo que luminosos, João Cabral pode lançar-se além do visível, pode – sem cair nunca no pedante, no chato ou simplesmente no ridículo – fazer o seu verso filosofar. Então nos dá a meditação fenomenológica sobre o homem, o animal mais vestido e calçado; sobre o tempo, o rio fatal, contínuo relógio, de canto tão incessante

> *que continua cantando*
> *se deixa de ouvi-lo a gente:*
> *como a gente às vezes canta*
> *para sentir-se existente.*

Tempo que é também interior, do coração e não do relógio, ladrão de vida a esgotar a nossa íntima poça. E tempo que, sentido de um alpendre, por sobre um canavial, no lento Nordeste, vira duração sociológica, fluir das desesperanças no seio da mesmice e da irrevogável calmaria –

> *o tempo que de nós se perde*
> *sem que lhe armem um alçapão,*
> *nem mesmo agora parece*
> *passar o alcance da mão,*

> *nem mesmo agora que chegou*
> *tão perto, tão familiarmente,*
> *certo atraído pela sesta*
> *avarandada desse alpendre.*

– onde o tempo se perde na viscosidade do atual:

> *Tudo então se deixa tão lento,*
> *só presente, tudo tão lasso,*
> *que o próprio tempo se abandona*
> *e perde a esquivança de pássaro.*

Como sou o menos passivo dos poetas... estas palavras de João Cabral de Melo Neto conceituam melhor que tudo a sua posição singular na nossa poesia. Pois ele é, na observação de Eduardo Portella, um verdadeiro caso à parte na literatura brasileira: o primeiro poeta do novo lirismo; aquele que é, em relação à lírica anterior, um antipoeta, porque não dá uma só emoção que não venha pensada, uma só palavra que não chegue um conceito, uma só música, sem a exatidão e a nudez do único som necessário – portanto, o poeta que primeiro rompeu não só com as melações, os sentimentalismos, as pobres melodias, a sugestão deslizante, mas sobretudo com o acessório, o acidental, a obra do acaso e da sua irmã inspiração. Numa poesia de improviso, de facilidade, de excessos, expressão, enfim, de uma sociedade "repentista", facilitada, pletórica e não seletiva; numa poesia onde lirismo quase sempre se reduziu ao sentimental; onde o próprio sentimental foi muitas vezes, como é comum, o avesso tonto da sensualidade menos madura; numa poesia sem plástica, sem construção, e com essa desordem, porque sem nenhum pensamento – o verso de João Cabral, a sua redondilha áspera impõe que as comparações sejam buscadas fora da nossa literatura e da nossa língua. O crítico se vê obrigado às analogias ibéricas, a pensar na dureza de um Cid, ou na dramática tranquilidade de um Manrique; ou nas inexplicáveis exceções "concentradas" da poesia portuguesa, de Cesário, com quem João Cabral tem em comum a extraordinária justeza de observação, ou de Pessoa, que sabe, como ele, que as coisas são o que são, sem mistério nenhum.

Embora Fernando Pessoa se detivesse nessa renúncia a humanizar as coisas, que era extremo objetivismo, mas também era negação da vida e de qualquer atitude esforçada, inclusive observar. Ao passo que, em João Cabral, o reconhecimento da autonomia existencial dos objetos não leva a nada passivo, nem sequer neutro, mas antes conduz a um fabuloso programa de atenção. No seio das coisas o poeta levanta o trabalho da sua contemplação, o esforço atento de ver, de descobrir seu lado novo, o oposto de sua face habitual.

Qual será o método dessa incansável atenção? São o raio-x e o cubismo. Radiografia, como penetração do mais interior, do menos epidérmico, da alma mesma das coisas que se esconde, e que o poeta arrasta ao claro com sua retina de microscópio. Cubismo, porque sua poesia se torna plástica pelo visual, mas sobretudo pela correlação de planos, pela multiplicidade de sentidos, pelo contraponto de imagens cercando a coisa pelo sensível e pelo conceito, pelo físico e pelo humano. Correlação, em consequência, menos do que interpenetração. Está nela a origem do poema em série, do serial onde a caça ao objeto (pessoa ou coisa) se sucede nos flashes de vários ângulos, nos cortes, nos closes, que só a técnica flexível do *"cameraman"* consegue unir sem perda de fluidez, de modo que o que era filme eisensteiniano (o assalto brusco ao aspecto irrevelado do mundo) vira narração americana, de conjunções macias, de filme contínuo e brando – a notável sutileza com que as quadras se ligam e as redondilhas se entrelaçam. Porém esse método, por mais objetivo, se destina fundamentalmente a captar a significação do mundo. E visão fenomenológica: por isso nunca é naturalista, não tem paixão de análise, mas de compreender. Como Cesário, João Cabral apalpa as coisas; mas não é para desmontá-las, para fazer essa espécie de autópsia que os grandes naturalistas, quase todos revolucionários, praticavam com o desprezo impassível que se tem pelas coisas mortas, pelo mundo cadáver, a decomposição burguesa naturalmente desmembrável. João Cabral não disseca; interpreta. Joga com estruturas, não com simples somas, e por essa razão faz de cada serial um cerco ordenado a algo de maciço e de inteiro, de compacto como só são compactos os significados. Se o mundo fosse coisa, seria talvez analisável; mas o mundo tem outro nível, o grau do valor e do sentido, e como se diz do tempo em certo poema, também o mundo.

é mais que coisa:
é coisa capaz de linguagem.

É o retorno ao humano. Nada existe de mais humano que a esfera dos significados, a luta pela sua conquista. João Cabral, o poeta meridiano, alcança o novo humanismo. Sua objetividade ganha essa nobreza, de fuga do indivíduo na direção do mais amplo a que o artista pode aspirar. É um classicismo; e como em todo autêntico classicismo, fortemente apegado ao que de mais sólido existe, a essa inteiriça realidade do universo sem a qual nenhum classicismo elaborou seu voo: pois o culto do homem só é capaz de viver na plena visão da terra, do ambiente, do campo onde os homens lançam todos os desejos e sofrem todos os destinos. A renúncia à fantasia é a força mais alta: a compreensão do mundo ainda é mais válida e enérgica do que a vã tentativa de evasão. O estilo de João Cabral é esse misto de real e de símbolo, onde o símbolo só se usa para exprimir o existente, onde a imagem presta serviço à lucidez. Admira-se alguém de que seja duro frequentemente, de que seja frio, de que seja faca? É preciso uma vez mais recordar que nele não há som fora da pauta essencial, como não há imagem fora do sistema cerrado que sempre responde ao mundo e se torna expressão de todos os seus gritos. Querem a poesia amena? Primeiro que a vida se faça amena. O grande poeta é o que denuncia tudo. É o realista, não por oferecer todos os elementos, o que é o programa dos imbecis, mas porque nos lança em rosto todos os sentidos, o que é o programa de Dante, de Shakespeare e de Goethe. João Cabral de

Melo Neto é pouco ou nada mavioso. Prefere talvez ser apenas honesto, um pouco rouco, no seu canto preso à terra e ao tempo, preso à vida moderna e à desesperada lucidez da sua crise. João Cabral de Melo Neto é o estilo da honestidade. É o poeta estritamente sério. É a antena mais viva. É o mais entranhadamente contemporâneo dos nossos líricos, esse cristal de chama que há anos nos propõe, solitário e insuperado, o único caminho que a nova poesia deve tomar.

1962

Carta de Curt Meyer-Clason, consagrado tradutor alemão, responsável pela tradução de *Grande Sertão: Veredas*, entre outros clássicos da literatura brasileira. Meyer-Clason menciona sua leitura de *Razão do Poema*, ressaltando a vitalidade do estilo e da crítica do jovem autor.
Fonte: Arquivo José Guilherme Merquior/É Realizações Editora

Onda mulher, onde a mulher

De flanco sobre o lençol,
paisagem já tão marinha,
a uma onda deitada,
na praia, te parecias.

Uma onda que parava
ou melhor: que se continha,
que contivesse um momento
seu rumor de folhas líquidas.

Uma onda que parava
naquela hora precisa
em que a pálpebra da onda
cai sobre a própria pupila.

Uma onda que parara
ao dobrar-se, interrompida,
que imóvel se interrompesse
no alto de sua crista

e se fizesse montanha
(por horizontal e fixa),
mas que ao se fazer montanha
continuasse água ainda.

Uma onda que guardasse
na praia cama, finita,
a natureza sem fim
do mar de que participa,

e em sua imobilidade,
que precária se adivinha,
o dom de se derramar
que as ondas faz femininas,

mais o clima de águas fundas,
a intimidade sombria
e certo abraçar completo
que dos líquidos copias.

O livro é *Quaderna* (1960), de João Cabral de Melo Neto; o poema é a "Imitação da Água"; o tema é a mulher – tema raro e surpreendente na obra desse poeta de devoção antiencantatória, de aspereza e de rigor.

Imitação, o poema começa pela analogia. *De flanco sobre o lençol, / paisagem já tão marinha*; a comparação da mulher com uma onda já está localizada numa paisagem também análoga ao mar. O lençol já é uma praia. A visão da mulher de flanco é algo rápida; o verso o revela (I, 1) – mas a visão do lençol-praia é bem mais ampla. Há uma simetria em oito sílabas para mostrar a sua largueza:

paiSAgem JÁ TÃO maRInha.

Quando chegamos, desde a paisagem, a essa onda--mulher, a ausência de elisão (a / uma) e a sábia colocação de sons em *d* imprimem no ritmo a calma e o movimento de um deitar. Pois ambas, mulher e onda, deitadas estão; além do que, paradas. *Uma onda que parava*... aqui, porém, o poema vai da indicação à reflexão. O que até agora se via, antes que visto, é "contemplado" mentalmente. O pensamento vem definir o que os olhos, simples, recolheram. Experiência que a razão melhora: *ou melhor*: uma onda que parava, *ou melhor*: que se *continha*... E como o pensamento desencaixa um conceito de outro, percebe nesse "conter-se" a contenção das próprias qualidades da onda, da onda que é mulher. Por isso mesmo, a onda que se continha é agora aquela que *contivesse*. O tempo indicativo virou subjuntivo, na exata proporção em que a experiência direta se tornou, nas mãos do espírito, ensaio de analogia e pretexto de definição – e esse modo mental por excelência, esse verbo do possível, é sempre o subjuntivo. Mas, uma vez contida, a onda era como se contivesse, por um momento, *seu rumor de folhas líquidas*. A onda, a mulher, estava silenciosa. Silenciosa, horizontal e estática: eis a tríplice condição em que se dá. Captada num instante brevíssimo, num segundo, num átimo, a mulher cristalizada e imóvel. A terceira quadra do poema intensifica extraordinariamente essa aparência, com um vigor metafórico que reconduz o verso ao indicativo:

Uma onda que parava
naquela hora precisa
em que a pálpebra da onda
cai sobre a própria pupila.

O preciso instante em que o olho se fecharia, nesse curto momento a onda se deteve. Também nossa contemplação da mulher acompanhou a brevidade expressa desse corte; o ouvido, o próprio ouvido o "viu", nos pp, nos prê e brê dos quatro versos, na demora da queda após si:

em que a PÁL/pebra da onda

e nos saltos precipitados onde a onda detida por pouco, por muito pouco, não cabriolou:

cai sobre a própria pupila.

Movimento instantâneo, a terceira estrofe contrasta com a seguinte. Esta até se prolonga adiante dela; até alcança uma ação desde o começo, desde quando a onda começara a dobrar-se, para trazê-la até o momento de interrupção, de "congelamento". O tempo traduz tudo isso. Permanecemos no indicativo; mas, do imperfeito, passamos ao anterior, mais-que-perfeito; *uma onda que parara*. Mesmo o verbo "interromper" supõe uma continuidade. O tempo é mais largo, tanto para trás como para frente. Na sua largueza, cobre o instante do imperfeito – e, no terceiro verso, volta a ser subjuntivo e reflexivo, volta a ser prospecção do raciocínio definidor.

Contraditória, mesmo onde as outras foram curiosas, a quinta quadra refere a mulher simultaneamente imóvel e móvel, fixa e líquida, montanha e água. Porém nenhuma outra a percebe melhor. O que afinal nos diz o poeta, é toda a verdade do ser-feminino. Nem há comentário mais adequado a seus versos do que um grande estudo da feminilidade, uma fenomenologia da mulher. Ser montanha – e ser água; ser tão sólida e tão fluida... Aqui reside o que Buytendijk, o penetrante autor de *A Mulher*, considera como característico no mistério feminino da imanência. Nada mais feminino que esse viver para dentro, em recuo, em distância das coisas e sobretudo das ações.

Doce comprazer-se em si; inabalável interioridade; estar, como se estivesse dormindo. O homem mal sabe existir sem transcender-se, sem passar adiante, sem esquecer-se de si por lançar-se totalmente no que faz. A mulher, ao contrário, está plena em si mesma. Parece que sua ação mais própria consiste em adentrar-se. Os homens, quando dormem, nunca têm um aspecto satisfatório; mulher dormindo, em compensação, atinge um encanto tão pleno, tão máximo, que até conduz o poeta a dizer que ela, quando nos fala com doçura, "é como se não quisesse acordar o que nela ainda dorme"... Tanto vale a onda, enquanto montanha!... Se é, não obstante, água – é por derramar-se em cuidados, sem fluxo, em continuidade. Pois a mulher, não como o homem, se deita, transborda e dá. O que antes se deitava na doce posição da solidez, agora se "deita", como os líquidos, suave espraiamento de quem se entrega, umedece e envolve. A esse respeito, toda *ninfa* é uma *linfa*: e os gregos, os gregos das mulheres mais fluidas porque mais sólidas, os gregos das estátuas-que-contêm-rios, chamavam ambas as coisas pelo mesmo nome. Dupla liquidez, de viver em recuo, para dentro, e só saber agir, dando-se. Quietude, e doação; as mulheres mais serenas, o feminino mais tranquilo e mais nobre não é o das mães-esposas que pela vida mais longa e totalmente se deram? A sexta estrofe do poema não é menos síntese de contradições:

> Uma onda que guardasse
> na praia cama, finita,
> a natureza sem fim
> do mar de que participa.

A onda participante do mar cuja natureza é infinita: inesgotabilidade do mistério, mistério da imanência. O poço sem fundo, ou natureza. O ser cuja razão sempre se esconde; e quanto mais compreendido, mais reservado – desdobramento temporal de um estar oculto. A natureza sem fim, porque, como disse genialmente Hegel, o espírito da natureza é um espírito escondido. A natureza infinita do mar, eis a simbólica representação da natureza em geral. Dela participa a onda, quer dizer, a mulher.

Na praia-cama, finita, ela está pousada como infinito. Como ocultação, no seio do utensílio (a cama). Não à toa a mulher contraria o universo prático e limitado da utilidade: o reino do útil é constituído pelo trabalho, pela feição masculina da existência (Buytendijk), sempre masculina, ainda que assumida pela mulher. Mas, mulher enquanto tal, ela não trabalha. Seus cuidados são outros; nem ela é "*faber*". Vive antes como os lírios do campo, que "*crescunt: non laborant*" (Mateus 6,28). Pois olhai os lírios do campo... não vereis outra vida que a vegeta, vívida e interna imanência do que se dá por acabado em existir ao natural. Daí dizia um psicanalista que o destino da mulher é "um simples estar-aí", tal como a planta, tal – no campo das ações que eles não dirigem para fora, para a transcendência, para o ultrapassar-se – como os animais. Que, segundo Rilke, "não têm o gosto do além".

O acontecimento simbólico da estrofe sexta revela que o poema chegou a um equilíbrio dos dois polos comparados, onda e mulher. Na quadra seguinte, já domina claramente o princípio feminino. São as ondas que são femininas por se derramarem. O *dom* de se derramar remete à nossa ideia sobre a feminilidade da doação; os dd e ff desses versos compõem uma aliteração notável. Há seis estrofes frequenta a Imitação a frase adjetiva, a oração com o *que* relativo. Monotonia? Não! Uso largo do adjetivo oracional, para permitir ao jogo do pensamento a necessária flexibilidade, inclusive (como vimos) a temporal. Tudo no poema se rende ao processo intelectual. A sua própria música. Rimas toantes, galas sonoras ausentes ou discretas; sobriedade que faz do verso de João Cabral uma linha legível, ou *audível na condição de legível*: música para a mente, mas não no sentido encantatório de Bachelard – música... mas sem o som sensual; a pura partitura da razão definidora. Porque é para isso que o poema se encaminha; a partir da sexta quadra, nada além da nua reflexão; o pensamento já superou a experiência e a figura iniciais. Todavia, fiquemos um pouco na sétima, nessa

> *imobilidade,*
> *que precária se adivinha*

A mulher-onda muda, estática e horizontal está só precariamente imóvel. Não tem a pétrea imobilidade do sono. Vênus, de flanco deitada, mas quase a romper o seu pouso, quase a rolar na praia-cama. Vênus, mas não de Dresde, de Giorgione, entregue ao sono na imanência única, mais montanha que água, pálpebra que já não mais cairá sobre a pupila... Vênus, sim, porém de Velázquez – ao espelho, em vez de dormir, deitada de flanco, e não, como a de Giorgione, em plena, onírica e ausente posição de mulher deitada toda de costas. Mulher-onda interrompida. Vênus precipite –

De FLANco sobre o lençol

– como o verso diz, na rápida, brusca palavra *flanco*. Não tanto imanência: agora, *im*inência... de ação. Claro que a imanência está aí, em seu mistério. A precariedade do imóvel apenas se adivinha; na realidade, a mulher está parada, desde logo (quadra II); e é antes seu "dom de derramar", o que a faz precipitável, bem mais do que a sua posição. Em suma, o seu ser água tanto quanto montanha. Pois a imanência cedo se recobra na última estrofe –

o clima de águas fundas,
a intimidade sombria

– onde a palavra *clima* sugere a atmosfera de envolvência dos dois versos últimos, enquanto *sombra* resume o último eco do mistério, do indecifrável ser feminino, alheio, à parte, para o seu dentro – mas daí mesmo surgindo como *ternura*, como forma corporal do cuidado, úmido modo de ser tão nitidamente feminil:

(e) certo abraçar completo

o ser mádido, o ser terno, o ser maternal mesmo que não materno, o bom, o belo, o doce e maduro ser que embebe e acalenta o pobre e ativa raça masculina; mulheronda, mulhermontanha, imitação da água no que a água tem de condição essencial à vida: eis onde a mulher.

1962

QUAND VOUS SEREZ BIEN VIEILLE

Ronsard escreveu este soneto –

Quand vous serez bien vieille, au soir à la chandelle,
Assise auprès du feu, devidant et filant,
Direz chantant mes vers, em vous esmerveillant:
"Ronsard me celebroit du temps que j'estois belle".

Lors vous n'auray servante oyant telle nouvelle,
Desja sous le labeur à demy sommeillant,
Qui au bruit de mon nom ne s'aille resveillant,
Benissant vostre nom de louange immortelle.

Je seray sous la terre, et fantôme sans os
Par les ombres myrteux je prendray mon repos;
Vous serez au foyer une vieille accroupie,

Regrettant mon amour et vostre fier desdain.
Vivez, si m'en croyez, n'attendez à demain:
Cueillez dès aujourdhuy les roses de la vie.

– durante o último período de sua vida. Publicado em 1578, quando o poeta já contava 54 anos, está dedicado a Helena de Surgères, uma dama de honra de Catarina de Médicis por quem Ronsard nutriu o seu último e mais dolorosamente amadurecido amor. Este é precisamente o soneto XLIII do segundo livro *"pour Hélène"*, a terceira parte da obra lírica conhecida como *Les Amours*. Algumas das características da poesia da Pléiade são facilmente notáveis no poema. A utilização do verso alexandrino como medida lírica, por exemplo, é uma inovação ronsardiana dentro da tradicional preferência francesa pelos metros pares. Por outro lado, muitas técnicas, também dominantes na poesia da Pléiade, e que haviam sido recomendadas pelo próprio poeta no texto da famosa *Défense et Illustration de la Langue Française*, de 1549, se acham ausentes do soneto. Em especial, não se encontra nele nenhuma das conformações sintáticas aconselhadas pelo programa da "Defesa". Longe disso, a linguagem é quase direta, despida de todo artificialismo, embora deixe ver sem dificuldade a extrema segurança da composição. Os neologismos exuberantes parecem ter cedido, nesse produto da madureza, ao desejo de uma expressão muito mais imediata. Certas circunstâncias sugerem uma explicação para essa mudança estilística. O período imediatamente anterior tinha sido o pior na evolução do poeta. A produção da época baixara ao nível de uma epopeia fracassada e de inúmeras "*pièces de circonstance*" inferiores às outras obras de Ronsard. Ao mesmo tempo, o próprio gosto literário e a concepção de poesia tinham mudado bastante, em apenas vinte anos. O grandioso conceito que Ronsard se fazia da atividade poética desaparecera do ambiente letrado. Poetas de atitude quase medieval, autores de uma poesia meramente "divertida", conquistavam enorme sucesso. É bem possível que uma das motivações dos *Sonnets pour Hélène* de Ronsard tenha sido o crescente êxito das peças de Desportes, o mais destacado entre os novos "trovadores". Mas, seja como for, não é difícil encontrar no desenvolvimento interno do estilo dos "*Amours*" e do resto da obra do seu autor a preparação de uma última fase mais "natural" e comunicativa. Ronsard atingira então uma sensível maturidade, tanto poética quanto humana. Nunca fora submisso à receita dos programas literários, mesmo os seus, mas por essa época desprezou quase todas as "atitudes" e fez de cada poema uma espontaneidade profundamente comovida. Sua vida fora muito larga e movimentada, sua poesia abrangera todos os gêneros e todas as maneiras: era chegado o momento de se despedir do mundo numa nobre lição de classicismo. Assim Ronsard, que jamais se limitara a ser um classicista de sentido estreito, terminou como um verdadeiro clássico, dando o mais intenso de sua emoção na mais depurada das suas formas.

Voltemos agora ao nosso texto. Há nele um aspecto de sua estrutura – o sonoro-musical – que é talvez o predominante, e que toda a vida Ronsard não se cansou de acentuar. O manifesto da *Défense* havia sido um pouco omisso a esse respeito; mas o músico (e não só em sentido figurado) que foi o nosso autor não pode deixar de ampliá-lo. Basta ler o seu *Abrégé de l'Art Poétique* publicado treze anos antes do nosso soneto para confirmar a importância concedida às questões de ritmo e de som. O fato de que às vezes Ronsard ingresse num rimar quase frouxo, em outros poemas, não nos faz esquecer a oportunidade das suas observações. Foi ele, na verdade, quem primeiro chamou atenção para a natureza rítmica do verso longo. Precisamente a esse verso, exigia uma grande riqueza de rimas. No soneto em pauta, ninguém apontaria rimas negligentes. Muito embora certas exigências do *Abrégé* não tenham sido cumpridas, como o uso da consoante de apoio que dá às rimas, na expressão de Ronsard, aquele "*son entier et parfaict*", ainda assim todas as consonâncias do poema são bem empregadas. É digna de nota a variação de rimas femininas e masculinas nas duas quadras, em contraste com a incidência exclusivamente masculina nos tercetos. Se passarmos da rima ao timbre, o quadro será proporcionalmente menos variado. Na realidade, todo o soneto está construído à base de pouco mais de meia dúzia de tipos vocálicos. A vogal e ocupa mais da metade da frequência dos timbres; não há nenhum predomínio de sons abertos; os fechados, ao contrário, submergem quase todas as vogais numa sombra de surdina. Tudo isso resulta numa perfeita adequação entre a sonoridade e o "pensamento" do poema. Deste ponto de vista, timbre, e não rima, traz maior grau de elaboração artística. Ao integrar o sistema de timbres no esquema mais amplo do ritmo, Ronsard tornou mais densa ainda a significação sonora dos seus versos.

Esse ritmo está firmado no pleno manejo do alexandrino. Uma vigorosa relevância atribuída à cesura faz de cada hemistíquio ao mesmo tempo uma unidade semiautônoma, e um elemento de síntese. Quando um movimento independente, como a marcação iâmbica de uma parte do segundo verso:

*Assise au*près *du* feu / *devi*dant *et* filant,

impõe uma determinada feição ao ritmo, o poeta mantém a necessidade de cesura mudando a marcha da segunda parte, nesse verso montada em dois anapestos. A música do primeiro verso é, em relação à individualidade dos hemistíquios, também significativa. Nas edições menos cuidadosas, sempre aparece uma vírgula entre *soir* e *à la chandelle* (por ex. na edição dos *Amours* pela Athéna, Paris, 1952). Mesmo um texto bem apresentado como o da famosa antologia que Gide preparou (Gallimard, Paris, 1949) insiste na colocação da vírgula. Mas o recurso a um texto anotado, composto à margem das seis edições em vida do poeta, conserva esse primeiro verso sem vírgula (Gallimard, 1950). Porque essa pausa lógica não constitui uma parada rítmica. A trama sintática não consegue disfarçar a unidade das seis sílabas: *au soir à la chandelle*, que guardam perfeita independência do primeiro hemistíquio. Enquanto este último é deliberadamente emotivo, o seu *pendant* introduz uma nota de descrição ambiental. Assim, sob a perspectiva poética, possui uma indivisível função. Passemos, porém, ao resto da primeira quadra. O relevo dos hemistíquios, a energia na cesura, não precisam às vezes do processo de diversificar o ritmo. O terceiro dos versos, todo marcado em iambos (*di*rez, etc.), e além disso com duas construções semelhantes (particípio presente e gerúndio, *chantant* e *en vous esmeveillant*), tem nessa própria simetria uma razão de ritmo. Já no quarto verso, a presença da marcha iâmbica desaparece no segundo membro: *j'étais belle* reúne duas tônicas no final. A intervenção da tonicidade decompõe qualquer lei na ordem dos acentos. A peculiaridade das línguas românticas em matéria de versificação – o regime silábico – surge com muito maior importância que o sistema acentual, característico no inglês e no alemão. Versos como esse, tão numerosos nas literaturas neolatinas, mostram como o recurso aos quadros clássicos dos antigos "pés" só incidentalmente ajuda a interpretação do ritmo no francês. O número das sílabas, e não a composição dos acentos, rege em última análise o alexandrino. Em consequência, a elisão ganha uma notável funcionalidade. O soneto tem três das suas estrofes com vogais elididas da sexta para a sétima sílaba, bem no verso inicial. Por meio disso, a cesura feminina se vê compelida a integrar-se no ritmo alexandrino.

A música da segunda quadra é de certa maneira mais sugestiva. O respeito ao dodecassílabo continua dominante, mas dentro desse acatamento os valores mais "psicológicos" vivificaram os versos. O acento inicial na tônica do primeiro, *lors*, já é uma verdadeira irrupção narrativa. É um começo seguramente adequado. Ao tempo descritivo da estrofe anterior, substitui-se agora uma voz de narração. O movimento da servante, a princípio semiadormecida ao lado da senhora (num estado de ação lenta que as grandes pausas inacentuadas do segundo verso expressam muito bem: *Des*ja sous le labeur[3] e *à de*my *sommeillant*[3], seis pausas de intervalo ao todo), subitamente acordada pelo nome do poeta, e logo depois, novamente sonolenta, bendizendo a idosa e senhoril companheira da noite "*à la chandelle*": está completo no ritmo dos quatro alexandrinos. Pode-se acompanhar com que perícia Ronsard utilizou, para contá-lo, o espaço dessas sílabas. A sugestão do repentino acordar da criada se concretizou no terceiro verso, pejado de tônicas, culminando num timbre aberto – *aille* – que é quase barulhento num poema tão silencioso; e do mesmo modo, a sonolência recuperada veste a calma cadência do longo e quaternário *Bénissant vostre nom de lou*ange *immor*telle, demorando em cada uma de suas pausas ao ponto de dizer que esse verso boceja a cabeceira como o seu personagem... A serenidade resignada do primeiro terceto – inteiramente construído em versos quaternários, com os hemistíquios mais simétricos do mundo – é também toda uma psicologia moldada em ritmo e em timbre. *Par les oMbres Myrteux je prendray Mon repos*, são as sombras da morte que se deixam sentir através das sonoridades bilabiais. Em agudo contraste, a tiritante figura dessa vieille *accroupie* traz a imagem de uma mulher que conhece, envelhecida, a frieza de uma próxima retirada. O primeiro verso do último terceto pertence, ritmicamente, ao anterior. Seu comportamento é ainda quaternário. O primeiro hemistíquio corresponde a qualquer um dos seus simétricos precedentes (III, 1, 2 e 3). Só na segunda parte, o acento se descola da terceira para a quarta sílaba, como para reproduzir, na rapidez de *fier*, a ríspida altivez da inalcançável e desdenhosa Hélène. Então, com inteira evidência, o ritmo se altera nos dois últimos alexandrinos do soneto. O vigoroso tom imperativo de *Vivez... n'attendez à demain!* muda a harmonia de há pouco numa enérgica exortação; o verso abandona a tranquila proporcionalidade 3-3 / 3-3, mas, ao mesmo tempo, se prepara para um final igualmente equilibrado em 2-4 / 2-4. O soneto fecha com um verso sentencioso, aforístico, admiravelmente conciso e elegante: *Cueillez dès aujourdhuy les roses de la vie.*

A estrutura sonoro-musical contribui com grande eficiência para a expressão; mas longe de esgotá-la, apenas indica um largo campo de novas significações. A atitude lírica concreta se desdobra por meio do próprio significado das palavras. É possível penetrar no soneto para além do aspecto rítmico. Melhor ainda, torna-se fácil extrair dele o clima e o ambiente da sua época e a mentalidade de seu autor. Porque na verdade estamos diante de um poeta que respira Renascença, e respira a França da Renascença. O quadro onde se "passa" a ação (sempre existe apesar da camada lírica) revela iniludivelmente o tipo de sociedade em que viveu Ronsard. As duas mulheres "*au soir à la chandelle*", fiando e enovelando, e quase adormecidas, a relação entre a dama de honra e sua criada, tudo isso em uns ares do século XVI no Norte europeu. Não se trata de Renascimento em geral, e especialmente da cultura renascentista que então florescia na Itália. Essa nobre dama é uma castelã, uma senhora ainda feudal, cuja ligação com os novos tempos é sobretudo *cultural*, e que pertence a uma sociedade muito mais próxima do refinado e gracioso "Outono da Idade Média" do que à ampla e audaciosa perspectiva florentina. Mas por outro lado os elementos da nova era estão presentes. Há nessas palavras algumas provas reais da condição renascentista. A belíssima alusão mitológica de *les ombres myrteux* – referência a uma lendária floresta, reservada aos grandes amantes no interior dos Campos Elísios – demonstra um conhecimento da cultura antiga estranho à poesia francesa de antes do século XVI. O fato de que esse conhecimento é partilhado por Hélène supõe com grande exatidão o ambiente do soneto, composto e destinado a uma corte tocada de "modernismo", despedindo-se do medieval, a governada, significativamente, por uma rainha Médicis. Mesmo assim, não é a indicação mitológica, reduzida e discreta, o que aparece situando o soneto num âmbito renascentista. Também não é, em si própria, a forma de *soneto*; em tempos imediatamente anteriores, nas mãos de Marot, essa estrutura petrarquista já tinha sido introduzida, mais como uma transmissão do que uma nova poética. Outra coisa, porém, ressalta do poema de uma maneira exclusivamente nova – a presença do autor. Um vigoroso orgulho reponta desses versos. O nome do poeta (I, 4) está citado de uma forma conscientemente afirmativa, enfatizada e segura de si. Se a compararmos com a poesia francesa de cem anos atrás, a novidade se tornará flagrante. O estilo subjetivo, confessional, com que Villon se trata pelo próprio nome é enormemente diverso do de Ronsard. A verdadeira razão dessa mudança foi uma outra alteração, mais básica e definitiva, que modificou na época da Pléiade o conceito da função social reservada ao poeta. A noção medieval de uma poesia destinada a "divertir" foi substituído pela crença crescente nos seus deveres sociais e políticos. Fazer poesia passou a ser, em certo grau, *participar*: Ronsard vivia aconselhando o Rei sem a menor timidez, com uma ousadia impressionante para os padrões do *"siècle d'or"*, mas perfeitamente natural na Renascença. Em parte, o desprezo com que ele será tratado por Malherbe e pelos preparadores do classicismo atingirá, numa injúria reveladora, esse lado eminente da sua poética. A personalidade do poeta chegará na Pléiade a uma altura desconhecida pela poesia precedente. A condição de divertimento parecia agora muito estreita e limitada. A ambição de ampliar o campo artístico impôs um desbravamento paralelo das possibilidades da linguagem. O *"retour à l'Antique"*, que haveria de provar a má vontade do medievalismo romântico, tinha indiretamente um objetivo linguístico. Uma reforma de linguagem amadurecia com a Renascença, porque a língua medieval, em síntese, se ia revelando insuficiente para exprimir a moderna visão do mundo. Muito da reação seiscentista contra Ronsard guardou um caráter de antipática hostilidade, porque, como sugeriu Sainte-Beuve, o magnífico expansionismo da poesia ronsardiana, o alargamento da expressão em todos os sentidos, parecia um perigo e um mau gosto aos olhos do classicismo. Pela mesma razão, o mesmo classicismo nunca pode compreender o outro grande exemplo de amplidão da Renascença, Shakespeare. De Malherbe até La Harpe, o *"jargon"* de Ronsard foi julgado e condenado como indiscrição e "obscuridade". E, como vimos, a expansão da linguagem se confundia com a relevância da posição social do poeta. O antigo e quase tímido trovador alcançava um nível de superioridade. O grande poeta, figura típica da nova era, tornara-se um grande indivíduo. Os versos de Ronsard eram, para o seu público, inseparáveis da sua pessoa. A consciência do próprio valor fazia presença na sua poesia. Lê-la ou cantá-la constituía uma experiência notável, e por isso esses versos tinham o poder de *"esmerveiller"*, como se toda gente, ao ouvir o nome do seu autor, não pudesse deixar de render o justo tributo ao mais alto poeta da França. *"Le bruit de mon nom"*, o grito da poderosa individualidade, havia conquistado a atenção da Europa. Toda essa complacência consigo mesmo, essa quase vaidade, esse orgulho de ser poeta, encontrava apoio na realidade de seu tempo. Ronsard desfrutou efetivamente da maior veneração. Elizabeth da Inglaterra, Maria Stuart, as maiores figuras de então mantiveram profundo respeito pelo seu nome. E assim como Carlos V apanhou do solo o pincel que Ticiano deixara cair, Carlos IX de França dirigiu ao Poeta esse elogioso testemunho da sua nova condição: *"Tous deux également nous portons des couronnes"*.

Há outros pontos em que a expressão do soneto se faz mais íntima. É fácil perceber por trás do tratamento cavalheirescamente respeitoso, a viva comoção do apaixonado ardente e repelido. *Quand vous serez bien vieille* já tem um endereço pessoal, uma "confiança" quase íntima de amante obcecado. O próprio sentimento do seu valor não retira ao poeta uma certa amargura. Melhor seria dizer uma vaga melancolia, nobre e contida, confissão de madura e resignada paixão. *Je seray sous la terre...* ecoa uma nota de verdadeira velhice na vizinhança da morte; um amor de final dos anos, incapaz de censura, ferido pelo *"fier desdain"*, mas conformado a tudo e logo disposto a sublimar-se num pensamento sobre a experiência da vida. O amante não se descompõe na sua infelicidade. Permanece no pleno controle de si, convicto do quanto vale, ao ponto de julgar que a amada ganha com ele uma alta situação (II, 4). Como quase todo soneto de amor da Renascença, este traduz uma paixão superiormente dominada, uma emoção que, por ser pungente, não se abandona ao desespero, e até o último instante prefere extrair do infortúnio uma lição de filosofia e de moral. É um traço comum a um Ronsard, a um Camões e a um Shakespeare, uma coincidência revelada no sentimento agudo da passagem do *tempo*. Em todos os três poetas existe a mágoa de sofrer a irreversibilidade dos anos. Mas enquanto Camões é mais diretamente sofredor, enquanto Shakespeare já é quase barroco nesse tema, Ronsard preserva uma dominante renascentista acentuando o lado ético-filosófico. *N'attendez à demain...* será preciso um meio século para que esse conselho, diante da crise anterior, da sociedade sufocada do absolutismo e do barroco, cobre a dimensão de uma agonia e de uma desesperança. Em Ronsard, malgrado as guerras de religião, ainda é o espírito da Renascença quem molda a visão do mundo. Não esperar pelo amanhã ainda é uma branda sabedoria, uma ciência do humano muito atenta à nossa finitude, e deslembrada pagãmente da "outra vida" do cristianismo. Estamos na margem de Epicuro, mas de um epicurismo mais sensual, já hedonista, onde o que mais se lamenta é a fuga do prazer sensível, e mais que tudo, o pouco tempo que se concede ao amor. Isso é quase um refrão por toda a obra lírica de Ronsard:

> *Le temps s'en va, le temps s'en va, ma Dame;*
> *Las! le temps non, mais nous nous en allons*

um sentimento muito moderno de que somos nós quem "vai", e que perdura apenas uma tempestade exterior. A moral dessa percepção impõe imediatismo e uma urgência do prazer sensível, um colher desde agora o que a vida pode dar de bom. A metáfora dessa atitude são essas *"roses de la vie"* que passarão a Malherbe e já figuravam, como beleza passageira, nos poemas da Antologia Grega. Mas a presença do ético, a conclusão aforística, também são típicas do Renascimento. O soneto de Ronsard representa uma das peças mais famosas de uma lírica determinada – a poesia do século XVI – cuja notável marca estilística seria precisamente a absorção do lirismo numa forma *sentenciosa*. Uma forma em que, ao lado da emotividade interior, persiste a enunciação de um objeto externo – um conceito moral – e que é portanto, *dentro do lirismo*, uma estrutura objetivadora. A emoção do soneto é irrecusável, mas não se resume em si própria; seu remate natural vem a ser uma sentença já não mais "psicológica" do que efetivamente real. Semelhante lirismo surge ainda mais diferenciado quando se contrapõe a uma atitude exclusivamente interiorizante e emotiva, como a do poema de W. B. Yeats que analisaremos em seguida e que tem com o soneto de Ronsard uma convergência inicial.

Quand vouz serez bien vieille pertence ao lirismo sentencioso da Renascença, à poesia de inspiração clássica característica da época de Ronsard. O conceito moral dos dois últimos versos, tão habilmente equilibrado e expresso sem didatismo, é em si mesmo um tema clássico. Horácio, o grande epicurista, fizera dele o motivo da famosa ode *Carpe diem, quam minimum credula postero,* a célebre recomendação de gozar a vida e tudo o que nos dá por tão breve tempo (Horácio, Od., I, XI, 8). A Renascença trouxe a esse conselho uma fortuna renovada. A influência de Ronsard não deve ter contribuído pouco. A Inglaterra de Spenser conheceu tanto um como outro, e um poeta marcado pela Pléiade como Samuel Daniel dedicou "to Delia" uma belíssima variação do epicurismo para Hélène de Ronsard:

When men shall find thy flower, thy glory, pass,
And thou with careful brow sitting alone
Received hast this message from thy glass,
That tells the truth and says that all is gone...

Se o soneto de Daniel, quatorze anos depois do francês, não tem apesar disso a mesma serena elegância, em compensação já traduz mais amor, e já desvia o conjunto num sentido mais emocional do que sentencioso. Essa "desfiguração" precede a retomada do motivo, com mais fidelidade, por um contemporâneo de Milton, Andrew Marvell, no poema que começa pelo genial

Had we but world enough, and time,

e que não obstante também não é tão "fiel", com aquela referência cheia de vibração barroca aos *worms* que comerão depois da morte "*that long preserved virginity*", numa passagem pré-baudelaireana à la Charogne. Em todo caso, basta como prova de que a noção poética do *carpe diem* se aclimatou desde cedo na literatura inglesa. É aí mesmo, aliás, que vamos encontrá-la, no abundante hedonismo das *libertine lyrics* do século XVII. O jovem W. B. Yeats, estreando num estilo quase spenseriano, não deixaria de conhecer essa tradição, como não deixaria de acompanhar o seu prolongamento até a nostalgia de um Tennyson, muito romântico para "gozar" a vida, mas suficientemente emotivo para dar conta do correr dos anos:

O Death in Life, the days that are no more!

Mas como Daniel, e mais que ele, Yeats não reteve do motivo epicurista senão uma pálida memória –

When you are old and grey and full of sleep,
And nodding by the fire, take down this book,
And slowly read, and dream of the soft look
Your eyes had once, and of their shadows deep;

How many loved your moments of glad grace,
And loved your beauty with love false or true,
But one man loved the pilgrim soul in you,
And loved the sorrows of your changing face;

> *And bending down beside the glowing bars,*
> *Murmur, a little sadly, how Love fled*
> *And paced upon the mountains overhead*
> *And hid his face amid a crowd of stars.*

– e com o soneto de Ronsard só conservou a convergência de *When you are old / Quand vous serez bien vieille* e *full of sleep-nodding by the fire / assise auprès du feu*, uma semelhança que abrange ainda a leitura (Ronsard: *chantant mes vers*) dos versos pela amada já envelhecida. O poema de Yeats é anterior a 1910, quando se inicia a grande mutação estilística da sua carreira. Nada há nele, portanto, do ritmo concentrado, da imagem vigorosa e cheia de *"directness"* dos poemas a partir de *The Green Helmet*. Ao contrário, o ritmo *ondulante*, baseado no pentâmetro iâmbico, é uma estrutura de origem simbolista. A música desses versos tem a cadência vaga, a sugestão mágica que Yeats retirou dos simbolistas franceses e em parte a sua própria melodia irlandesa. Há nessas sílabas como que um feitiço, uma maravilhosa fantasia tornada viva pelo som dos versos. A fluidez, a continuidade, a líquida disposição dos acentos, o uso naturalmente magistral dos monossílabos, tudo isso representa a técnica de um dos maiores "músicos" de uma das mais musicais linguagens artísticas – a insuperada tradição da poesia inglesa. Simultaneamente, o espírito simbolista domina o conjunto, e com grande felicidade, pois aqui se aplicaria melhor que nunca a divisa de Verlaine – *"De la musique avant toute chose"*. A construção do ritmo era um ponto fundamental na arte dos poetas do tempo. Em mais de uma ocasião eles demonstraram perfeita consciência desse relevo da importância atribuída à tessitura sonora. Algumas vezes, a teoria simbolista atingiu um nível de percepção aguda e brilhante intuição filosófica, exatamente dentro desse terreno: ritmo. As seguintes palavras de Yeats, como exemplo, revelam uma espantosa coincidência com a análise fenomenológica de Bergson no primeiro capítulo do *Essai sur les Donnés Immédiates de la Conscience*, sobre a natureza estética do ritmo: *"The purpose of rhythm is to prolong the moment of contemplation, the moment when we are both asleep and awake (...) by hushing us with an alluring monotony, while it hold us waking by variety" (Essays*, 1924, *The Symbolism of Poetry)*. A percepção de que o ritmo é ao mesmo temo uma sucessão ordenada e variada, previsível e imprevisível, e do seu enfeitiçante domínio sobre os nossos sentimentos, está claramente alcançada nas expressões de Yeats. Com uma semelhante convicção, ele prova reconhecer na comunicação poética uma área inteiramente pré-conceitual. A ordenação rítmica precede até mesmo o "significado" restrito das palavras, para instituir uma sensibilidade concreta, e entretanto, "organizada". A visão do poema se dá no plano sensível, e nesse plano, os valores musicais são preponderantes, como uma lei do concreto, e não como uma superestrutura abstrata imposta ao material sonoro. Em perfeita concordância com o simbolismo, Yeats deduziu dessa observação um consequente artesanato rítmico, capaz de conferir a seus poemas uma espantosa musicalidade, que parece aderir ao mais íntimo de cada palavra. O verso desse moderno celta é sempre refulgente, e seu significado nos penetra de modo tão palpável, que seria possível dizer, como Dante acerca da visão do Purgatório (IX, 16-18),

> *(...) che la mente nostra, peregrina*
> *più dalla carne, e men dal pensier presa,*
> *alle sue vision quasie é divina.*

When you are old and grey and full of sleep... como esse timbre noturno, fechado, lento, é propenso à tristonha imobilidade da velhice! Não se veem aqui as agitações imperiosas dos poemas posteriores sobre a idade alquebrada, seja o espiritismo orgulhoso de *The New Faces*, a arquitetura energicamente metafórica dos poemas de *Byzantium*, ou a explosão irritada, o tom amargo dos *Last Poems* –

> *You think it horrible that lust and rage*
> *Should dance attention upon my old age.*

A velhice é por enquanto um "tema", não uma vivência, e possui apenas os acentos de vaga ferida, a queixa dessas rimas em que *sleep deep* cercam o som grave (*book, look*) como uma lamúria. Mas isso não quer dizer que não seja honestamente sentida. Se observarmos alguns detalhes como o elemento "ambiente", logo nos daremos conta dela. É evidente que a mulher de Yeats nada tem de convencional. As maneiras de castelã – reais no soneto de Ronsard, mas "literárias" se invadissem um poema moderno – sumiram no quadro. Nada de "*servante*", de fiar e desfiar, de cantar os versos de um poeta fidalgo e cortesão. A atmosfera ronsardiana desapareceu. O próprio tratamento mudou: Ronsard não se atreve a usar o imperativo (*Vivez, n'attendez, cueillez*) senão quando o soneto já chegou ao fim e a expressão de comando é impessoal, em forma genérica; mas não se dirige com ela restritamente a Hélène. Yeats não hesita em dispor do imperativo num contexto omisso em cerimônia e reverência (I, 2). Do mesmo modo, a indicação de *your moments of glad grace* é mais direta que qualquer das alusões a Hélène. Menos reverência é também o efeito causado pela declaração de que muitos amaram a mulher do poema "com amor *falso* ou verdadeiro": pelo menos, já não é um cumprimento (II, 2). Ainda maior intimidade ressalta a situação do amante, cuja afeição penetrou até o íntimo (II, 3) e, ao que nos dizia, acompanhou de perto as vicissitudes da mulher amada, *the sorrows of your changing face*, numa confessada convivência. Contudo, a intimidade não faz mais do que sublinhar a intensa emoção do poema, especialmente na segunda quadra. Muito mais que em Ronsard, torna-se visível o sentimento de amor. A reunião dos dados "íntimos" caracteriza uma paixão mais profunda, mais concreta, que o amor quase indefinido do soneto francês. A "vivência" dos versos ingleses é muito mais natural. Aparece "personalizada", em contraste com o amor tácito e filosófico que o outro exprime. Essa reserva de Ronsard, certamente aristocrática, mas bem anacrônica, é significativa. Enquanto no soneto só se usa uma vez a palavra *amour* (IV, 1), como se o interesse primordial não fosse a confissão amorosa, a incidência de *love* é três vezes maior, no poema de Yeats. Numa delas está contida a única "meditação" do amante (*how Love fled*) de matiz generalizado (reconhecível na maiúscula de *Love*); porém não chega a constituir um conceito; a presença do verbo no pretérito (*fled*) remete o sentido à esfera da confissão e coloca a frase num âmbito pessoal, não como sentença geral sobre a fuga do amor, mas como manifestação em primeira pessoa) sobre a fuga de *um* amor. Nem sequer Hélène, a amada de Ronsard, se refere a ele na qualidade de amoroso: *Ronsard me célébroit* indica uma impessoalidade muito grande, denota a posição do poeta e não, de forma alguma, a condição particular do amante. As declarações deste último em Yeats são incomparavelmente mais esclarecedoras e configuram um sentimento mais real. É interessante, todavia, notar que não há no poema nenhuma expressão fora da fala em primeira pessoa. Hélène *fala* no soneto francês. Ao lado do "eu" lírico, a amada intervém; na imaginação do poeta, mas em todo caso, participa do que é dito (I, 4). Inclusive à "*servante*" em discurso indireto, são concedidas as suas palavras. Os "personagens" de Ronsard são, assim, plasticamente introduzidos no soneto. Em oposição a tudo isso, no poema de Yeats a fala é exclusivamente em primeira pessoa. Esse *one man* não engana a ninguém: é o próprio ego lírico, o centro e sujeito da emoção e de todo o poema. Na realidade, quase se poderia dizer que nesses versos só existe uma pessoa. A presença dos *how many* amantes é inteiramente apagada; e, o que é mais importante, também a amada não se impõe como "personagem". O fato de que tantos elementos "pessoais" sejam exibidos – *grey, full of sleep, soft look, shadow deep* – e mais ainda, atributos de comportamento – *glad grace* – não bastam para dar-lhe independência existencial. Todos esses elementos estão submergidos na emoção do eu lírico, de modo que não aparecem como autônomos. Até o verso inicial, decididamente descritivo, possui pelo ritmo e sonoridade uma significação predominantemente emocional, recusando ao descritivo a função de maior relevo. Paralelamente, os atributos da amada (segunda pessoa, o tu lírico do poema) não pertencem a um mesmo plano temporal. O primeiro verso é futuro, mas na segunda quadra o tempo é passado. É verdade que "passado" com origem na atitude da mulher (quando velha); mas o que importa é o sentido de desintegração temporal realizado nas três estrofes em benefício de emoção, todo-poderosa através dos versos, ignorando qualquer fator de estabelecimento narrativo.

O poema é todo interiorização, tempo lírico, emoção na primeira pessoa. A carga de lirismo é absoluta: não há margem para a coexistência de um objeto exteriorizável. Por isso o gênero sentencioso (conceito moral como objeto) do soneto de Ronsard é extremamente diverso do seu estilo. Enquanto Ronsard construiu um poema culminando por uma sentença, numa natureza poética lírico-enunciativa, Yeats abandonou-se à atitude puramente subjetivadora. Não há diferenças de qualidade entre as duas peças, ou se há, não são favoráveis a Yeats; mas existe entre elas uma diferença de natureza lírica. Em Ronsard, domina uma dicção de equilíbrio, de serena e aristocrática *"contenance"*. Em Yeats, tudo é emoção e subjetividade. O timbre a um tempo pungente e efusivo das vogais do último verso, a notável beleza das três imagens finais (III, 1, 3 e 4) são o relatório de um amor e não a vivência de uma verdade moral. *Cueillez des aujourdhuy les roses de la vie...* não há lugar, no poema de Yeats, para uma sentença lapidar e elegante como esta. Mas, em compensação, a área do símbolo é mais vasta, mais vibrante e comovida, e é preciso levar em si o próprio gênio do lirismo para extrair do Amor, em ritmo e imagem, a fulgurante beleza de um verso mágico:

And hid his face amid a crowd of stars.

1961

EVTUCHENKO

*a Luiz Costa Lima
e Sérgio Tapajós*

Falar sobre Evtuchenko como poeta é impossível para mim, pelo menos a sério e a fundo: as traduções só permitem uma entrevisão do poeta. Conversaremos por isso não sobre ele, mas sobre o intelectual que coincide, mas não globalmente, como o poeta (Eugênio Alexandrovitch Evtuchenko, nascido na Sibéria em 1933, de família ucraniana de origem; o pai, filho de intelectual, descobriu a mãe, filha de operário, no Instituto de Geologia; o menino lia os clássicos aos 8 anos – e conheceu a guerra com os pais divorciados, naquela "educação de rua" insubstituivelmente eficaz contra toda torre de marfim (em certa ocasião, ficou amigo íntimo de ladrões profissionais); mau aluno, poeta insistente, viajante por vocação e experiência, casado, divorciado, extrovertido, vedete da poesia declamada para milhares nos anfiteatros ruidosos da União Soviética; autor de vários livros de versos entre os quais *Três Minutos de Verdade*, e dessa indispensável *Autobiografia Precoce* recém-lançada em português (ed. José Álvaro), sobre a qual se baseia a maior parte do nosso comentário. A autobiografia de um poeta são seus poemas – diz ele logo no início de sua "confissão", e se se pôs a escrevê-la, foi porque no Ocidente seus poemas são mal traduzidos e em lugar de conhecerem sua obra, conhecem-no através de artigos deturpadores. Onde está a deturpação? – em querer ver Evtuchenko como a luz rebelde sobre o sombrio fundo totalitário do comunismo e da sociedade soviética. A "compreensão" de Evtuchenko no Ocidente é uma comédia; às vezes, uma farsa. As interpretações básicas são duas: a reacionária, que cria a ilusão de poeta maldito, às voltas com a censura e com a ditadura do Partido; e a sofismática apreciação de Evtuchenko na qualidade de inconformista, representante típico de uma "nova mentalidade" decidida a superar a "arcaica" dicotomia capitalismo/socialismo por meio de uma "terceira via", radiosa e seletiva. A dificuldade surge quando se constata que Evtuchenko, manifestamente, é um comunista: comunista contente de o ser. Jamais lhe passa pela mente desertar dessa definição. De "terceira via" na sua obra, no seu comportamento, nenhum traço existe... A "sutileza" dos "terceiristas" sugere que o poeta, como é sabido, não pode dizer "tudo" na União Soviética; e propõe que leiamos nas entrelinhas o credo que nele é impossível encontrar explícito. Com todo o seu ar de inteligência, essa interpretação não faz justiça a ninguém. Ao poeta, que, afinal segundo ela, não passaria de um conformista, mesmo se em menor grau, medroso de exprimir-se clara e corajosamente; e ao leitor, que passa por burro, por não ter lido as devoções declaradas do poeta ao regime social soviético como "disfarces" do seu rebelado pensamento... No fundo, essa manhosa "compreensão" não está longe da outra, da que quer ver a todo custo, no mais famoso membro da primeira geração artística russa dotada de espontaneidade e de livre expressão desde Maiakóvski, um necessário inimigo do socialismo.

Bem ao contrário, Evtuchenko é um comunista, um comunista que considera o próprio conceito do regime como algo imerso, dolorosa e definitivamente, mas numa dor orgulhosa de si, no coração do povo russo. Alguém que se irrita com os "cínicos", que recusam reconhecer a eticidade dessa absorção, pelo povo, de uma ideia política enraizada e querida; e com os "dogmáticos", deturpadores a seu modo dessa mesma ideia, aproveitadores repulsivos do entusiasmo que ela desperta, materialões hipocritamente materialistas, inventores indecentes de distrações coletivas (como o antissemitismo) que lhes sirvam de cobertor para a culpa real que eles encarnam. O desprezo de Evtuchenko por essa última gente é total. As viúvas de Stalin; os seus herdeiros (veja o poema "Os Herdeiros de Stalin"). Mas é um desprezo apoiado na convicção, fortíssima, de que o comunismo não são "eles", de que eles, pelo contrário, são o que são exatamente à medida que traem o comunismo.

Do fenômeno-fonte da proliferação dos dogmáticos – o culto de Stalin – Evtuchenko fala frequentemente em seu livro. A sinceridade com que ele aborda o assunto é uma prova suficiente contra os que insistem em ver na sua linguagem um tecido de subentendidos. Eu não direi, no entanto, que sua análise do problema esteja sempre abaixo do plano da superfície. Evtuchenko não nos dá uma visão – e um juízo – amplamente sociológica do que foi o stalinismo. Não recorre à revelação de sua completa ambiência psicológica. Algumas de suas explicações sãs francamente mancas, como quando comenta que o povo russo, heroicamente construindo fábrica após fábrica, central elétrica após central elétrica, "preferia trabalhar a analisar", e por isso não se dava conta dos monstruosos desvios da ditadura do Partido sob Stalin. Outras vezes, refere-se a elementos reais sem, entretanto, colocá-los num contexto onde sua significação cresceria, como quando mostra a maneira hábil pela qual Stalin se "apropriou" do prestígio de Lênin em proveito próprio. A melhor das páginas da *Autobiografia* sobre Stalin é a narrativa da comoção popular em março de 1953, quando morre o "gigante". Significativamente, é onde Evtuchenko menos teoriza; e é aí que, mais mostrando que explicando, na pureza de um relato de memórias, o poeta penetra mais fundo na captação do que Stalin valeu para todo o período da história soviética. A afluência da massa ao local onde se expôs o corpo do chefe tombado foi incalculavelmente brutal. A torrente, irrefreável, passou a pisotear sem piedade os seus próprios membros. Os caminhões que defendiam a passagem da multidão provocavam uma fúria cada vez maior por parte do povo, a ponto de causarem violências de todo tipo contra os mais fracos entre os arrastados no movimento geral de avanço. Fora de si, a multidão clamava pela retirada desses obstáculos. Passo a palavra a Evtuchenko:

"Retirem os caminhões! Retirem os caminhões!" uivava a multidão enlouquecida.

Um jovem e louro oficial da milícia olhava esse espetáculo com lágrimas nos olhos.

"Eu não posso fazer nada! Não recebi ordens!" gritava ele por sua vez.

Os lados de seu caminhão já estavam cobertos de sangue, mas homens e mulheres continuavam a ser esmagados de encontro ao carro, sob os olhos do oficial, ouvindo antes de morrerem: "Não tenho ordens".

Subitamente, senti em mim a explosão de ódio selvagem contra a inacreditável burrice, a docilidade humana que havia engendrado esse: "Eu não posso fazer nada, eu não recebi ordens".

Pela primeira vez na minha vida, todo esse meu ódio se dirigiu contra o homem que nós íamos sepultar. Porque nesse momento eu finalmente compreendi: ele é o responsável; foi ele que criou esse caos sangrento, porque foi ele quem inculcou nos homens essa docilidade mecânica, essa cega obediência às ordens "de cima".

Comparável a essa passagem, na penetração do significado psicológico do culto de Stalin, só existe, na *Autobiografia*, aquele parágrafo onde se diz, textualmente, que querer explicar o culto da personalidade de Stalin pela pura coação é primário. "Para mim, não há a menor dúvida de que Stalin exercia uma espécie de encantamento hipnótico." Isso explica porque tantos velhos bolcheviques, presos e maltratados, persistiam em acreditar que eram perseguidos sem que Stalin soubesse; ou porque eram capazes, de volta da tortura, de escrever com o próprio sangue nas paredes de suas celas: "Viva Stalin!" – Mas explica, sobretudo, a atitude do oficial "sem ordens", inerte, e doendo-se de sua inércia. A interpretação do stalinismo como fenômeno "hipnótico" – ou seja, como mutilação da consciência por parte de quem consentia no poder discricionário de Stalin – é de fato a que nos conduz a muito mais perto da verdade; inclusive porque não leva apenas à verdade de Stalin, mas à verdade de ditadores que não só foram muito mais longe que ele na utilização desse poder, como não possuíam sequer as justificativas (pouquíssimas embora) do próprio Stalin. Pois quem, afinal, foi maior "hipnotizador" do que Hitler? A psicanálise do nazista médio, tal como a propõem um Siegfried Kracauer (*From Caligari to Hitler*, 1947), ou os artigos do professor Horst-Eberhard Richter (ver "Psicanálise de um Nazista", um grande obséquio do *Jornal do Brasil* ao público, publicado em 02/02/1964) aprofunda o sentido dessas "hipnoses". O alemão médio (não necessariamente apenas o alemão classe média), que durante a República de Weimar não viu diante de si senão as duas sinistras opções do caos ou da tirania, caracterizou-se psicologicamente pela conduta inconsciente, sonambúlica, sugestionada, agindo como robô, como alguém que tivesse delegado todo o poder de crítica a um poder extremo. O prof. Richter define esse fenômeno como uma vasta e coletiva "sub-rogação do superego", ou seja: uma renúncia em grande escala à personalidade consciente (superego) em favor de uma autoridade externa, em função das trágicas necessidades que criaram no alemão do entreguerra uma irrefreável tendência à submissão, uma verdadeira índole de dependência. Uma tal projeção do superego num poder externo foi grandemente propiciada, é claro, pelo aparecimento de "líderes" cuja ilimitada confiança e autossuficiência, exibidas teatralmente, reforçavam a aliviadora "segurança" dos indivíduos sub-rogantes de sua própria consciência. Por outro lado, o contexto social particularmente dramatizado dos anos 1920 e 1930 favoreceu a carreira dos autossuficientes "messias" (Mussolini e Hitler); não houvesse tendência à submissão e nem metade da "infalibilidade" dos dois teria sido acreditada, e em consequência, desenvolvida como ilusão coletiva. O culto de Stalin, sem dúvida utilizado voluntariamente pelo próprio ditador, apresenta marcas de inegável semelhança com a hipnose fascista. Essa identificação já foi até denunciada: por Erich Fromm, em *The Sane Society*

(*Psicanálise da Sociedade Contemporânea*), onde fascismo, nazismo e stalinismo são tratados, do ponto de vista da psicologia social, em bloco. Fromm faz remontar ao que considera o voluntarismo de Lênin as origens da ditadura stalinista, incidindo com isso no erro de não separar Lênin de Stalin, o líder do "hipnotizador". Mas afora essa falha, a tese se sustenta, no essencial. Socialismo ou não, a política de Stalin operou com instrumentos de sugestão até certo ponto análogos, ainda que não tão requintados, à publicidade goebbelsiana de engrandecimento hipnótico do *Führer*; e a história soviética desse período contém vários e vários germes de irracionalismo, que é exatamente o que nós hoje designamos por "dogmatismo". E a fertilidade da interpretação não para por aí. Ela ainda é persuasiva, quando se aplica às condições da fase imediatamente posterior à morte de Stalin: pois compreende a hesitação, a penosa dúvida em que se viu lançado o povo russo depois da histórica denúncia de Stalin no XX Congresso do Partido, em 1956, como a experiência de quem desperta de um sono hipnótico: experiência naturalmente desagradabilíssima. Em termos de rigor, o "despertar" significou recobrar, pouco a pouco, todas as faculdades da consciência há longo tempo enfendada, sub-rogada, ao Único Pensante e sua máquina exclusiva, o próprio PC. O processo – que nós sabemos ainda em curso, bem em curso – merece o nome de "recuperação do superego". O indivíduo devolve-se a posse de sua personalidade consciente, de seu poder de crítica e de decisão.

É evidente que essas afirmações, para serem mais válidas, carecem de qualificações históricas. A "posse" primitiva da consciência política pelo povo russo era muito precária; o país passou da opressão feudal para o stalinismo, com um intervalo truncado, que foi a época revolucionária e o governo de Lênin. "Recobrar" a consciência crítica, o poder de escolha, a liberdade – é, no caso, mais um ganhar que um recuperar. Em parte, foi também por isso que o stalinismo nunca violentou tanto quanto os fascismos, embora mesmo a Alemanha não tenha um passado de densidade como nação de regimes liberais. Seja como for, depois de Stalin, o instrumental da hipnose parece destinado ao desuso. A nova geração se abre à cultura ocidental, ao conhecimento do mundo tanto quanto de si: e esse universalismo é um ingrediente crítico, um motor de lucidez. Evtuchenko faz a defesa ardorosa dos jovens socialistas que amam Picasso, Hemingway, Kerouac, Arthur Miller e (a liberdade supõe o erro) Tennessee Williams. O universalismo os opõe aos dogmáticos, cuja "ortodoxia" mascara o oportunismo dos nostálgicos de Stalin. É na intransigência desses, e não nos riscos da liberdade, que ele enxerga o verdadeiro perigo para o socialismo. Poeta inquieto e viajante, exalta um socialismo risonho, de contatos e não de caraduras, socialismo sem caretas que lhe dá, como ideal de vida, a figura buliçosa de Till Eulenspiegel: um Eulenspiegel (sem Richard Strauss, certamente...) da idade atômica, inimigo irônico de inquisidores e de idólatras do mero conforto material (ver o poema "Humor").

Que dizer da atitude literária dessa nova geração após (e anti) stalinista? Que passou pelas tentações do formalismo, e bem assim, do vulgar conteudismo da literatura oficial. Evtuchenko é um poeta igualmente experimentado na verificação de que os ritmos e as metáforas podem "girar no vazio", e na superação do otimismo róseo da poética acadêmica russa, a dos romances cujo sempre-personagem era o abstrato (e chatíssimo) Herói Trabalho, e cuja trama tentava comover com as vicissitudes de máquinas e usinas, mas não de homens que, em relação com elas, fossem o foco do interesse estético. E é quem acusa até a base material dessa poética: que critica a mecanicidade estúpida das tiragens arbitrárias, ditatorialmente comandadas, sem sequer a consideração da real preferência do público leitor. A nefanda poética do Prêmio Stalin: mediocridade engalanada, vitorianíssimo laurel de conformistas. A geração de Evtuchenko, de Voznesenski, de Bella Akhmadulina, de Boris Slutski, de Iuri Kazakov fugiu tanto de um quanto de outro desses desvios; e ingressou na melhor tradição do grande realismo russo, onde a palavra poeta é quase sinônima de combatente, porque se faz da poesia, que nem um pouco se diminui, um completo gesto de participação política. Sem nem um pouco diminuir-se: a poética, não de Nekrassov ou de Tolstoi-pensador, mas sim a de Puchkin, dos grandes mestres prosadores, e do Tolstoi-artista. Porém, muito menos, sem recusar-se ao combate: ética de uma estética cujo vigor não se permite o falso direito de cultivar o jardim japonês de poesia "íntima", como diz, magnificamente, a *Autobiografia*. Depois de visto e vivido esse caminho, alguém pode admirar-se de que o poeta-combatente seja tão preocupado com a música da linguagem, a ponto de apreciar muito, na poesia popular, não a "política" que será sempre forçado querer ver aí, mas sim a sonoridade sábia em que é tão rica e tão mestra? Evtuchenko até parece romântico alemão; é colecionador de versos populares... No fundo, é um poeta querendo fazer ecoar na sua linguagem a proliferada riqueza da vida aberta:

Ah, que minha arte
　　seja à minha semelhança:
que seja tão vária quanto eu.

Vária e densa, colorida e forte, porque o poeta se sabe voz de muitos em consequência de poder ser, plenamente, a sua voz: porque o poeta reconhece a subjetividade como mediação, como polo rigorosamente dialético de sua classe e de seu país – que se exprime, exprimindo-os:

Para ter o privilégio de exprimir a verdade dos outros, ele tem de pagar o preço: confessar-se, sem piedade, na sua verdade – Quando se começa a calar a verdade de si mesmo, termina-se inevitavelmente por fazer silêncio sobre as verdades, os sofrimentos e as desgraças dos outros – Durante bastante tempo, muitos poetas soviéticos se recusavam a exibir seus próprios pensamentos, suas contradições, a complexidade de seus problemas pessoais. Então, de maneira mais natural, chegaram ao mutismo acerca daqueles que os cercavam. – Vocês dirão que eu me contradigo de uma página para outra, que após haver gabado o individualismo indivisível do poeta, apresento-me como um cantor das ideias coletivas. Mas é uma contradição falsa. Creio que alguém precisa possuir uma personalidade bem própria, bem determinada, para poder exprimir em sua obra aquilo que é comum a muitos homens.

Assim, não é a poesia do "nós" explícito a verdadeira poesia social. Evtuchenko aceitaria sem hesitar a opinião de Maiakóvski, segundo a qual, se o caso fosse ser socialista só porque se usa "nós", Nicolau II era socialistíssimo: não há proclamação do czar que não comece por "Nós, Nicolau...". O óbvio nem sempre é o verdadeiro, como provam os assassinatos presidenciais. Por isso, o realismo, para a "turma" de Evtuchenko, não se confunde com o simples figurativismo. Um quadro abstrato pode ser mais realista que uma figuração... abstrata (Evtuchenko defende os pintores e escultores antiacadêmicos, como seus amigos Iúri Vassiliev e Erust Neizvestnii). O realismo não está nas "receitas" do oficialismo estético russo; o autobiografado lê Kafka, Joyce, Hemingway, Proust, Faulkner, Rilke, Eliot e Frost. E Whitman e Rimbaud. E Freud. E Thomas Mann. E Pasternak. Interessante, e tocante, é a apreciação feita por Evtuchenko do grande poeta e menor romancista Boris Pasternak. Tranquilamente, mostra que o autor de *Doutor Jivago* nunca foi anticomunista, e que seu lugar, ao contrário, é o de uma sensível transição: o lugar de um pré-comunista, de alguém que não chegou a aceitar porque não chegou, plenamente, a compreender. A delicadeza com que Evtuchenko diz isso denota o profundo respeito que toda a sua geração sente por Pasternak. Respeito por aquele cuja obra, sobretudo poética, representa, segundo diz Patricia Blake, um elo com o grandioso passado literário russo, os mestres até Blok, autores da "linguagem da vida" que por tantos e tantos aspectos simboliza para os novos escritores uma tradição incomparavelmente superior à chã mediocridade da literatura oficial.

Quando se fala em renovação da literatura russa, é necessário não esquecer, antes de pedir aos renovadores que macaqueiem as "vanguardas" do Ocidente, que eles têm atrás de si uma das mais fortes literaturas dos tempos modernos, a escola russa do século XIX, de Puchkin a Tchecov. É a essa tradição, com as naturais adaptações, que recorre o novo fôlego, ainda mais promessa que conseguimento, como diria Mário de Andrade. E essa linha, dados alguns descontos, é a do realismo crítico; literatura que enfrenta o mundo. Basta isso para mostrar a diferença de alguns movimentos conhecidos. A preocupação com o concreto e o social por parte da geração de Evtuchenko e Voznesenski é suficiente para afastá-la da vacuidade do *nouveau roman* e da poesia "concreta", essas flores do nada tecidas de inexistência. Mas a comparação com a literatura *beat* tem sido várias vezes feita; e é inteiramente errônea. *Beat* é uma literatura rebelde: a poética dos novos russos é revolucionária. O anticonvencionalismo de Jack Kerouac e Norman Mailer é uma fúria dirigida contra a sociedade por parte de desencantados de qualquer solução para problemas humanos. A decepção de um Mailer com a história leva ao limite literário e existencial onde a visão aguda dos vícios sociais coabita com o ceticismo total ante a possibilidade de endireitamento do mundo. A violência *beat* deriva da trágica convicção de que não há nenhuma alternativa para a violência cotidiana da própria sociedade; Mailer exprimiu tudo isso com uma nitidez impecável:

> I don't see the real choice as one between violence and non-violence. It's rather between the violence of the individual and collective violence. – (Whether or not protest needs to take such a total form as that of Hipsterism) depends on whether one thinks a society can solve its problems rationally. If one thinks it can, then hip will go nowhere. But if one thinks it can't, and that barbarism is closer, and that violence is in the seed, then at least hip introduces the notion of art into barbary.

Entre esse feroz destrutivismo e a atitude revolucionária, a diferença está muito bem expressa no poema de Evtuchenko "Monólogo dos Beatniks".

A poesia de Voznesenski e Evtuchenko é geralmente declamada, para auditórios de centenas e milhares de pessoas. É verdade que muitas dessas pessoas levam para os recitais os próprios livros que contêm os poemas que serão declamados, de modo que o processo de recepção poética não é exclusivamente oral. Assim mesmo, é a oralidade que predomina, nessas declamações onde se retoma um costume introduzido na Rússia por Maiakóvski. Além do mais, constantemente os poemas são improvisados nos grandes recitais, realizados da maneira mais ampla, em fábricas e faculdades, auditórios e laboratórios, com plateias variáveis em número e qualidade. Evtuchenko revela que chegou a fazer do leitor heterogêneo o seu melhor e mais frequente crítico. A adoção desse processo comunicativo inspira muitas reflexões aos interessados na atual fase da poesia brasileira, a qual reatou um fortíssimo namoro com a linguagem e os procedimentos da poesia popular. A acusação de facilidade algumas vezes dirigida contra um tal tipo de comunicação literária não se justifica necessariamente. A mim me parece claro que alguns poemas de Evtuchenko se ressentem da obediência a um gosto duvidoso, como às vezes é o dessas entusiasmadíssimas massas de seus ouvintes; mas a simples ocorrência de uma poesia como a de Voznesenski (mais requintada e mais fina que a do nosso poeta, e não obstante igualmente declamada para públicos numerosos e delirantes) prova que o recurso à prática oral da poesia, no século XX, numa sociedade alfabetizada (no Brasil, alfabetizanda) não significa obrigatoriamente decréscimo de qualidade poética – tal como nunca significou no passado – embora exija, como é natural, vários ajustes de estilo. Mas isso já é outra história.

1964

A escola de Bocage

a Márcio Paulo de Oliveira Dias,
bocageano convicto.

O que é *obsceno*? Para Sartre, é fundamentalmente uma inadaptação, a inadaptação acontecida quando o corpo, uma carne alheia, é percebido por mim como desprovido de graça, nu de movimentos coerentes – e sem que eu deseje esse corpo. O obsceno é, portanto, por definição, o corpo, a carne *que sobra*; o físico, que nenhum gesto, nem o meu que não o deseja e não o acaricia, nem o do outro-obsceno que não o veste com a graça, que não adapta seu corpo a uma lei nascida mesmo da sua liberdade, justifica como físico emprestando-lhe um sentido (ver *L'Être et le Néant*, p. 470-72). Realmente, não há corpo que me pareça obsceno se eu o desejo, e, inversamente, mesmo sem eu desejá-lo, nenhum corpo será obsceno a meus olhos se for gracioso, isto é: se eu puder perceber seus movimentos dentro de uma estrutura significativa onde nenhuma parte deixará de ter função.

O sexo é a matéria-prima da literatura fescenina, da "escola de Bocage", do verso licencioso e da narrativa erótica. Mas é preciso distinguir entre a literatura erótica e a literatura do obsceno, porque o sexo só se transforma em obscenidade quando surge despido de graça e da condição de objeto do desejo. Não é possível pôr no mesmo escaninho Lawrence e Bocage; Mellors, "*homo eroticus*", não pertence à classe do Ribeiro bocageano, insaciável apetite fálico, cuja descrição plástica ocupa um decassílabo lapidar: *preto na cara, enorme no mangalho*. Ninguém confundiria a carne de Lady Chatterley com a pornográfica epiderme de Manteigui, Vênus de inconcebível incontinência, que Bocage cantou em magníficas oitavas reais. O que acontece, caracteristicamente, em Bocage, é a irrupção do obsceno de dentro da situação erótica. Onde seu verso encontra o sexo, transforma-o em obscenidade. O fundamento dessa metamorfose é um procedimento humorístico.

Se o cômico é, como quer Bergson, a inserção do mecânico no orgânico, a súbita perturbação de uma ordem de coisas por um elemento estranho, então o obsceno, interrompendo o curso erótico, representa um atentado à organicidade da esfera sexual, e origina, curto-circuito e surpresa, o riso do leitor até então excitado pelo erotismo servido.

O sexo subitamente mudado em obsceno: aí está o segredo do verso livre (esse, sim...). Por isso não é nunca adequado chamar-se a uma página obscena por causa da presença de temas sexuais; por isso, contra essa opinião asnal, contra essa visão puritana, contra essa consideração do sexo como obscenidade em si, nós defendemos a ideia de que uma passagem obscena não o é, *a priori*, por tratar de sexo, mas antes *se torna* obscena, conforme degrade, a um dado instante, o seu tema-sexo em matéria desgraciosa. A obscenidade não é: aparece, faz-se, brota, e só assim tem vivido em literatura real. Chego mesmo a perguntar se obscena a priori, se obscenidade prévia, se desgraciosidade essencial, não será não aquelas letras que a estreiteza puritana classifica assim pelo encontro do sexo, mas, antes, toda e qualquer literatura que não alcance o nível da realização estética? Com efeito, a falta de graça que é o obsceno está para o corpo humano como a falta de valor estético para o corpo das palavras. A literatura começa a ser chata quando as palavras não nos excitam; quando não desejamos o texto; quando nossa sensibilidade, intocada por ele, não "acaricia" as suas palavras. Há uma delícia em provar poesia, um sabor que nos sabe numa prosa, quase vizinhos do prazer que busca o desejo e que se impossibilita quando nos surge a dimensão do obsceno.

Agora, se quisermos concretizar essas teses, localizemos essa literatura *"maudite"* nas áreas de nossa língua, ou ali na Espanha companheira. Um Quevedo, um Gregório de Matos, um Bocage... os palavrões de Cervantes e a crueza de Gil Vicente; e tantos outros que não nos vêm agora: o motivo do obsceno perpassa a literatura ibérica. Em grande parte, porque integra a notável corrente *libertina* dessas culturas, esse uso rebelde que tantas vezes o escritor faz das letras quando o quadro em que vive não lhe permite ser revolucionário. Os libertinos são coerentemente anticonvencionais. Na França, não se pode considerá-los mais do que céticos ou "naturistas", rebeldes subterrâneos do século XVII, opositores do *Grand Siècle* e da sua ordem moral. Mas, na Península, os libertinos são gradualmente arrastados ao obsceno, e conservando uma ambivalência básica, mesmo exaltando os instintos naturais, tendem a comprazer-se no escabroso. Os últimos libertinos "puros" são renascentistas; quanto a Bocage, autor hipotético de mil piadas sem maior gosto, mas autor garantido de dois mil versos licenciosos de altíssima qualidade, é o mais típico dentre os rebeldes sádicos, utilizadores do obsceno como força de dissolução social consciente. O anticlerical, o antidonzelal, o anticontinências – Bocage, o antifamiliar, o homem ambíguo que desce lúcido ao escatológico, por descobrir que onde habita a moral é só fachada, o amor jamais se eleva além do vício, e quando uma vez o faz, é miseravelmente traído – *Entre nós ser amante é ser cornudo*. Bocage priapista, Bocage hiperbólico, autor carinhoso de tantas palavras que a música de seu verso consagrou por fora dos pudicos dicionários. Mas – e isso nos interessa verticalmente, não só por interesse literário, mas pelo que tem de revelação de nós mesmos, brasileiros tão herdeiros de safadeza – Bocage grande poeta obsceno (maior, nessa qualidade, que em qualquer outra) porque decidiu, rebelde sem revolução, rebelde iluminista vivendo na sede da reação, constatar com toda a coragem a moral só de aparência de uma das mais desbragadas coletividades modernas, o seu Portugal da decadência. Onde, como ele disse, era plena verdade *que isto de virgo e honra é tudo peta*.

Em Bocage, não poucas vezes, o humor de que deflui a obscenização do sexo se avizinha perigo do puro e simples humor negro. O sadismo, aliás, deve seu nome a um grande contemporâneo de Bocage, o não menos obsceno (embora infinitamente menos pornográfico na linguagem) Marquês de Sade. Por outro lado, essa carne-em-excesso, que é o tema do obsceno não deixa, só porque dela sorrimos, de fazer-nos a incômoda revelação de uma matéria que, devendo ser, pela proximidade, a mais carregada de significação (o corpo sendo o espaço natural da transição entre a consciência estruturadora das significações e a matéria que as recebe), na dimensão do obsceno comparece como coisa sem sentido, como sobra excremental, expulsa da digestão da consciência erótica de forma equivalente ao que o bolo fecal representa para a nutrição. O aparecimento do corpo como uma insignificação é altamente constrangedor. Aqui, a obscenidade passa de cômica a *grotesca*. Ao perceber a torpeza dessas ações, a morta sensualidade dessa carne não mais humana, não podemos deixar de sentir seu fedor ontológico, que denuncia a sem-razão do mundo, a absurdidade da existência. Em Bocage, libertino em desespero, sufocado pelo mofo de uma sociedade enrijecida, frequentemente perpassa a sombra agourenta desse humor-terror. O grotesco-escatológico é nele a recuperação, para uso dessa visão do sentido originário da palavra obsceno – sentido no qual ela é sinônimo de *funesto*.

Porém o simples humor já resgata para o obsceno a dimensão do valor humano. A comicidade é uma manifestação eminente da consciência livre. O cômico é distância entre a consciência e seu objeto; distância que mostra o espírito mais livre do que nunca. Nada é mais interessante do que verificar como a presença do humor, na literatura erótica, desagrada ao leitor robotizado, que nela procura o mero excitante, sem nenhuma penetração crítica e sem nenhuma identificação rebelde. Maurice Girodias,[1] o famoso editor da Olympia Press, conta que não há nada que esse leitor odeie mais, nos livros licenciosos, que o ingrediente humorístico relacionado à temática sexual. É porque o cômico rompe o "encantamento". Elemento distanciador, ele impede o sexo de seduzir diretamente, omitindo a vigilante mediação do espírito. Se imoralidade, para a mente contemporânea, é sobretudo a inércia bestializante da consciência, então a verdadeira literatura do obsceno é francamente moral, toda vez que consegue sacudir o homem de seus torpores – e do maior deles, essa abjeta lassidão a que o erotismo-de-consumo da sociedade moderna o reduz.

Santa Teresa, outubro de 1964.

---

[1] Maurice Girodias, "Advance Through Obscenity?", artigo no *The Times Literary Supplement*, de 6 de agosto de 1964.

Coppelius ou a vontade alienada

*A José Jerónimo Moscardo de Souza,
amigo fraterno e hoffmanniano existencial.*

Todos conhecem *Der Sandmann* ("O Homem da Areia"), o conto fantástico de E. T. A. Hoffmann em que aparece o vulto sinistro do doutor Coppelius. Vamos relembrá-lo: Natanael, jovem estudante em Gotinga, escreveu a seu amigo Lotário, irmão de sua noiva Clara, contando o horror que o assaltou quando, procurado por um tal Coppola, vendedor de barômetros, nele reconheceu a figura fatídica de Coppelius. Coppelius, narra Natanael, foi o gênio mau de sua infância, o homem repugnante que, para tristeza da esposa e dos filhos, mantinha sob sua maléfica influência a seu pai. Em criança, nosso estudante apreciava intensamente as horas passadas entre a família reunida, logo após o jantar, na companhia do pai. O aconchego do lar só era perturbado pela chegada de um personagem odioso, cuja presença a mãe evitava sempre às crianças, a quem dizia tratar-se do "Homem da Areia". Natanael detestava essas horas, ao mesmo tempo que temia o estranho hóspede de seu pai. Uma noite, escondido no gabinete deste, reconhece no visitante o advogado Coppelius. Natanael abandona a ideia infantil do Homem da Areia, raptor de crianças desobedientes, e se concentra na aparição de um perigo real, encarnado em Coppelius, mestre de alquimia e de sadismo. Coppelius descobre o pequeno espião de seus atos; e somente a pedido do pai lhe poupa os olhos. Depois dessa terrível experiência, Natanael recupera a tranquilidade. Um ano mais tarde, porém, Coppelius volta a visitar sua casa, e desta vez uma explosão acaba por matar seu pai. A carta em que Natanael narra tudo isso a Lotário vai endereçada, por engano, a Clara. Quando a lê, ela responde ao noivo procurando tranquilizá-lo, insistindo em que o mal que ele teme não tem existência objetiva, não passando de uma projeção do eu. Natanael, que, em nova carta a Lotário, rejeita essa interpretação, retorna à sua cidade natal, onde as alterações de seu comportamento não demoram a preocupar sua noiva e seu futuro cunhado. Estranhamente tomado da necessidade de persuadir Clara da existência de forças demoníacas, Natanael compõe e recita-lhe um poema de pesadelo, cuja personagem – a própria Clara – é vítima do cruel Coppelius. A leitura do poema desagrada vivamente a Clara. Ofendido, Natanael a insulta, chamando-a de autômato, de moça sem sensibilidade. Em seguida rompe com ela e com Lotário; e só a iminência de um duelo, impedido por Clara, consegue pacificar a agitação de Natanael. De vota a Gotinga, tendo-se incendiado sua moradia, o estudante passa a residir em frente à casa de Spalanzani, um professor de física cuja filha, Olímpia, é extremamente bela, porém curiosamente imóvel, estatuariamente inerte. Certo dia, torna a receber a visita de Coppola, o vendedor de barômetros. Não podendo vencer a insistência do vendedor, Natanael compra-lhe um pequeno binóculo. Ao assestá-lo contra a janela de Spalanzani, fica logo atraído pela beleza de Olímpia, com tal intensidade, que esquece completamente a figura de Clara. Spalanzani dá um baile para o *"début"* de sua filha. Natanael, que dança com ela todo o tempo, enamora-se definitivamente da jovem. A força de seu amor supera sua perplexidade ante a frieza de Olímpia, porque consegue vencer essa própria frieza. A opinião geral sobre a moça, considerada absurdamente rígida, contrasta com a violência crescente da paixão de Natanael. Quando este enfim resolve pedi-la a Spalanzani, surpreende uma briga feroz entre o professor e Coppola, que se disputam Olímpia puxando-a miseravelmente. Natanael, indignado, tenta tirar-lhes Olímpia; mas Coppola consegue fugir com o corpo da moça. O estudante chega a ver que, em lugar dos olhos, o corpo do autômato Olímpia não tem senão duas negras cavidades. Spalanzani, ferido e desesperado, roga-lhe que persiga Coppola, confessando que o satânico vendedor havia roubado os olhos de Natanael. Então, Natanael percebe, no chão, dois olhos sangrentos que se fixam nele. Spalanzani os lança em sua direção. Enlouquecido, o aluno tenta estrangular o professor. Recolhido ao hospício, assistido por Sigismundo, seu colega de estudos, termina por reencontrar a paz ao lado de Clara. Um dia, passeando com ela, sobem ao alto da torre da municipalidade, para contemplar as montanhas da paisagem. Natanael olha pelo binóculo de Coppola: vê nele o rosto de Olímpia! Novamente em delírio, ameaça jogar a noiva da torre. Lotário precipita-se para salvá-la, mas Natanael, divisando Coppelius entre a multidão embaixo, suicida-se. Alguns anos depois, Clara encontra no casamento uma felicidade a que sempre parecera destinada "e que o arrebatado Natanael, em exaltação, jamais lhe teria podido dar".

Analisando o estilo de Hoffmann, Wofgang Kayser,[1] teórico do grotesco, considera-o como que "prejudicado", em sua essência grotesca, pela intervenção de uma "clara articulação" do diabólico – de modo que já não depararíamos com um universo sem sentido, mas, apenas, com um mundo que, por ser frequentado pelo mal, nem por isso deixa de possuir uma significação estável. Em Hoffmann, o verdadeiro grotesco não existiria, pois teria perdido o seu caráter sinistro. A atitude de compreensão do real acabaria por vencer a sombra da perplexidade. Diabólica, mas não sinistra, a literatura hoffmanniana seria uma espécie de grotesco incompleto. No primeiro Hoffmann, em *Der Goldene Topf* ("O Pote de Ouro"), o diabólico chega a aparecer explicitamente; nas *Phantasiestücke in Callots Manier* ("Fantasias à Moda de Callot"), título da primeira coletânea de suas narrativas, o grotesco plástico de Brueghel e de Callot está interpretado como "advertência" quase cristã acerca da manifestação do mal. Segundo Kayser, é em *Der Sandmann* que se encontra o grotesco "puro" em Hoffmann, o menos atenuado pelo diabólico e, em consequência, o mais autenticamente sinistro. Toda a estrutura do conto conduz a um distanciamento onde se perde qualquer "explicação do mundo", permanecendo

---

[1] Wolfgang Kayser, *Das Groteske*, 1957; ed. Argentina, 1964. A análise do estilo de Hoffmann, sob o título "O Conto Noturno", integra a segunda parte do terceiro capítulo do livro.

apenas a visão de um sinistro sem-sentido. Veremos alguns dos argumentos de Kayser no decorrer de nossa própria análise. Preliminarmente, é preciso lembrar que, como o conceito de grotesco significa, para ele, desorientação do homem frente a um mundo sem significado, esse conceito corresponde, na dicotomia estabelecida por nós[2] entre o fantástico e o visionário, ao primeiro desses termos. Se *O Homem da Areia* for uma peça de literatura grotesca, deverá por nós ser considerado como narrativa fantástica, ou seja, como alegoria de um mundo sem significação e não como símbolo de um universo dinâmico e tenso, porém carregado de sentido. Mas será esse conto, efetivamente, fantástico? Narração do imaginário, pertencerá à categoria do imaginário fantástico – ou, antes, à sua oposta irmã, a do imaginário-visionário? Somente a leitura rigorosa nos responderá. Uma vez realizada, comecemos por abstrair alguns elementos reveladores.

Entre os personagens de sua história, Natanael conhece alguns que são seus protetores, e lhe servem de amparo antes e depois das aparições de Coppelius. Assim sua mãe; assim seu colega Sigismundo, que o adverte sobre a sem-razão do amor pela mecânica Olímpia; assim também Lotário. Porém nenhuma dessas pessoas simboliza melhor do que Clara o reino do racional, onde Natanael se abriga, intermitentemente, dos perigos demoníacos. Através de toda a narrativa, Clara se mostra pacífica e lúcida. Quando descobre a perturbação do noivo, procura salvá--lo afirmando-lhe expressamente que a origem do mal temido reside nele mesmo, no coração instável de Natanael. Coppelius deve a sua existência à vontade inconsciente de Natanael; é a projeção desta última. A lucidez com que Clara defende esse ponto de vista permite-lhe até mesmo prever a reação do noivo, que, ela adivinha, irá irritar--se contra essa explicação e atribuí-la à superficialidade e ao prosaísmo do espírito de Clara. O argumento usado por Clara a fim de "curar" o noivo está, no entanto,

---

[2] Ver, neste mesmo volume, o ensaio "Murilo Mendes ou a Poética do Visionário".

inteiramente de acordo com a racionalidade inerente ao seu caráter. Desmascarando o demoníaco pela revelação de seu berço na subjetividade, Clara lembra o racionalista iluminista, para quem se não houvesse fé não haveria poder clerical –

Nos prêtres ne sont pas ce qu'un vain peuple pense;
Notre credulité fait toute leur science.

– assim como a força de Coppelius depende toda da "credulidade" de Natanael. Iluminista e voltaireana, Clara sobrevive ao pobre noivo como a verdade ao erro, a luz às trevas, a razão à loucura. A última frase da narração confirma a ideia de que o erro essencial pertencia a Natanael; por isso, Clara poderá casar-se e viver feliz, superando com madura tranquilidade o episódio irracional de seu noivado.

Os olhos de Clara, a lúcida, e clarividente, são como "um lago em que se reflete o puro azul do céu"; são as luzes de um mundo sereno, sem sombras infernais. Mas em torno deles há olhos que possuem raios estranhos, de luminosidade maléfica. *Olhos* é uma imagem capital na rede do nosso conto. Simboliza a força da vida, a vinculação ao mundo real. Quando Natanael se precipita do alto da torre, seu grito de morte contém a palavra *olhos*, endereçada a Coppelius. Quando compra o binóculo de Coppola, simbolicamente adquire um substitutivo da visão normal, um objeto cuja beleza deriva de um sortilégio – e que por isso o afasta da realidade, substituindo-se a seus próprios olhos. O binóculo são os olhos de Natanael alienados a Coppelius. É o instrumento de uma verdadeira sub-rogação da visão traduzível, psicanaliticamente, em *sub-rogação do superego*, ou seja: em renúncia ao poder de crítica e ao senso de realidade. Através dessas lentes, Natanael será atraído por Olímpia, a inerte moça Spalanzani, que parece dormir de olhos abertos, e cujos olhos "parecem não ter nenhum raio visual". No baile, usando o binóculo, Natanael vê-se correspondido por Olímpia. Ao aproximar-se dela, aquece-a com seu olhar, de modo que a jovem, em vez de vibrar quando vê seu amante, precisa, ao contrário, dos olhos deste para viver (ou para aparentar a vida). A cegueira de

Natanael nunca é tão pronunciada quanto no instante em que confessa a Olímpia que a sua visão é para ele "um farol que lhe ilumina a alma para sempre"; pois Olímpia concentra em si todo o motivo do obscurecimento, da opacidade, da ausência e privação da luz; esse "farol" é o olhar alienado de Natanael.

Que representa, em sua enganosa cegueira, a figura central do estudante? O homem em processo de alienação de si. Artista, intelectual ativo ("cultivava as ciências e as artes com gosto e energia"), Natanael se degrada, sob a influência de Coppelius, até dizer que as conquistas da civilização têm origem em forças exteriores ao homem. Reconhece como alienado o próprio produto de sua atividade de vocação. Alienando-se, faz-se cada vez mais antissocial. Quando o bom Sigismundo julga Olímpia rígida e sem graça, Natanael replica simplesmente que o seu verdadeiro encanto só é perceptível "para a alma de um poeta": é o orgulho do "gênio", isolado da sociedade, recluso no convívio de valores que por sua própria natureza não podem ser socializados. Mais tarde, chegará a justificar o extraordinário laconismo de Olímpia pelo desprezo decidido de toda linguagem social. Mas o que faz dele um solitário é sempre a sua cegueira. Chama Clara de "autômato"; e, no entanto, o andar obviamente mecânico de Olímpia, seus gestos duros, seu olhar sem vida, seu mutismo, não lhe arrancam nenhum qualificativo que aumente a consciência dessas coisas. Olímpia o atrai sempre, como a *Belle Dame Sans Merci*, a morte-amada dos poemas românticos. Seu fascínio é todo-poderoso; o enfeitiçamento é completo. Escravo dela e de Coppelius, Natanael morrerá na servidão. Contudo... será mesmo verdade que essa escravidão é involuntária? Natanael é atraído – ou lançado, por si mesmo, de encontro a quem o aprisiona? Admitir no seu destino a participação de sua vontade, recordemos bem, é a tese de Clara: a explicação de Coppelius em termos de pura projeção do ego, sem nenhuma realidade objetiva. Que elementos comprovariam essa ideia? De início, a consciência de culpa em Natanael: se não se tivesse escondido, em criança, para espionar Coppelius, não estaria depois cativo de seu diabólico império. Mas é preciso reconhecer a fraqueza desse argumento. Natanael só fala dele uma vez, de maneira bastante imprecisa para poder preencher uma verdadeira "formação de culpa". Por outro lado, por essa pista chegaríamos a supor certa viabilidade num argumento derivado, a que alude Kayser: a "culpa herdada", já que o pai de Natanael foi quem iniciou o contato voluntário com Coppelius. De qualquer modo, o tema da culpa não está desenvolvido na narrativa. Tampouco o da vingança: Natanael refere uma "resolução de vingar seu pai" no final da primeira carta a Lotário, mas em nenhuma outra passagem voltamos a surpreender-lhe essa disposição. Não fosse abortado, e poderíamos relacionar o tema da vingança ao comportamento geral do burguês militante, tal como fez, com tanta penetração, Antonio Candido em seu "Monte Cristo ou da Vingança".[3] Apesar de suas contradições, Monte Cristo representa a síntese de voluntarismo e de cálculo em que se resume a vingança moderna, a "*vendetta*" do capitalismo. Para nosso alvo, porém, esse tema escapa ao aprofundamento. Não só não há "cálculo" na ação de Natanael, como não há, propriamente, um sustentado ânimo vingativo. É forçoso ir buscar a marca de sua vontade em outros planos da conduta. O poema que recita a Clara, por exemplo, é índice inequívoco de que Natanael age por sua vontade. Inconscientemente, talvez, mas o certo é que o estudante se vale dele para obter o que não conseguiu nas discussões sobre demonologia: a vitória sobre Clara e sua explicação "voltaireana" de Coppelius. No poema terrível composto por Natanael, Coppelius vence Clara. Arranca-lhe os olhos, lançando-os ao noivo, por sua vez jogado num turbilhão demoníaco – de onde sai a voz de Clara, insistentemente afirmando que Coppelius não roubara, afinal, seus olhos. Porém quando se acalma o remoinho e Natanael consegue ver sua noiva, é a Morte, com os olhos de Clara, que ele contempla horrorizado. Além de retomar o motivo "olhos", tão importante em todo o

---

[3] Publicado nos *Cadernos de Cultura do MEC*, em 1952; em versão maior, incluído no volume *Tese e Antítese* (1964).

conto, o poema de Natanael vem a ser a sublimação, pela arte (somos informados de que a composição desses versos foi elaborada e aperfeiçoada), de seu frustrado desejo de vencer Clara, símbolo da condenação de seu pendor maligno. Nenhuma prova, no entanto, do volitivo em Natanael impressiona mais do que a própria descontinuidade da vontade. O volitivo é, como se sabe, uma função descontínua. A manifestação empírica da vontade exige que ela se dê por jatos, por saltos, não porque não seja coerente ou constante, mas porque assim o reclama a natureza do mundo-obstáculo com que se defronta. A vontade é um projeto cem vezes retomado, golpe após golpe, gesto após gesto. O comportamento de Natanael é altamente descontínuo: é uma conduta em estilo *"coupé"*. Em suas narrativas de pesadelo, aliás, é característico de Hoffmann representar o macabro, o sinistro, o infernal como experiência onírica, da qual o sonhador, ao despertar, liberta-se, ingressando noutro plano de realidade. A manutenção de sonho e de vigília em planos separados, unidos apenas de modo externo, por um processo de interrupção e conversão, demonstra a incidência do visionário.[4] Natanael passa por essa mudança cortante de planos. Cada vez que se vê acometido pelo delírio, reingressa, depois de um sono intervalar, numa atmosfera diametralmente oposta ao mundo noturno de seus sofrimentos. Em pequeno, apavorado por Coppelius, acorda no regaço materno, na luz doméstica de que todas as sombras más estão ausentes. Levado ao paroxismo de emoção por causa do poema e do quase-duelo com Lotário, subitamente recupera a calma, retornando ao convívio ameno da noiva e do amigo. Depois da terrível revelação a respeito de Olímpia, e de seu acesso de loucura, desperta um belo dia na sua casa, cercado pelo amor dos seus. A cada delírio corresponde um despertar. Desvairando e acordando, Natanael passa de um a outro nível de existência, através de todo o conto. Mas até mesmo a sua percepção é descontínua, intermitente. Aqui e ali, também ele apreende a inércia e o mutismo de Olímpia; e

---

[4] Ver, neste livro, "Murilo Mendes ou a Poética do Visionário".

chega a estranhá-los. Os contatos "frios" de Olímpia o perturbam, por mais de uma vez. No baile, seu beijo gelado lembra-lhe a lenda da Noiva Morta. Essa lucidez intermitente apoia a impressão de que Natanael não é uma simples presa de forças externas, mas sim o enredado nas próprias projeções. Aceita a tese de que Coppelius não tem existência objetiva, sendo apenas produto da imaginação, seu comportamento se torna igualmente explicável. Ser sem existência própria, nada mais natural que desapareça tanto quanto surja; os desaparecimentos de Coppelius são, de fato, significativamente frequentes. Some depois do susto terrível de Natanael menino; depois da morte do pai deste; depois de seu primeiro aparecimento como Coppola; depois da briga com Spalanzani; e, enfim, depois da morte de Natanael. Numa palavra: Coppelius se desfaz cada vez que o estudante reingressa no mundo claro e normal. Não é dizer que é Natanael o suporte ontológico desse vulto monstruoso? A tétrica revelação feita no nosso herói, quando percebe que Olímpia é um simples robô, é seguida de imediato ingresso na loucura. É o comportamento tipicamente emocional, como Sartre o descreveu no *Esquisse d'une Théorie des Émotions*: comportamento do qual não é possível subtrair a espontaneidade da consciência. A revolução de um mundo horripilante, sobre o qual ele não tem nenhum domínio, leva Natanael à recusa, pela loucura, desse universo tenebroso. Louco, tenta desesperadamente salvar Olímpia (no seu desvario, canta "dance, dance, bela boneca!"), depois de reconhecer, fulminado, que a perdeu para sempre. Este é o momento decisivo da lucidez de Natanael. Se, apesar dele, recai nas alucinações, é porque, como já o demonstrara pela adoção emocional da loucura, ele não pode viver fora do delírio; porque se decidiu pelo poder de Coppelius, dando um aspecto definitivo à alienação de sua vontade. Se existe em Natanael alguma coisa de trágico, é no sentido da tragédia da vontade humana, da tragédia cristã-moderna contraposta por W. H. Auden à grega, onde o erro cometido pelo herói era sempre a visão, erro cognitivo e não volitivo. No final do conto e de sua vida, Natanael reconhece, no arbusto que

Clara diz parecer caminhar, o avanço de Coppelius. A situação lembra Macbeth, a quem as feiticeiras predisseram a desgraça "quando Birnam Wood fosse a Dunsinane". No final da tragédia, a profecia se cumpre: são os soldados de Macduff e Malcolm, camuflados de folhagem, que conquistam o castelo de Macbeth. Mas o paralelismo só vem até aqui. Enquanto Macbeth vê como os outros o avanço da floresta de Birnam, só Natanael percebe Coppelius no arbusto que parece aproximar-se. Por que Natanael é, a tal ponto, solitário? Entre ele e Macbeth há uma diferença capital. Macbeth é o criminoso progressivo, mas progressivamente simpático.[5] Seu erro é moral, mas sobretudo intelectual: não por ignorar a maldade de seus atos, mas por não alcançar os efeitos desses atos sobre si e sobre os seus, por não compreender nem controlar as forças externas – tais Lady Macbeth e as feiticeiras – que o incitam ao crime. Daí seu remorso: pois sua consciência do mal estava atrofiada em relação à sua prática do crime. O erro de Macbeth é percepção defeituosa, que no momento final se corrige, com resultantes morais (ele morrerá valentemente, recobrando por instantes sua nobreza originária). Mas o erro de Natanael é da vontade, vício na constituição de sua própria individualidade. Por isso, a responsabilidade de Natanael não é trágica. Não nos comove, porque não é bem o assumir suas faltas de um homem antes bom que mau, que por cegueira, mesmo incompleta, decai até o crime e passa a merecer punição. Trágica é, ao contrário, a responsabilidade com que Macbeth assume seus crimes. Macbeth, embora não ortodoxamente, ainda é o herói trágico típico, o cego (como Édipo), o culpado de *hamartia*, de um erro de visão (*Poética*, 1, XIII, 1453ª). Natanael, porém, é uma vontade viciosa. É ele quem constitui seu feitiço, quem se constitui no erro. Sua ruína nos choca e nos assusta, mas não nos suscita a piedade trágica; não é, com propriedade, uma expiação catártica. Natanael não é

---

[5] Ver Sir Arthur Quiller-Couch, *Shakespeare's Workmanship*, 1918, parcialmente reproduzido na antologia *Shakespeare's Tragedies*, ed. por Lawrence Lerner em 1963; e sobretudo Wayne Booth, *Shakespeare's Tragic Villain*, publicado na mesma antologia.

solitário por ver defeituosamente; sua visão é corrigível – como demonstra ao receber Coppola pela segunda vez, vendo-o com os olhos de Clara – mas ele a mantém, deliberadamente, cega. É solitário porque não quer ver; porque cegou-se a si mesmo; porque alienou sua visão. Podemos comover-nos com sua desgraça, nas não podemos negar que ele a preparou do alto de seu arbítrio, e que, em certo sentido, ela é justa e merecida.

A técnica narrativa empregada em "O Homem da Areia" confirma a tese de que o mal não é objetivo e Natanael age voluntariamente. A quarta parte do conto abre com as reflexões do narrador, que se justifica ante o leitor pelo uso das cartas apresentadas nas três primeiras partes da narração. O narrador pretende tê-las reproduzido em benefício da verossimilhança; busca mostrar-nos que "nada é mais fantástico e louco do que a vida real". O realismo é, portanto, o fundamento estilístico do conto. Eis por que, como observa Kayser, o mesmo narrador, a princípio distanciado, vai-se aproximando paulatinamente do acontecer. Para Kayser, essa nova atitude de narrativa reforça a impressão de simpatia por Natanael; induz a compartilhar seu destino participando de sua crença na objetividade do mal. Por isso, quando o narrador, depois de contar a briga entre Coppola e Spalanzani e a expulsão deste último da cidade, põe-se a descrever o efeito do caso na sociedade local – onde os homens, desconfiadíssimos da possibilidade de se enamorarem de autômatos, exigem de suas amadas que se comportem o menos mecanicamente possível, errando os passos na dança, falseando a voz no canto e exprimindo-se com a maior sinceridade – Kayser censura toda a passagem por sua incoerência estilística. Quando o narrador relata que a consequência do falar sincero acabou no rompimento da maioria das ligações amorosas do lugar, Kayser condena a "ruptura do estilo" ocasionada por esse tom satírico. No entanto, a passagem só é censurável a partir do ângulo de Kayser, que interpreta o conto como produto da literatura do grotesco, do fantástico, ou seja: produto de uma visão do mundo em que este surge sem sentido, sinistramente privado de qualquer significação humana. Numa atmosfera assim, é claro que não tem cabimento a sátira social. Se, porém, o conto não for grotesco nem fantástico, se não viver da constatação de um universo insignificante, mas, apenas, do sem-sentido *parcial,* de certas estruturas desse mundo – então a sátira encontrará seu papel sem nenhuma fratura no estilo geral da narrativa. Kayser interpreta, ainda, as "indeterminações" da estória – quem é afinal Coppelius, se se identifica ou não, verdadeiramente, com Coppola, que significa ao certo o binóculo – como expedientes para conseguir a insegurança do leitor, deixando-o tão receoso quanto Natanael. Seria primário querer explicar essas imprecisões pela maneira de escrever de Hoffmann, apesar de sabermos que ele compunha apressadamente, para publicação comercial, que sua cultura, dispersa e pouca, contribuía para os seus defeitos de forma e que, na frase deliciosa de Carlyle, *"in fact, he elaborated nothing; above all, not himself"*. Na realidade, as indeterminações da narrativa são compreensíveis em termos puramente internos. Elas existem porque o mal, a que se referem, não é objetivo, e sim o resultado de uma projeção. Não temos de averiguar se Coppelius é Coppola: basta saber que, para Natanael,[6] ele e o vendedor são a mesma pessoa. Criações de Natanael, essa figuras têm a coerência da mesma origem; e que outra poderiam ter?

O estudo dos personagens e o estudo da técnica narrativa mostram que Natanael é alguém que emprega livremente sua vontade, ainda que para escravizar-se. É possível conciliar isso como a imagem de um universo sem sentido, onde o homem não possua orientação? Felizmente, não parece ser essa a visão do mundo de Hoffmann. O que mais ressalta de suas narrativas não é a imagem de um mundo privado de significação; é antes a de um universo onde é decisivo o poder do indivíduo. Hoffmann surge emoldurado pelo liberalismo de sua época, onde a enérgica iniciativa burguesa triunfa sobre os voos antissociais do meramente fantasioso. Liberalismo

---

[6] Como, aliás, para Spalanzani, que, depois de abatido por Coppola, refere-se a ele chamando-o "Coppelius".

e individualismo se apresentam nele operacionais, objetivantes, amigos da empresa real e não da criação nebulosa. Se essa é uma conclusão que não nos surge de imediato da leitura de sua obra, isso se deve a certa ambivalência perfeitamente resolúvel. Por um lado, Hoffmann combate toda fantasia antiburguesa. A alquimia, prática de Coppelius e do pai de Natanael, é considerada um arcaísmo. Não é à toa que Coppelius, alquimista, veste-se à antiga. A contração satânica que Natanael surpreende no rosto do pai, entregue ao labor filosofal, é outro indício da anormalidade dessa pesquisa. Além do mais, como Clara bem observa, as experiências de alquimia são dispendiosas; representam um gasto excessivo com uma inutilidade ridícula. Lembremo-nos daquele Baltasar Claës de *La Recherche de l'Absolu*, nos *Etudes Philosophiques* da Comédia Humana, tão influenciados por Hoffmann: de pesquisa em pesquisa, num crescendo alquimístico, termina arruinando a sua casa. É como se nosso autor, hostil a toda imaginação abstrata, somente aceitasse a lavra do concreto, a produção do espírito no terreno do real, e fizesse seus aqueles versos de Lope de Vega:

> *No es esto filosófica fatiga,*
> *Transmutación sutil o alquimia vana*
> *Sino esencia real que al tacto obliga.*

Por outro lado, todavia, Hoffmann, como Balzac, dedica ao ocultismo a atenção que a nova biologia, em 1800, reclamava para todo o fenômeno que transcendesse o mecânico, o determinado, o casual. Assim Balzac, dentro do clima de uma concepção mágica da natureza, numa época de exaltada crença no poder do homem, se cria num conceito de "fluidos", de uma transição viva entre pensamento e matéria. As tentativas de um entendimento mais espiritual da natureza proliferam nesse tempo; constituem um problema central para Kant, para Goethe e para Schelling. O pensador com cujas ideias se costuma relacionar Hoffmann, Gotthilf Heinrich Von Schubert, foi um filósofo romântico da natureza. A alquimia dos personagens do visionário não é tão gratuita quanto parece. Por trás de Baltasar Claës, do velho antiquário da *Peau de Chagrin* e da monomania do absoluto do herói de *Le Chef-d'Oeuvre Inconnu*, vive a ambição do saber, síntese de querer e de poder, posse imaginária de tudo, sem limitações de tempo ou de espaço. Essa busca do conhecimento absoluto está, em Balzac, ligada à procura de valores absolutos; faz parte do "stendhalianismo" de Balzac. Por isso mesmo, não é a atitude que prevalece nos heróis tipicamente balzaqueanos como Rubempré ou Rastignac, que não são, como Julien Sorel, sonhadores com o poder puro, a forma "napoleônica" de ascensão social; são antes os ambiciosos do poder pelo dinheiro, os "*bourgeois conquérants*" na expressão de Charles Morazé. O verdadeiro herói de Balzac é aquele que "aceita o jogo", isto é, segue o lúcido conselho de Vautrin e aceita o compromisso com a ética pouco ética do capitalismo, do valor dinheiro relativizando todo o valor qualitativo. Nada é mais ilustrativo do que comparar, para apreender a diferença entre a pureza de Julien Sorel e o compromisso de Lucien de Rubempré, a diversidade de seus destinos. O herói das *Illusions Perdues* assume a vida triunfante, enérgica, superior, quando renuncia ao peso da culpa, no final do romance. Suicida, Lucien teria denunciado a vigência dos valores qualitativos. Sobrevivente, sobre-vivente, ele aponta para a grandiosa possibilidade da vida sem esses valores, da vida darwiniana que é a da burguesia em ascensão. Lucien é o antônimo de Julien Sorel, que se suicida (recusando toda tentativa de salvá-lo) quando percebe que não pode viver nessa possibilidade. Lucien e Rastignac aceitam o mundo burguês: mas o de uma burguesia ainda ativa, e não a burguesia rentista de Flaubert. Julien Sorel rejeita esse mundo, porque Stendhal ainda está "napoleonicamente" enganado quanto a ele, por pensá-lo "heroicamente", romantizando-o, sem ver que sua real energia não está na eleição pura de valores autênticos, mas sim no desdobramento da iniciativa fáustica, sem escrúpulos morais, dentro da empresa concreta e dos negócios palpáveis. Para o herói balzaquiano típico, entretanto, a alquimia é uma gratuidade fantástica. Símbolo da perquirição imaginária, da invenção caprichosa, ela se revela incapaz de tradução objetiva, insuscetível de aplicação prática. A conclusão a que todas essas considerações nos levam deve ser mais ou menos no sentido de que, para Hoffmann, há uma imaginação antiquada e imprestável, mas ao lado dela, uma fantasia ativamente moderna, uma imaginação objetiva. A teoria dos dois "usos" do imaginário permite entender por que Hoffmann se opõe à alquimia e seus delírios e, ao mesmo tempo, ao prosaísmo da vida burguesa, da pacatez submissa da burguesia prussiana em que viveu. Se, para essa gente pacata, o automatismo é um perigo real – assim o sente a cidade, quando explode o caso Spalanzani – o estilo caricatural com que Hoffmann nos pinta a sensação burguesa do perigo é suficiente para sabermos que o seu prosaísmo impede-lhe a apreensão dos verdadeiros riscos da vida mecanizada, rotineira, burocrática, pois esses riscos são muito mais sérios do que os receosos amantes de Gotinga imaginam. Condenando a fantasia inobjetiva, Hoffmann denuncia também o prosaísmo; em consequência, seu ideal humano deve ser uma síntese de imaginação e objetividade. Há no "Homem da Areia" quem encarne esse ideal? Seguramente sim: existe Clara. Clara é ao mesmo tempo prosaica e poética. Todos a acham sensata e racional; mas ela é igualmente artística. Sua beleza nos é descrita por meio de comparações com obras de arte; seus cabelos lembram Correggio, seus olhos parecem um lago de Ruisdael. Quando Natanael andava em seus bons dias, Clara era para ele uma verdadeira musa, prazerosamente atenta à sua arte. Enfim, é ainda ela quem tem a ideia poética – e que lhe será quase fatal – de subir à torre para contemplar o azul das montanhas. Sensata, sólida e lúcida, Clara não é por isso menos imaginativa, menos poética. Ao contrário, seus dons de sensibilidade e de fantasia fazem dela um indivíduo capaz de transcender a objetividade simplesmente prosaica da vida; tem-se a impressão de que, como o próprio Hoffmann, Clara teria podido dizer aquela frase imensamente significativa: "eu possuo realidade em demasia". O indivíduo hoffmanniano é uma personalidade poética, embora não (e por acaso esse "embora" não será um preconceito romântico?) divorciado da realidade concreta. Hoffmann liga-se ao romantismo de Iena pela atitude de oposição à vida burguesa e ao seu prosaísmo; mas se diferencia do esteticismo, dos Schlegel e de Novalis, pela dimensão crítica (Lukács) de sua obra, que o integra na literatura europeia (é o mais europeu dos alemães entre Goethe e Heine) pela percepção do movimento social oitocentista. O parentesco entre Hoffmann e o realismo crítico se comprova, entre outros, por um motivo característico: o tema do artista genial. Na ficção hoffmanniana, as potências demoníacas irrompem na vida de um indivíduo singular, de uma vocação de artista, cuja consciência o induz a captar o aspecto abissal do mundo, e do seu cortejo de perigos. Em "O Pote de Ouro", as forças noturnas disputam com os poderes da claridade a posse da alma do artista. Mesmo em "O Homem da Areia", a presença do diabólico se emoldura no dualismo desse combate. Ora, o "abismo" hoffmanniano, possibilidade permanentemente aberta ao homem, teria descendência assegurada no realismo crítico, e especialmente em Thomas Mann, no mito do artista diabólico, apartado da vida e hostil à luminosidade apolínea da cultura, desde Tonio Kroeger até Adrian Leverkühn. No próprio Hoffmann, porém, o mito já encontra solução crítica. Poucas das suas narrativas são tão comoventes (e tão bem compostas) quanto *Rat Krespel* ("O Conselheiro Krespel"; o conto também é conhecido sob o título "O Violino de Cremona"). Mas a história de Krespel é a de um homem sensível, de um indivíduo poético, que sobrevive ao destino trágico do artista inconciliável com a vida (a jovem Antônia). Seria preciso haver duas guerras mundiais para que esse motivo, repassado de melancolia em "O Conselheiro Krespel", dramatizado em "O Homem da Areia", se elevasse a nível de "tragédia da arte moderna" no *Doutor Fausto*, de Thomas Mann.

A vida de Ernst Theodor Amadeus Hoffmann (Königsberg, 1776; Berlim, 1822) foi inteiramente adequada a essa visão do mundo. Nem religioso nem interessado em política, o funcionário exemplar Hoffmann teve seus cargos restaurados pela derrota napoleônica em 1814; mas em vez de fazer-se reacionário, resistiu, como juiz do Tribunal de Recursos de Berlim, às pressões governamentais que levaram à perseguição dos liberais depois do atentado contra Kotzebue. A simpatia pelo liberalismo ecoa em certas preferências culturais de Hoffmann, em particular na veneração por Mozart e na apreciação elevada de Beethoven, ou seja: na preferência pelo classicismo iluminista em música. Mas a contraparte do liberalismo é seu horror à rotina da administração prussiana, à atmosfera mofada da burguesia funcionária, humilde e sem rasgos. Aceitando a direção do Teatro de Bamberg, Hoffmann anotou, em seu diário, que, pelo menos, isso o aliviava da burocracia "fonte de todo o mal". Passados os anos de privações (1806-1814), nomeado juiz-conselheiro na Corte, ele permanece burocrata-boêmio, pontualíssimo no desempenho de suas funções, mas não menos devotado aos prazeres da taverna. Essa duplicidade comporá o encanto humorístico das "vidas paralelas" (e antônimas) do maestro Kreisler e do gato Murr, onde a ironia à Jean Paul faz do bichano o símbolo do prosaísmo burguês (*Lebensansichten des Kater Murr*, 1820-1822). Contra o filisteu, o chato, o "quadrado" é que Hoffmann escreve, no ambiente falsamente idílico do pré-"Biedermier", da Berlim de 1820. Contra a rotina e a vida medíocre, desenvolve um ilusionismo emprestado a Calderón, mas onde o "*desengaño*" foi substituído pelo objeto crítico. A profundidade da luta hoffmanniana contra a burocracia pode ser apreciada pelo paradoxo de sua vida: nos anos de pobreza, ele foi diligente, regrado, irrepreensível; bastou, porém, que lhe viesse a segurança para que desse livre curso à sua inclinação boêmia.

A narrativa de Hoffmann é, sob certos aspectos, precursora do expressionismo. Não só o expressionismo foi um estilo "eruptivo", dinâmico, conforme às bruscas conversões do visionário, como deu corpo, em algumas de suas melhores obras, ao problema da alienação da vontade. A vontade hipnotizada é o tema do *Anjo Azul*, daquelas "pernas provocadoras e total impassibilidade" com que a Dietrich mesmerizou o pobre professor cheio de disposições humanísticas na cabeça. Relacionada com o motivo da autoridade demente, a vontade em processo de alienação é ainda a espinha temática dos filmes do ciclo de Caligari. A película-matriz, *O Gabinete do Doutor Caligari*, foi desde cedo considerada hoffmanniana.[7] Mas se o desdobramento de Caligari (assassino e diretor do hospício confundidos na mesma pessoa) simboliza a onipresença da tirania na imagem do criminoso-governante, o desdobramento de Coppelius representa a indeterminabilidade da aparência do mal que é projeção do ego volitivo. Coppelius é o produto do erro da vontade; Caligari, porém, um século depois, é menos o resultado do *poder do indivíduo* do que a figuração de uma *ameaça ao indivíduo*. A sensibilidade hoffmanniana pressentiu a ameaça *do* indivíduo; mas o expressionismo, num outro estágio de alienação, revelou a ameaça *ao* indivíduo. O vínculo entre ambas é conhecido – e estabeleceu-se historicamente: confunde-se com a tragédia do liberalismo ao longo de várias décadas. Situado no ponto final (e ainda vigente) dessa evolução, o expressionismo tingiu sua denúncia do mais negro desespero, incomparavelmente mais sombrio do que o mundo visionário de Hoffmann. Ainda assim, porém, o estilo expressionista é igualmente visionário. Caberia a seu sucessor na arte alemã do entreguerras – o estilo "sereno" sem choques abruptos, na "*Neue Sachlichkeit*" – substituir a sensibilidade visionária pela fantástica, verdadeiramente "grotesca", no sentido de Kayser. A "Nova Objetividade" foi uma corrente artística de grande complexidade, exprimindo-se através de várias subtendências;[8] porém mesmo

---

[7] Ver Siegfried Kracauer, *From Caligari to Hitler*, 1947 (ed. Argentina, 1961). Em *O Gabinete do Dr. Caligari*, o diretor Robert Wiene modificou o sentido originário da história de Hans Janowitz e Carl Mayer; ainda assim, a autoridade demencial e a vontade hipnotizada (Cesare, o autômato) têm sua aparição – embora não sua condenação explícita – preservada.

[8] Ver Bernard S. Myers, *Expressionism – A Generation in Revolt*, 1957. Dedicado ao campo das artes plásticas, o livro abrange o estudo

na sua linha de crítica social (na obra plástica de Dix e de Grosz; no cinema de Pabst; no romance de Broch, Musil e Remarque; na poesia de Kästner; no teatro de Zuckmayer; no esforço coletivo do Bauhaus) se manifesta a substituição do dinamismo expressionista pelo predomínio do estático, do "frio", da implacável observação e da impassível transcrição da realidade, aos quais não foram estranhos nem o cinismo nem a contida desesperança dos anos de Weimar. Sóbrio, o tom da Nova Objetividade incorporou-se ao simbolismo da pintura de Max Beckmann e assemelhou-se, em seu lapidarismo e prosaísmo, a estilos diversos como o do nietzscheano Jünger e o dos realistas sociais Anna Seghers e Bertolt Brecht. Mas assim como há estilos "aparentados" com a Nova Objetividade,[9] existem estilos precursores da sua gélida maneira e do seu discreto e sóbrio protesto. Franz Kafka é a maior dessas antecipações. Pode-se encontrar, entre ele e a *"Neue Sachlichkeit"*, a diferença da esperança, da desesperadamente mantida esperança de Kafka, o autor dos heróis humilhados mas sem renúncia, sem nenhuma abdicação da dignidade humana. O destinatário da *Mensagem do Imperador* permanecerá sempre à janela, inabalavelmente esperando. Esse humanisno-apesar-de-tudo separa Kafka da amargura vencida e do cinismo torto dos artistas daquele estilo; no entanto, comparado a um visionário tipo Hoffmann, ele é também um autor *fantástico*. Já contemplamos em Hoffmann o poder da vontade e do indivíduo; já constatamos que esse poder se revela mesmo – e sobretudo – nos "desvios" de seus heróis, como no erro de Natanael. Em Kafka, porém, a coesão, a nitidez, o valor do indivíduo estão tão irremediavelmente minados, que até as reações dos personagens nos são algidamente estranhas: reações de fantasmas, com quem não podemos, sem horror, identificar-nos na narração. O fundamento desse "grotesco frio" de Kafka é o esmagamento do indivíduo

---

do expressionismo propriamente dito e o da "Nova Objetividade", sua sucessora estilística.

[9] Para a representação da "Nova Objetividade" na literatura, ver, entre outros, Otto Maria Carpeuax, *A Literatura Alemã*, 1964.

pelo mecanismo impiedoso de um universo inimigo, onde o choque brutal – constantemente brutal e brutalmente constante – dos fatos absurdos arruína toda tentativa de compreensão racional, de entendimento do mundo. No estilo maduro de Kafka, não há irrupção do sobrenatural. Este se *naturaliza*, tão frequente, tão ubíquo se faz. Como nada é sólido, o sobrenatural, o fantástico, deixa de ser estranho e passa a ser a lei. No mundo kafkiano, nota Kayser, não se pode dizer que a terra nos fuja sob os pés, pela simples razão de que nós nunca chegamos a pisá-la com firmeza. Esse universo homogeneamente hostil, uniformemente sinistro, incessantemente funesto, é um acontecer ininterrupto a chocar-se contra o homem, a feri-lo e a vencê-lo. Tudo se passa como se o mundo estivesse em demolição, e nós fôssemos arrastados entre as ruínas sem ter podido atinar com sua origem, nem com seu sentido ou finalidade. Entre o mundo frequentado pelo mal, mas povoado de valor e de significação, de Hoffmann, e o mundo de significação aniquilada e desesperadamente oculta de Kafka, a diferença é precisamente a que se ergue entre o visionário e o fantástico. É a diferença entre o "despertar noutro plano" de Natanael e o repulsivo despertar de Gregor Samsa, em *A Metamorfose* – um acordar sem ingresso em outro plano de existência, sem "conversão": o acordar de um homem horrivelmente *adaptado*, com fantástica naturalidade, à sua abjeta condição de verme.

Contudo, admitido que em Hoffmann se exprime o poder da vontade humana, por que é que ele se exprime em forma negativa? Por que, para revelar essa vontade, Hoffmann nos desenha um mundo de fantasmas, cuja existência se baseia no aprisionamento, no enfeitiçamento do homem? Por que a manifestação do querer se dá "*a contrario sensu*"? Por que se concretiza, não numa figura audaz de jovem voluntarioso, mas sim na sinistra pessoa de Coppelius, produto de nossa alienação? Por que Hoffmann não fez como outros narradores da época, e em especial como Balzac, sobre quem tanto influirá, exibindo a força de vontade de maneira positiva e direta? Porque Balzac viveu numa sociedade em que, embora o capitalismo moderno ainda não existisse, propriamente, em ato, já havia uma decisão invencível de estabelecê-lo, decisão que alimenta a imaginação e a iniciativa de seus personagens, em todo o âmbito da *Comédia Humana*; enquanto Hoffmann passou sua vida entre a burguesia submissa, obediente, passiva e acovardada da Prússia da Restauração. Foi contra tal sociedade que Hoffmann dirigiu o uso do imaginário, ao mesmo tempo para denunciar a mistificação da autoridade opressora e para assustar a aviltante pacatez dessa classe prosaica. Por isso Coppelius é, simultaneamente, o símbolo da tirania, da escravização do indivíduo, e a imagem-choque com que, conscientemente ou não, Hoffmann contava despertar a modorra da burguesia prussiana – como se no fundo acreditasse que também ela, uma vez despertada, passaria a viver em outro plano de realidade e de comportamento: no plano meridiano e luminoso, racional e lúcido, de Clara. A contingência de sua "situação" induzia Hoffmann a preferir, estilisticamente, às clarezas constantes do "realismo", o *chiaroscuro* de um estilo visionário. Porque, se sua visão era a de um progressista, a de um liberal, seu estilo não poderia ser iluminista, por faltar-lhe, em seu ambiente, a certeza da vitória, a garantia do triunfo das formas esclarecidas de existência social. Sem estar certo dessa vitória, mas, apenas, de sua problemática possibilidade; sem viver no meio de uma burguesia conquistadora, e sim no de uma classe débil e hesitante, pronta a compor-se para uma mesquinha sobrevivência, Hoffmann criou um estilo do imaginário para esse estado de espírito; e encontrou-o, não a clareza autoconfiante, na tradição iluminista da literatura de realismo solar, mas nas comédias irrealistas de Gozzi, o adversário do progressista Goldoni. Porém, tendo-o encontrado, transformou-o em estilo visionário-*luminista*, ou seja: expressão em *chiaroscuro* das sombras e luzes de um mundo dinâmico, onde a vontade humana, pelo bem ou pelo mal – pela poética objetiva de Clara ou pela alienação viciosa de Natanael – molda e constrói a realidade de seu destino.

Santa Teresa, outubro-novembro de 1964.

Parte II

ESTÉTICA

CRÍTICA, RAZÃO E LÍRICA
ENSAIO PARA UM JUÍZO PREPARADO SOBRE
A NOVA POESIA NO BRASIL

para a criação de símbolos que traduzam
literariamente a nossa vida social.
ARARIPE JÚNIOR, 1884

dedico este ensaio a
LEANDRO KONDER, AMIGO

Unexplained beauty arouses an irritation in me: esta frase de William Empson,[1] mesmo vestida desse caráter pessoal, bem pode ser uma severa e tríplice exigência literária. Traz consigo uma direção para a crítica, é claro, um apelo para que ela se faça Razão e pela razão compreenda a obra; traz uma exigência ao poeta, que não deve deliberadamente procurar a prática da poesia sem sentido, nem se comprazer na arte obscura; e traz de novo uma direção à crítica, desta vez, enquanto *espera*: enquanto a crítica se faz expectativa preparada, consciente e armada, da literatura em potencial. Não posso negar que essa "interpretação" da frase inglesa é bastante violenta. Qualquer um se lembrará do texto de Empson, e de como o alcance da sentença é bem mais restrito. Mas eu gosto de tomá-la como lema, e um lema é sempre cheio de implicações, uma espécie de concisão implicitamente grávida – enriquecida pelo seu tom imperativo. Assim toda a crítica jovem poderia adotá-la no Brasil: pois nunca, eu creio, se fez tão necessária a presença da crítica como apreensão racional. O tema deste ensaio é a crítica como Razão, paralela, seguinte ou anterior a obras brasileiras capazes de instaurar uma poesia do pensamento.

---

[1] William Empson, *Seven Types of Ambiguity*, primeira edição, 1930, edição citada, 1961.

Consideração crítica da poesia é corpo estranho na nossa atividade intelectual; além de rara, assistemática. No entanto, agora chegou o momento de estabelecer uma poética de contribuições nacionais, ao mesmo se se deseja realmente conduzir e acompanhar o processo da nova lírica. Não se pode mais julgar poema sem prévio conhecimento estético: porque na realidade todo mundo sempre julgou de acordo com uma teoria; apenas, praticando o juízo em plena inconsciência dessa base teórica, bem àquela maneira brasileira de desprezo pelo sistema, pelo fundamento filosófico, que todas as vezes acaba na exaltação das imbecilidades engalanadas.

É preciso, portanto, antes de falar na crítica de uma nova lírica, encontrar desta última as razões filosóficas, encontrar o conceito do lirismo. Foi minha pretensão dedicar a esse exame um ensaio[2] no qual se definia o lírico como expressão da consciência reflexiva de uma emoção. Lírico seria o poema onde, em tempo interior, se dá a consciência emocional, a revelação do mundo como *mágico*. Faltou à minha definição uma maior amplitude; faltou dar maior ênfase ao fator linguagem no seu nível de superação – precisamente – emocional. Embora estivesse consciente da extraordinária importância da *forma* no gênero lírico, ainda assim poderia, aprofundando o seu alcance, acentuar o fato de que na própria linguagem reside uma vontade ordenadora, uma disciplina da emoção. De modo que, se a linguagem pode ser utilizada para comunicar emoções, talvez mais fielmente ainda pode ser instrumento de comunicar a atividade ordenadora do espírito. Há uma emoção em bruto, ou do poema composto como veículo de emoção em bruto: o lirismo *pindárico*, de raio, profecia, arrebatamento e inspiração. Mas existe uma lírica, de não menor relevo, cuja emoção, mais tranquila, aparece como memória, como algo *recollected in tranquility*, ou simplesmente como vibração humana diante do puro ato de interpretar o mundo.

---

[2] José Guilherme Merquior, "A Atitude Lírica", Suplemento Dominical do *Jornal do Brasil*, 25/02/1961.

O mundo como significação é *razão*. Das três palavras mais usadas com que os gregos chamavam a razão, *phrónesis*, a ação de pensar para se situar devidamente ante as coisas, *noûs*, o pensamento que afasta o absurdo, e *lógos*, o pensamento que reúne em classe, para dizê-lo, o ser, ressalta uma base comum, que é a consideração do mundo como algo inteligível, dotado de uma estrutura à qual se adapta harmoniosamente o poder compreendedor do homem. Se a lírica é, realmente, significativa, deve conter razão, um movimento organizado de apreensão. Em certo sentido, a lírica, sendo razão, é domínio. Mas concretamente, domínio do mundo, é *posse* dele, propriedade e manejo ativo e direto, por meio de representações mentais. O caráter ativo-concreto da poesia nos leva a negar o predomínio, no terreno lírico, de três funções: "sentimento", "sensação" e "fantasia". Nosso ataque a esses três tradicionais ingredientes da lírica não pretende negar a sua existência na formação da poesia, mas apenas reduzir os seus resultados a uma posição de inferioridade frente ao elemento racional. Pelo mesmo motivo, aceitamos a coexistência dos três no poema, a sua vizinhança, e até a sua integração com a razão. Sua subordinação a esta última decorre, porém, da própria incapacidade significativa que cada uma das funções revela, sem o auxílio do pensamento racional.

A razão poética, integrada por elementos emotivos e sensíveis, não é exatamente a mesma razão conhecida como lógica, abstrata e puramente conceitual. Mas é razão. Não se confunde com o sentimento isolado, o *sentimental*. O sentimental é o que resta da difusão da emoção; é, precisamente, a emoção não superada, a surpresa do homem pelo mundo sem contraparte ativa, sem impressão de significado, sem descobrimento de sentido. Porém o sentimental não possui nem mesmo esse elevado ar dramático. Essa tensão, ele a dissolve. O grande susto diante do Ser, ele o relaxa. Espalha e desintegra o sentido poético por meio de uma lacrimosa obstinação em não *dizer*, em não interpretar, em recusar-se ao estabelecimento de uma significação geral. Por isso, o sentimental é a tradução verbal de um comportamento marcadamente subjetivo. A longa tradição do seu sentimentalismo na nossa poesia é um dos melhores indícios da sua fraqueza. O predomínio do sentimental parece não ofender muito a finalidade comunicativa da poesia. Somente, nada tem a comunicar, não transmite no interesse coletivo. A presença exagerada da fantasia, ao *contrário*, prejudica a comunicação poética até o ponto em que o poeta se torna objeto ininteligível. Presença exagerada, desviada, com origem em todas as numerosas teorias que atribuem à imaginação do poeta uma ação livre, solta, sem obrigação de referir-se à realidade e sem o compromisso de se afastar dela tão somente para poder melhor apreendê-la. O entendimento da fantasia como liberdade desvairada, como criacionismo despreocupado da comunicação, como fonte de ilusões – a poesia de miragens – foi corrigido desde cedo. A estética moderna, no seu primeiro século, já o combatia, propondo em vez dele o meio-termo da criação comunicável, da imaginação transitiva entre o concreto e o conceito. Shaftesbury e Kant foram muito explícitos neste ponto. A necessidade de recorrer a símbolos de inteligência comum é inarredável da lírica. Indispensável é a comunicação, por via consciente, de significados de fundo coletivo, porque a poesia não pode ser um jogo de obscuridade e de inconsciência totais. O poeta moderno precisa meditar nisso, precisa compreender que fora daí arrisca a própria função (e exigência) da sua obra. Precisa dar à imaginação criadora o caráter de uma *fantasia exata*. Assim a imaginação será, porque comunicável, razão. Como Wordsworth disse, ela é

Reason in her most exalted mood.[3]

A razão existe na poesia, e regula tanto o sentimento quanto a fantasia, que no verdadeiro poema não lhe são de nenhum modo opostos. Mas a atuação da razão vai ainda mais longe: é capaz de trazer para o poema várias formas lógicas. Diga-se de passagem que nos referimos

---

[3] No poema "The Prelude", livro XIV.

aqui a estruturas lógicas, a armações do raciocínio, e não a elementos intelectuais. Se nos referíssemos a esses, não haveria objeção possível contra a essência racional da poesia; pois como energicamente afirma Amado Alonso, *todo acto de comprensión se basa en elementos racionales*; não é possível haver linguagem sem conceito e sem atitude intelectual: *el pensamiento idiomático ve el mundo categorizado de modo peculiar en cada lengua; por consiguiente, decir conocimiento por el lenguaje y decir actitud intelectual es uno y lo mismo, y la actitud intelectual sólo se puede descartar descartando el lenguaje.*[4] Não se poderia eliminar melhor a veleidade de fazer da poesia uma pura interjeição, um puro "sentimento", ou uma pura notação do sensorial "puro". Tais purezas podem consistir até mesmo em programas literários; nunca serão praticáveis em linguagem. O nosso interesse aqui é outro: prende-se às ligações entre lírica e lógica. O assunto foi muito bem apresentado recentemente por Paul Goodman, que no seu *The Structure of Literature* estuda as variações do *motion thought* poético e as suas manifestações concretas em poemas.[5] Os movimentos de pensamento podem se simétricos ou assimétricos, coordenados ou subordinados, de inferência ou não: mas estão sempre ativos, construindo no poema aquilo que é marcha de sentido, andamento significativo, *discurso*, sem o que não se conhece, no Ocidente, poesia alguma. O soneto é campo privilegiado dessa ação intelectual. O soneto é, antes de tudo, um esquema onde até uma divisão estrófica básica (a oitava separada do sexteto final) indica uma quebra de pensamento. Grande número dos sonetos de tipo petrarquiano são construídos assim: às vezes, enquanto a oitava leva uma ideia geral, o sexteto a retoma particularizada, personalizada, preparando a

---

[4] Amado Alonso, "Por qué el lenguaje en sí mismo no puede ser impresionista", *Revista de Filología Hispánica*, II, 1940; publicado também no volume *El Impresionismo en el Lenguaje*, pela Universidade de Buenos Aires.

[5] Paul Goodman, *The Structure of Literature*, 1954: capítulo quinto.

conclusão. Outras vezes o poeta aproveita a divisão para mostrar duas situações diversas, como no seguinte soneto *in morte di madonna Laura*:

> *Spirto felice che sí dolcemente*
> > *Volgei quelli occhi piú chiari che 'l sole*
> > *E formavi i sospiri e le parole*
> > *Vive ch'ancor mi sonan nella mente,*
>
> *Già ti vid'io d'onesto foco ardente*
> > *Mover i piè fra l'erbe e le viole,*
> > *Non come donna ma com'angel sòle,*
> > *Di quella ch'or m'è piú che mai presente;*
>
> *La qual tu poi, tornando al tuo Fattore,*
> > *Lasciasti in terra, e quel soave velo*
> > *Che per alto destin ti venne in sorte.*
>
> *Nel tuo partir partí del mondo Amore*
> > *E Cortesia, e 'l sol cadde del ciclo*
> > *E dolce incominciò farsi la Morte.*

onde se vê uma verdadeira partição, embora harmoniosa, entre a oitava que descreve Laura em vida, e o sexteto que lamenta os tristes efeitos de sua morte, não só de Laura, mas de Amor, de Cortesia, de *gentilezza*; e toda a graça passada se foi com Laura, deste mundo, para o reino agora amável com a presença dela: e *dolce incominciò farsi la Morte*. Naturalmente, o movimento intelectual (*ratio*) do poema não para nisso; somente o seu meneio mais sensível e externo está comprometido com a divisão oitava-sexteto. Por outro lado, esta mesma nem é rígida. Quatro sonetos atrás, Petrarca leva a ideia geral da oitava até o meio do nono verso.[6] A forma lógica é construída dentro ou além da estrófica. Nas canções, ela determina o metro. A estrutura flexível da canção petrarquiana, com decassílabo alternando com hexassílabo, desdobra-se de verso em verso de acordo com o discurso poético. O poeta pensa através do ritmo. Mas, não como no soneto, o pensamento menos concentrado ganha aquela serena

---

[6] Soneto *Da' piú belli occhi e dal piú chiaro viso*.

habilidade de errar em várias evoluções. Infelizmente, o espaço deste ensaio já é bastante mal ocupado para que não o economizemos – eu me obrigo a remeter o leitor, para que sinta a atuação concreta das voltas de pensamento, a uma canção de Petrarca que é das mais célebres, e a este respeito das mais características, a que se inicia

> *Di pensier in pensier, di monte in monte*
> *Mi guida Amor; ch'ogni segnato calle*
> *Provo contrario a la tranquila vita.*

Esses três primeiros versos, logo se recordará, são o próprio "programa" da canção, que desenvolverá a sua ideia pelo resto do seu percurso. A herança de Petrarca foi, como se sabe, muitíssimo disputada e ampla. Camões representou em Portugal o ponto mais alto dessa linha, da então poesia nova. Também ele obedeceu ao soneto como forma de arquitetura lógica, e embora muitos dos seus sonetos sejam mais "românticos", menos dados às leis esmiuçadas ou contrapostas do que à comovida enumeração sugestiva (*Aquela triste e leda madrugada*), mesmo quando afeitos ao modelo petrarquiano *(Tanto de meu estado me acho incerto)*, ou narrativos, em aparência (*Quando de minhas mágoas)*, dramaticamente optativos (*O dia em que nasci morra e pereça*), ou plenos da mais esfumada e langorosa vaguidade, como aquele, impressionista e belíssimo, *O céu, a terra, o vento sossegado...* – embora todas essas direções, dizíamos, também Camões soube não poucas vezes marcar os quatorze versos com os passos de um pensamento firme, mais intelectualmente elaborado. Assim em *Transforma-se o amador na causa amada*; em *Busque Amor novas artes*, conceituoso e lógico, e culminando na famosa e incerta definição do mal de amor:

> *Um não sei quê, que nasce não sei onde,*
> *Vem não sei como, e dói não sei porquê.*

Porém onde é possível surpreender melhor o pensamento movente em Camões, a presença, não de um "conteúdo" conceitual, mas do *processo necessariamente* (também) *intelectual do discurso*, é nas suas canções. Um trecho da canção nona, a que começa, *Junto de um seco, fero e estéril monte*, e onde há ecos de Boscán, servirá de rápida amostra –

> *Aqui estive eu com estes pensamentos*
> *Gastando o tempo e a vida; os quais tão alto*
> *Me subiam nas asas, que caía*
> *(E vede se seria leve o salto!)*
> *De sonhados e vãos contentamentos,*
> *Em desesperação de ver um dia.*
> *Aqui o imaginar se convertia*
> *Num súbito chorar e nuns suspiros*
>   *Que rompiam os ares.*
>   *Aqui, a alma cativa,*
> *Chegada toda, estava em carne viva,*
> *De dores rodeada e de pesares,*
> *Desamparada e descoberta aos tiros*
>   *Da soberba Fortuna:*
> *Soberba, inexorável e importuna.*

A passagem reproduzida vem depois da descrição, com notas mitológicas, do lugar onde se encontra o poeta e onde se lhe aviva dolorosa a lembrança da amada. Para benefícios da nossa tese, o mais notável nesses versos é o manejo da adjetivação. Por exemplo, a modificação do nome *pensamentos* não é obtida através de adjetivos vocabulares simples, mas sim através da exaltada oração adjetiva *os quais tão alto / me subiam nas asas*. Semelhante procedimento não pode ser atribuído ao acaso inspiratório, quando mais não fosse por ser ele quem, prolongando a esfera significativa da palavra *pensamentos*, permite um verdadeiro desdobrar-se da ideia, um acúmulo de sentido (e de sentimento) *aos quais não é de nenhum modo estranho o esquema oracional e lógico dessas seis linhas*. Estamos diante de um autêntico discurso. O pensamento em curso, em fluência controlada, em fluência que é regente da marcha fundamental do poema e, portanto, do que ele tenha de emotivo e de vibrátil. A observação mais importante, contudo, não está aí. Está onde se possa revelar, no discurso, a sua perfeita integração na matéria sonora, palpável, do verso. Ora, como em tantos grandes poemas, isto é precisamente o mais sensível. De novo vamos lê-lo, agora à altura do terceiro verso, mas naquela parte em que se inicia a oração consecutiva: (*tão alto*) *que caia*. Daí até a rima em *ia* vão dois versos, dois versos que demoram esta queda, primeiro pelo parêntese, pelo oportuno desvio que o poeta sugere ao leitor, ao mesmo tempo aproveitando-o como pausa, e segundo, pela nobre calma do verso heroico, com seus três acentos tão aproximados da completa simetria:

De sonha/dos e vãos / contentamen/tos

Quando enfim o poema chega à linha da rima, como se seus sonhos e voos da ideia amargamente se desfizessem, ferindo o termo dessa queda, que não passa de uma triste recaída na realidade, o andor do verso se demora ainda mais; a bela simetria do decassílabo desaparece; as sílabas se escandem penosamente até a sexta ou final; o verso enfeixa o fim da ideia, mas levando com ele o dolorido termo de uma ilusão:

Em de-ses-pe-ra-ção / de ver um dia.

O uso da forma adjetiva oracional continua: no primeiro verso de seis sílabas, ela ocupa o metro todo. Só quando se atinge o terceiro período, de começo em *Aqui a alma cativa*, a modificação do substantivo passa a preferir a palavra à oração. Haverá para isso alguma causa sensível? É claro que sim. É que agora, em oposição ao lento estado dos versos precedentes, com o vagar das "imaginações" que se evolam, surge a rápida e dramática presentação da alma, dilacerada, pesarosa e sem abrigo. Por isso mesmo os adjetivos se sucedem em cascata, culminando no intenso *"enjambement" dos tiros / da soberba Fortuna* – ao qual se segue, ainda adjetiva, mas implacável e metálica como convém à representação da adversidade do destino, a rígida tríade.

soberba, inexorável e importuna.

A pesquisa das direções de pensamento da poesia da Renascença é tarefa mais do que recompensadora; da Renascença e das várias e notáveis antecipações barrocas do século XVI. A propósito, passemos de Camões a John Donne e à poesia *do wit*, à *metaphysical poetry* (título bem enganoso) dos ingleses redescobertos, reestimados e venerados no nosso século. Donne é o homem a quem já se tornou comum adjudicar o máximo *engenho* poético, a maior "agudeza", a maior sutileza barroca na invenção de "*concetti*" únicos e retorcidos. Donne se tornou para nós uma espécie de símbolo da artificialidade lírica, um Mallarmé prévio, e prévio justificador de quanto há na poesia moderna de ambíguo, multivalente e... janista (de Jano). Pois bem: dê-se a John Donne a sua parte de responsabilidade na confecção dessa figura, e baste; porque, a menos que se queira valorizar o poeta, genial a tantos respeitos, pelo próprio avesso daquilo que durante tanto tempo foi a base do seu repúdio, a menos que se queira exaltar hoje o que era ontem o seu defeito – a artificialidade, a ginástica meio gratuita dos truques verbais – é obrigatório reconhecer em Donne algo superior, mais honesto, mais permanente e até quantitativamente predominante como elemento da poesia. Em suma: Donne não pode ser, de preferência, o poeta surpreendente, o brilhante amador de jogos de ideias, o metaforizador de fogos-fátuos, o diletante de dificuldades, conceitista de superfície. Os seus poemas não existem para mostrar uma e outra linha engenhosa, um e outro faiscar do "*esprit*". Donne não é nada disso. O gênio redescoberto em 1920 era ofuscante demais. O gênio de 1960 é mais inteligente. Na minha pequena opinião, quem melhor precisou a questão foi Al Alvarez, no livro extraordinariamente perceptivo, *The School of Donne*.[7] Algumas ideias de Alvarez são extremamente importantes para uma compreensão de Donne. Para ele, o autor dos *Songs and Sonnets* foi o primeiro "realista intelectual" em poesia; o poeta que construiu menos uma técnica do que

---

[7] Al Alvarez, *The School of Donne*, 1961.

uma *forma de inteligência*, e em cuja obra o "conceito"[8] é muito menos perseguido do que a *lógica*. O antipetrarquianismo, e, portanto, antispenserismo de Donne também se explica: ele não considera as ideias num mundo à parte, mas as incorpora e funde na sua experiência e na sua emoção – como o homem capaz de se emocionar com o pensamento, e, em consequência, incapaz de conceber as funções e produtos do intelecto *como algo fora do âmbito real da existência concreta*. A construção do poema foi para ele uma cuidadosa progressão do *argumento*, uma *dialética*, e, para citar textualmente o crítico, *both Donne's intelligence and his images are, in fact, more rational than fantastical*; mas, em compensação, *ideas, learning, dialectic and tought, sceptical nationality were emotionally important to him*. Se o propósito deste ensaio fosse menos ambicioso, e a minha percepção comparável à de Alvarez, bastaria escolher um poeta em língua portuguesa e justificar-lhe a obra como a de um realista intelectual, uma poesia do pensamento em vibração emotiva, para defender o lugar do intelecto e da razão do nível mais alto do lirismo. Assim foi Donne. Assim foi, sob certos aspectos, o poeta lionês, Maurice Scève, e a obscura portuguesa, Violante do Céu. Assim foi, cinquenta anos mais jovem que John Donne, o grande horaciano Andrew Marvell, autor inesquecível de uma das mais fortes poesias de amor de todos os tempos –

> *My love is of a birth as rare*
> *As 'tis for object strange and high:*
> *It was begotten by Despair*
> *Upon Impossibility.*

– e que se chama, significativamente, não um nome romântico e nada de sentimental, mas *The Definition of Love*. Este poeta é o único "*pendant*" de categoria para a célebre *A Valediction: Forbidding Mourning* de Donne,

---

[8] O emprego da palavra *conceito* nesta passagem não deve ser entendido no seu sentido lógico, mas sim no da terminologia poética e barroca.

onde os amorosos são comparados aos dois braços de um compasso. A comparação de Marvell é também geométrica, nas últimas estrofes:

> *As lines, so loves oblique may well*
> *Themselves in every angle greet;*
> *But ours, so truly parallel,*
> *Though infinite, can never meet.*

Nenhuma languidez, nenhuma deslizante fantasia nem nenhum "detalhe materialmente sensível", poderia exprimir melhor a contraditória ideia desse amor platônico, de densa união espiritual, mas condenado pela sorte a uma impossibilidade de união física. Eis um dos superiores exemplos de rigor emocional pela intervenção do pensamento, ao qual remetemos o leitor com gosto e insistência. Podemos com ele voltar um pouco à nossa anterior condenação do predomínio do fantástico, pois o poema de Marvell é antes de mais nada uma compacta organização imagística energicamente referida ao real, a um mundo efetivo de possibilidades humanas. Vê-se quanto a inventividade se dirige ao real, quanto o reflexo da arte devolve a sua imagem à vida. Há, também nisso, algo de masculino nessa técnica, onde até a sonoridade se submete à precisão da ideia. É o poema intelectual alcançando esferas onde a mera fantasia seria impotente; de modo que se pode reconhecer em Marvell aquela faculdade atribuída a Donne por Thomas Carew, ao elogiar os sermões do grande *monarch of wit*:

> *And the deep knowledge of dark truths so teach*
> *As sense might judge, what fancy could not reach.*[9]

E dele podemos nos despedir voltando agora o nosso ataque contra a abundância e preeminência do elemento *sensorial*. O império, o prolongado império do elemento sensível na lírica do Ocidente quase não recebeu

---

[9] A mesma oposição ente *sense* e *phantasie*, ligeiramente alterada para "razão" contra fantasia, no próprio John Donne (*The Dreame*).
It was a theame
For reason, much too strong for phantasie

contestação. Por cerca de duzentos e cinquenta anos, a presunção de que a linguagem abstrata representa uma carga morta, e de que, em consequência, a poesia deve pintar ações particulares ou sonhar sobre as memórias de impressões sensoriais foi aceita sem discussões. Yvor Winters, que observou muito bem esse estado de coisas,[10] acrescenta a esse quadro uma nota interessante, a relação existente entre semelhante "poética" e os princípios da psicologia associacionista. Com muita finura, Winters descobre no processo de composição desde cedo adotado por Ezra Pound uma espécie de inversão do associacionismo: desde que, para a psicologia clássica, as ideias nascem das impressões sensoriais, então todas as ideias podem ser expressas em termos de impressões de sentidos; é o método de "pensar" de Pound, aplicado nos *Cantos*. O delírio do sensualismo poético chega, como se vê, até as "revoluções" da literatura contemporânea. Não era, no entanto, o método da poesia renascentista e barroca, de Ben Jonson, de Donne e de Herbert, poetas cheios de pensamentos em posição de domínio – utilizadores do sensível, em tudo, porém, estranhos ao culto do detalhe e do material em si. A retomada dessa boa tradição é fenômeno recente. O entusiasmo de Winters por Valéry, especialmente pelo poeta de *Le Cimetière Marin* e de *Ébauche d'un Serpent*, é muito revelador, já que Valéry é o grande rearmonizador do material sensível com o ingrediente intelectual, e da linguagem descritiva com a abstrato-conceitual. Eu não gostaria de abandonar a questão sem referência a um dos principais resultados estéticos da "volta do pensamento": a modificação na atitude do leitor. Todos recordamos a frase de Coleridge sobre o estado de espírito em que se deve ler poesia: *That willing suspension of disbelief for the moment, which constitutes poetic faith*. A verdade básica expressa por Coleridge permanece válida para qualquer tipo de poesia.

---

[10] Yvor Winters, *The Function of Criticism*, 1957, edição inglesa, 1962. O ensaio em questão é "Problems for the Modern Critic of Literature", publicado pela primeira vez em 1956, na *Hudson Review*.

A própria fenomenologia do ato de leitura confirma a sua tese.[11] Apesar disso, o entendimento histórico dessa ideia pode levar a coisa mais além dos seus limites, como se nela estivesse implicado que a atitude de ler poesia exige uma progressiva negligência do pensamento, uma conduta de abandono intelectual. Em breve, o leitor se aproximaria do poema predisposto a "sentir", mas não a pensar e raciocinar; em breve a suspensão do *disbelief* seria efetivada como verdadeira *suspension of ideas* – quando é evidente que as duas coisas são muitíssimo diferentes. A leitura do poema intelectualizado, ao contrário, parece exigir a atenção da inteligência leitora. Ele se dirige, também e essencialmente, não apenas ao equipamento intelectual do leitor, mas à sua capacidade de movê-lo para apreensão e seguimento do discurso lógico. Por isso nós vemos Winters, quando examina os efeitos do poema de Valéry sobre o leitor, comentar de maneira afastada de Coleridge: *no suspension of intelligence is required of us; in fact we shall have to keep our intelligence wholly alert if we are to follow the poem.*

Se a lírica é emoção, mas sem deriva no sentimento e sua desordenada difusão; se é imaginativa, mas sem a solta fantasia despregada da realidade; se é consideração do mundo, mas sem sujeição aos seus dados, sem pura descritividade: se a lírica é também razão, ou o pulso emocional de uma razão que enfrenta o mundo disposta a extrair dele um significado – o objeto da lírica é, não diretamente a consciência reflexiva de uma emoção, mas, antes de tudo, *pura significação nascente*. O que na lírica se percebe é o nascimento de uma significação. Tudo o que nela vibra, fundamentalmente nos vem dessa atitude palpitante da consciência, ao descobrir um novo sentido e ao manejar, em palavras, o novo sentido, quase sem recurso nenhum às aderências materiais. A significação nascente e pura, como originariamente se dá à consciência,

---

[11] Veja-se, por exemplo, Sartre, *Qu'est-ce que la littérature?* (*Situations II*, 1948) e também Gaëtan Picon, *L'Ecrivain et son Ombre*, 1953, ed. Argentina, 1957.

antes mesmo de se ter tornado um signo comum e de uso normal. Quando os formalistas russos tentaram definir a lírica, chamaram-na a atitude onde se revela "a primeira pessoa do singular, no tempo presente". A definição, de Roman Jakobson, atende a dois aspectos essenciais do gênero, o de tempo interior e o de vividez emocional sempre colhida como manifestação presente, mesmo se o poema é evocação ou previsão. Porém devemos entender por atuação da voz individual, da "primeira pessoa do singular", algo verdadeiramente pessoal? Não, porque o objetivo dessa atuação é o desvendamento de significado, isto é, de um elemento de comunicação inabilitado a existir fora do seu ser-comunicável. Na lírica a subjetividade está essencialmente a serviço do coletivo, a serviço dos homens, pois só assim se pode compreender que seja, como é, uma atividade constitutiva de sentido. Por isso, para apreender os reais fundamentos da lírica é preciso frequentar a teoria da arte como instauradora do Ser, mas ao mesmo tempo, aquela teoria do Ser, base comum a toda a filosofia contemporânea, cuja preocupação, cujo eixo de pesquisa, é *a fenomenologia da consciência como fonte originária das significações*. Compreender a atividade mais radicalmente humana, no seio e limiar da consciência, a qual consiste em ver como *o ego empresta um sentido a tudo o que se nos oferece no mundo*,[12] já que o mundo não aparece nunca como um ser integral fora da sua apresentação como um sentido, originado na consciência instauradora que é fonte de toda significação. Pelo mesmo motivo, a tarefa da fenomenologia não é a busca da "experiência", mas sim da compreensão de si, e Edmundo Husserl poderá falar do mundo, primeiramente, como *unidade de sentido*. Compreender e significar, eis o processo e o tema da lírica. Recordemos um dos nomes gregos da razão: *noûs*, o pensamento que afasta o absurdo. A poesia é e deve ser a recusa do in-significante, do que "não faz sentido", absurdo – e aqui penetramos o mais íntimo foro da sua racionalidade.

---

[12] Gastón Berger, *Le Cogito dans la Philosophie de Husserl*, 1941.

Mas será isso uma característica poética privativa? Não é também um atributo da ficção e do drama, para ficarmos entre as artes cuja expressão se faz através de palavras? Seria impossível negá-lo. Entretanto, a lírica, e só ela, se ocupa constitucionalmente da significação nascente, ainda unida de enigma, e *pura*. Não é por outra causa que a lírica se dá em tempo interior: é porque nela e só nela a consciência revela o mundo revelando-se a si própria, ao mesmo tempo, como reveladora do mundo. Por isso toda ação na lírica, tenha ou não a aparência de exterior, é *ação íntima*. Até mesmo uma estrutura "narrativa", com "personagens", como o poema "O Rio", de João Cabral de Melo Neto, ou as produções do bucolismo tradicional, não escapam a essa condição de provocar no leitor não a atenção a situações "objetivas", mas antes o acompanhamento de um puro movimento de significações. A épica é também significação, é também discussão de valores (em consequência de fundar significados) – mas não em estado puro, e antes como resultado do que como processo interno. Na verdadeira narrativa está sempre presente o senso do *divertir*; não nos esqueçamos de que o sentido original dessa palavra é desviar, afastar. O divertimento, sedução do épico, suave condutor da linguagem ao detalhe e à digressão,[13] participa da essência do gênero. Ao contrário, a lírica é por excelência concentrada. Longe de ser digressiva, opõe à tentação centrífuga da narração a força compressora de uma *pura interpretação*, consciente de si como tal, e deliberada a construir uma forma energicamente contida. A concentração, no entanto, não deve ser entendida literalmente como uma exclusão de qualquer molde poético maior do que as diminutas "líricas". Bem ao inverso: insistindo na sua função interpretativa, na sua dignidade de compreender, a lírica moderna tende naturalmente ao poema.

A razão desse destino é a mesma que confere à lírica contemporânea uma *abertura ao social*. A poesia se rende

---

[13] Veja a consideração crítica da estrutura digressiva da épica em E. Auerbach, *Mimesis*, 1942, ed. em espanhol, 1950.

e se aumenta no esforço de interpretar o mundo, mas esse mundo interpretado é o universo coletivo dos homens, e seus problemas não apenas a afetam – chegam a criá--la. A "primeira pessoa do singular" é hoje mais do que nunca uma primeira pessoa *do plural*. E assim o "tempo inteiro", ele próprio, pois se a lírica se dedica a pensar o social, devota-se a pensar a História, e faz matéria sua a temporalidade *feita pelos homens*:[14] eis o tempo íntimo confundido e engrandecido com o próprio tempo da História. A poesia se torna então *crítica da sociedade*. A crítica, a comodidade natural da razão, aquilo sem o que ela sufoca. A poesia discute valores, não já simplesmente os funda; e o lirismo, que era já um tipo especialíssimo de consciência emocional, agora aparece como emoção ante um mundo-problema. Qual é essa *consciência da emoção problemática*? É em si mesma uma transição da consciência emotiva para a fase de domínio racional, uma percepção do mundo como obstáculo que já traz em si uma decisão superadora. É, sobretudo, uma experiência ante algo que se processa exatamente de acordo com o sentido profundo da famosa frase-divisa: *a humanidade só se propõe os problemas que pode resolver*. De novo o tema da razão superadora, o eco do domínio humano, do projeto e da práxis firmemente calcados na positividade, ontológica e axiológica, do futuro e do possível. Porque a lírica na qualidade de literatura problemática é crítica social das mais eminentemente fecundas, é proposta militante de valores novos e de formação coletiva, é livre exame emocionado daquilo que só se conservará, daí em diante, pelo seu ser-ultrapassado. À sua função se aplicaria maravilhosamente a visão hegeliana da poesia – e não só dela – como alegre desprendimento do passado, do dado e do objetivo-rotineiro, pela marcha do espírito que se propõe o novo "liberado em si, já não vinculado ao material exteriormente sensível". E o interesse máximo,

---

[14] Veja a nota 2, p. 6, cap. III da *Question de Méthode* que abre a *Critique de La Raison Dialectique* de Sartre, para a noção de um tempo concreto histórico *feito* pelos homens.

reelênico, de uma tal poesia consiste naquela tensão ética onde a cada momento a sociedade se investiga, e sem permitir na crítica o triunfo da dissolução, se oferece em linguagem como o mais importante das criações: como paideia, como construção do homem por ele próprio.

Contudo, é claro que a nova lírica não se basta num mero moralismo; é evidente que não chegará a nenhum valor fora da íntima compreensão do social, nem saberá propor uma formação criadora[15] sem interpretação histórica concreta. Interpretação desse tipo só é, hoje, possível na base de uma penetração no problema social – na questão social. Não há imagem concreta de um suposto "*Zeitgeist*", existe apenas, como desde 1931 observava sensatamente Levin Schücking,[16] o espírito de vários grupos de cada época. Existe uma questão social; não há mais nenhuma inteligência digna desse nome capaz de negá-lo, e nem isso admira – de que maneira a poesia pode sobreviver, se não for pela expressão desse momento histórico? Mas quando se fala em "arte politicamente interessada" surgem mil cassandras predizendo a "morte" da poesia, a "barbarização da cultura" e, naturalmente, apontando o triste fim da arte soviética como prova de que a jovem classe, uma vez no poder, abafaria a expressão criadora na camisa de força dos decretos do "realismo socialista". Embora sem pretender negar que semelhante fracasso tenha ocorrido, por exemplo, durante o período stalinista da União Soviética, nós não podemos aceitar esses falsos terrores. Não há a menor incompatibilidade entre arte e revolução, entre poesia e socialismo. O que a revolução, ou o simples "advento do proletariado ao poder", pede à nova lírica não é nada que remotamente se assemelhe a uma autocastração. Muitíssimo pelo contrário: ao pedir à literatura a sua expressão revolucionária, o *verdadeiro* socialismo rejeita energicamente a implantação da arte

---

[15] A palavra que eu tenho na cabeça é *Bildung*, o conceito goetheano que contém a equivalência da formação artística com a formação natural.

[16] Levin L. Schücking, *The Sociology of Literary Taste*, 1950 (3. ed.); primeira edição alemã, 1931.

por decretos e defende com igual veemência a incorporação à cultura proletária da tradição cultural do passado, burguesa e anterior; porque assim como só os ignorantes em pânico ainda pensam que "socialismo" significa distribuição socializada da miséria – só os imbecis de galocha consideram a ideia de repudiar toda a nossa riquíssima tradição artística pela razão lamentável de que essa cultura passada não foi "expressiva" do proletariado e da revolução. Mas aqui está um assunto em que me é difícil refrear a indignação, já que, ao que me parece, o mau entendimento dessas coisas é sonsamente proposital. Prefiro citar algumas passagens altamente esclarecedoras de um livro estimulante – *Literatura e Revolução*, de Leon Trotsky:[17]

> Não é verdade que nós olhemos como nova e revolucionária apenas a arte que fale do trabalhador, e é tolice dizer que nós exigimos do poeta que ele descreva inevitavelmente uma chaminé de fábrica, ou o levante contra o capital! Naturalmente, a nova arte não pode deixar de colocar a luta do proletariado no centro da sua atenção. Mas o arado da nova arte não está limitado a faixas numeradas. Pelo contrário, ele deve arar todo o campo em todas as direções. Líricas pessoais do menor alcance têm absoluto direito de existir dentro da nova arte. Além do mais, o novo homem não pode ser formado sem uma nova poesia lírica. Mas, para criá-la o próprio poeta deve sentir o mundo de uma nova maneira. (...) Seria infantil pensar que toda classe pode criar inteira e plenamente a sua própria arte de dentro de si mesma, e, em particular, que o proletariado é capaz de criar uma nova arte por meio de corporações ou círculos artísticos fechados, ou pela Organização de Cultura Proletária, etc. Falando em termos gerais, o trabalho artístico do homem é contínuo. Cada classe nova em ascensão se coloca nos ombros da precedente.

---

[17] Leon Trotsky, *Literature and Revolution*, 1960. A tradução para o português é minha.

Deixando de lado a discussão de alguns poetas menores, é perfeitamente aceitável o pensamento de Trotsky, que resguarda na arte nova toda a liberdade, para passado e futuro, com que ela se enriquecerá. Se se lê, depois disso, o artigo de Ernest Fischer,[18] "O Problema do Real na Arte Moderna", publicado 34 anos após o do livro de Trotsky, a certeza de que existe, na teoria socialista, um lugar reservado (e privilegiado) para a nova literatura se robustece. Fischer concorda com Trotsky quanto ao aproveitamento cultural do passado e quanto à aceitação da arte sem controle restritivo. Mas a distância entre ele e o pensador russo se revela, naturalmente, em certos temas do ensaio onde repontam alguns problemas mais recentes. Por exemplo, a condenação da "indústria do absurdo" levada a efeito por Fischer é notável. Repudiando sem piedade essa verdadeira produção em massa de "angústias", "terrores", fins-de-linha, rinocerontes e godôs de que se alimenta a literatura burguesa, ele se aproxima da posição antifantasista de Lukács[19] e das agudas considerações de Henri Lefebvre sobre a "literatura do possível":[20] a poética de crítica saudável, em oposição ao tragicômico sistema de angústias, a prestação que a estupidez (e o interesse) da burguesia se obstina em fazer passar por "arte nova". Um dos pontos de honra de uma concepção amplificada da nova lírica deve ser a defesa de uma *unidade diversificada*. Basta verificar a extrema riqueza do humano para impedir que se exija da poesia uma mesmice forçada. O atual (pós-1945) romance brasileiro é uma prova: ganhou maturidade e uma notável unidade estilística sem sacrifício da existência de obras e autores fortemente individualizados. A poesia deve imitar

---

[18] Ernest Fischer, "Le Problème du Réel dans l'Art Moderne", publicado no número de janeiro de 1962 de *La Nouvelle Critique*; em alemão, na revista *Sinn und Form*, da República Democrática Alemã, n. 3, 1958.

[19] Georg Lukács, *La Signification Présente du Réalisme Critique*, 1960, edição alemã, 1957.

[20] Henri Lefebvre, conferência-debate sobre o romantismo revolucionário, publicada em *Cercle-Ouvert*, n. 11, 1957. Lefebvre é o autor de agudíssima obra de estética marxista, a *Contribution à l' Esthétique*, 1953.

isso, e abandonar de vez essa "diversificação" atual, sem unidade, que lhe empresta um ar de bagunça depois do neoparnasianismo de 1945. Nota-se, a propósito, que se esse caos agrada tanto a tantos críticos de encomenda, sempre dispostos a tomá-lo por um "sinal de riqueza", é na medida exata em que crítica e literatura se processem inconscientemente no Brasil. A autêntica riqueza virá quando vier a verdadeira aproximação da realidade nacional; quando, por meio dela, for atingida pelo ser-brasileiro uma densa penetração humana. Então, se a nossa nova lírica puder realizá-lo (e a lírica, protesta muito bem Yvor Winters, tem tanto ou mais poder do que a ficção para isso),[21] a poesia se atribuirá entre nós aquela profunda humanidade, de entranhada experiência, que permanece a marca das grandes obras assim veneradas em todos os tempos. Mas eis aqui uma ideia que não se pode aceitar sem o prévio reconhecimento de que a literatura, mesmo autônoma e específica como atividade, não existe sem realizar-se na direção de uma necessária *causa final*,[22] e de que essa finalidade, é a sua grandeza, de que esta é, sem dúvida possível, "a profundidade e a riqueza das suas relações com a realidade-afetiva".[23]

Há o desejo de uma poesia nova, racional e socialmente empenhada. Há a possibilidade concreta da sua realização. Há os seus exemplos, as provas da sua incipiente existência como estilo de uma época. Que dever fazer a crítica em face a tudo isso? Deve dedicar-se à determinação das tendências potenciais da nova lírica. Deve, paralelamente, teorizar sobre a nova poesia, elaborar a sua poética, tornar-se manifesto e plataforma da sua atuação sem deixar de ser exame das suas obras; mas não deve teorizar sobre nada sem cunho estilístico – não deve pedir uma poesia "ex-nihilo", nem tentar forçá-la sem ao menos se apossar de um encaminhamento já contido e latente na nossa melhor fortuna poética. À crítica

---

[21] Yvor Winters, op. cit., p. 60.
[22] Ibidem, p. 15.
[23] Georg Lukács, op. cit., p. 263.

sempre competiu fazer a "política" da literatura nova. Quando falhou nessa missão, foi preciso que os poetas se tornassem críticos: Pound e Eliot; mas essa não é decerto a melhor solução. Crítica e poesia, crítica e literatura, não são, nem nisso, estanques: mas se conservam como funções distintas. É simplesmente de máxima importância o que a crítica de hoje pode fazer pelas novas obras, zelando para que ganhem, ao mesmo tempo, sua unidade interior e sua firme referência à sociedade. Falo de crítica de poesia; meus erros já não são poucos para que eu tente abranger a crítica de ficção; e, no entanto, ao pensar nesse grávido futuro crítico, penso que ele será comum a toda a nossa atividade literária judicante. Olhemos para o nosso passado literário: não é novo o tema da aproximação entre literatura e sociedade. Não sei se hoje em dia vale mais o Alencar dos romances, afinal superficiais, ou magnífico defensor de uma linguagem brasileira, de uma tentativa de dizer Brasil porque voltada a sentir Brasil. E bem ao certo sei que o nosso maior crítico entre os antigos não foi Veríssimo, com a sua estupenda incapacidade de percepção estética, nem foi Sílvio, cuja obra-monumento se enfraquece em tantos pontos pela violência que as teorias do tempo fizeram à expressão nacional – mas foi, isto sim, o parente biológico e mental de Alencar, Araripe Júnior, o homem que, como crítico, desenvolveu intensa pregação em defesa de uma literatura autenticamente brasileira. Alguém se admira de que tenha sido Araripe, simultaneamente, o mais nacionalista e o mais sensível dos nossos velhos críticos? Não; nem poderia: pois uma e outra coisa são a mesma, e ser nacionalista é, em determinadas circunstâncias da história de um povo, estar dotado da real percepção estética, a que mais fundo revela o caminho de uma literatura. Mas ao lado do nativismo, ao lado da aguda valorização araripeana do regionalismo, a nossa tradição crítica colocou a variedade mais sutil e purificada da vontade nacional em literatura: o "brasileirismo interior" de Machado de Assis.[24]

---

[24] Afrânio Coutinho, *Conceito de Literatura Brasileira*, 1960, p. 39.

A preocupação dos críticos ligados ao movimento modernista retomou a direção nacionalista. O próprio chefe do movimento, talvez a mais viva inteligência por aqui surgida desde o começo do século – Mário de Andrade – fez dela um postulado básico. Em nossos dias, quando a crítica se tornou aparelhada, quando incorporou ao juízo nacional aquela segurança e autoconhecimento que foram conquistas literárias dominantes do nosso tempo, vemos encantados, mas não surpresos, que o homem a quem se deve, em primeiro lugar, a implantação dessa nova consciência crítica, Afrânio Coutinho, é exatamente quem tanto se tem lançado à defesa do brasileirismo. Em mais de uma ocasião declarei minha dívida intelectual para com o prof. Afrânio Coutinho. Alegremente quero repeti-lo aqui, porque acho oportuno lembrar a certos adversários seus, os mesmos que por indigência ou preguiça do espírito o tem acusado de "formalista", este fato simples, inarredável e compacto: a nítida preocupação nacionalista da sua obra, a obstinada valorização do nosso passado com empenho de abrasileiramento (não por meio da discurseira fácil, mas através de edições trabalhosas), a afirmação sempre presente de que "o sentimento de brasilidade" constituiu-se "no tema central da literatura contemporânea".[25] Mas a verdade é que o "instinto da nacionalidade", como a chamou Machado, é hoje uma autêntica e irresistível *consciência literária nacional* em busca decidida de uma literatura de expressão brasileira, e tão poderosamente firmada que é capaz de congregar críticos de formação diversa e de diversas gerações, embora unidos pela mesma idade mental, de um Antônio Houaiss a um Eduardo Portella.

Nada, porém, tão revelador quanto a própria poesia. Lancemos um olhar ao nosso passado poético; encontraremos uma linha de aprofundamento no brasileiro, linha às vezes quebrada, mas nem por isso menos significativa. É preciso abandonar com estrondo essa mania de julgar a presença de Brasil na literatura pelo lado do pitoresco,

---

[25] Afrânio Coutinho, op. cit., p. 52.

pela graciosa quitanda de Botelho de Oliveira ou pela "paisagem" de Gonzaga: isso é ainda um modo de encarar a terra como exótica, inadmissível em quem nela e dela vive. O verdadeiro brasileirismo da nossa poesia não consiste nessas exterioridades semigaiatas. Ele está, muito mais profundo, na adaptação barroca ao Brasil, de Gregório de Matos, barroco quando na metrópole portuguesa não o havia em intensidade.[26] Está em Gonzaga, mas seguramente muito melhor em Cláudio Manuel da Costa, há mais de século preterido em nome das graças de Tomás Antônio, e contudo mais do que ele tendo sido artista e poeta – o poeta em que, pela primeira vez no Brasil, a paisagem se assimila às regiões interiores, da mais musical e sutil penetração psicológica. Com que direito se atribui a Gonzaga maior brasilidade que a Cláudio? Que marilice, que "variedade rítmica" de um valerá a suprema consciência artesanal do outro, o seu maravilhoso controle do soneto – mais que em Bocage – a sua depuração barroca xingada da frieza arcádia[27] pela incompetência da crítica, o seu quase "itabirismo", pois até nisso Cláudio foi mineiro e drummondiano:

> *Destes penhascos fez a natureza*
> *O berço em que nasci: oh! quem cuidara*
> *Que entre penhas tão duras se criara*
> *Uma alma terna, um peito sem dureza!*

Reconheça-se que, se Gonzaga é amável, Cláudio é um grande poeta, o maior entre Gregório e Gonçalves Dias, e que afinal ser brasileiro só chega a ser um valor quando significa, de um ou de outro jeito, densidade e complexidade humanas, como as que em Cláudio houve, e em que Gonzaga, nunca. O grupo mineiro foi tão rico quanto o nosso romantismo. Mas, de novo, o melhor

---

[26] Afrânio Coutinho, op. cit., p. 60.
[27] Uma ótima compreensão dos valores de Cláudio, que eu próprio, infelizmente, ainda desconhecia quando foi publicado meu artiguinho sobre o poeta (Suplemento Dominical do *Jornal do Brasil*, 06/05/1961) é a de Antonio Candido em *Formação da Literatura Brasileira*, 1º vol., 1959.

deste foi atingido pela vontade nacionalizante. A tentativa de fundação de uma mitologia indígena, em termos poéticos, embora fracassasse, deu em peças da categoria de *I-Juca-Pirama*. O seu autor não ficou apenas no épico: desenvolveu na lírica uma série de "moods" e linguagem tipicamente, encantadoramente brasileiras, incorporadas desde então à sensibilidade de todo o brasileiro, delícias de ritmo como

> *Seus olhos tão negros, tão belos, tão puros,*
> *De vivo luzir*
> *Estrelas incertas, que as águas dormentes*
> *Do mar vão ferir*

e desenvolveu um sentido de linguagem, uma consciência instrumental que atingiu a inovação nas belíssimas *Sextilhas de Frei Antão*. Depois de Gonçalves Dias, Casimiro o ingênuo, Álvares de Azevedo com seu heineanismo, Varela com seu úmido sentimento da natureza, tão bom quanto o de Longfellow, melhor que o de Lamartine, Castro Alves quando excede a sua vocação para a oca pompa verbal e consegue alcançar a pura veemência da indignação de um momento histórico – todos esses românticos souberam sem alarde ser fiéis ao nosso estilo de estar no mundo, europeus na América sumamente maravilhados de aqui viver. O parnasianismo, ou o aborto desse nome que esterilizou grande parte da nossa produção poética de 1880 até o modernismo, foi espaço em branco no sentido do abrasileiramento. Mas com o simbolismo floresceu a lírica dramática de Cruz e Sousa, *"pendant"* de Antero entre nós, e a de Alphonsus, dos mais puros e musicais poetas brasileiros, continuador lânguido e enriquecido da nossa melhor canção romântica, em soneto ou não. Também está na época a lírica de José Albano, cujos sonetos religiosos são inigualáveis até Murilo Mendes, e cuja apreensão dos valores formais do poema é superior à grossa produção parnasiana do tempo. Mário, Oswald, Cassiano já dentro do modernismo, acompanhados e resolutos, recuperaram do velho indianismo e do teimoso regionalismo a direção de uma poesia brasileira.

Faz-se *Cobra Norato*; *Martim Cererê*; os poemas-flash do Oswald; o humor urbano de Mário; Bandeira e sua lírica onde até o ritmo capturava uma nova psicologia; o "gauchismo" drummondiano; a "história do Brasil" de Murilo; e o agreste e saborosos poemas do Nordeste de Jorge de Lima e Joaquim Cardozo, que foram ao jeito do Norte o mesmo que Augusto Meyer realizou no Sul, um pouco mais subjetivo. A imensa riqueza poética do modernismo, de tom alegre no princípio, logo demonstrou evoluir para uma seriedade, não de prévia e solene carapaça mística, mas de real exploração humana. Bandeira tornou-se um Villon evocativo ou desabafando, profundamente ou pasargádico. Murilo ergueu a maior poesia de inspiração religiosa da língua. Drummond tomou a poesia social, e Mário de Andrade passou a meditar sobre um Tietê que se tornava símbolo. Até a evanescência de Cecília Meireles tinha ritmos intrinsecamente brasileiros, e até o neoindianismo de Cassiano cedeu lugar a uma lírica psicológica. Então, quando alguns dos mestres de 22 se preparavam para coroar a sua obra, a nossa poesia foi invadida por uma nova geração, por uma novidade tão somente cronológica, por um neoparnasianismo gratuito, que desviou sistematicamente a linguagem literária das expressões e dos fundamentos de sensibilidade popular. Justamente esse ponto é crucial. Abra o leitor um livro de Drummond, do terceiro Drummond: abra uma página de *Claro Enigma*, por exemplo:

> *A madureza, essa terrível prenda*
> *que alguém nos dá, raptando-nos, com ela,*
> *todo sabor gratuito de oferenda*
> *sob a glacialidade de uma estela.*

Verá uma linguagem de nível elevado, com palavras que nada tem de coloquiais: "glacialidade", "estela". Verá, com um mínimo de percepção, que esse tom se adapta admiravelmente ao tipo de poesia, meditativo e amplo, desses versos; e sabendo-se diante de um poema culto, aceitará naturalmente uma linguagem culta. Ora, o caso é todo outro quando o mesmo leitor depara com uma estrofe característica da geração de 45, como este delito do sr. Geir Campos:

> *Diz-que no empíreo os numes aterrados,*
> *sem atinar qual providência tomem,*
> *em sobre-humana angústia se consomem*
> *rolando o azar em seu copo de dados.*

Aqui não há nível de linguagem, mas apenas um pedantismo. Enquanto, no trecho de Drummond, o uso de palavras menos comuns é absolutamente orgânico, perfeitamente dosado e consagrado pela área de sentido da poesia, na passagem de Geir a nota de afetação começa tão logo começa a estrofe, prolongada no segundo verso pela sintaxe mofada, no terceiro pela artificialidade da imagem, no quarto pela má disposição dos timbres e dos acentos (na 4ª, 7ª e 10ª, sem nenhuma função, contrariando os anteriores). Tem-se a impressão de que o poeta vai buscar seu léxico no dicionário lusófilo e retrógrado de Cândido de Figueiredo, e a sua imagística, nas sensaborias, pesadonas e a um passo do grotesco, do "príncipe" Alberto de Oliveira. O principal prejuízo causado pelos poetas de 45 ao desenvolvimento da lírica foi essa falsificação da linguagem. Certas influências de alguns mestres de 22 na jovem poesia da década de 1950 obedeceram a uma nocividade diferente: foi a soltura imagística, o abandono à fantasia e o mau barroquismo de Jorge de Lima, criando nos últimos anos numerosos praticantes de verborragia desbragada, ou a diluição da sutileza evanescente de Cecília Meireles em vaporosidades piegas e sentimentaloides. Os aspectos perigosos da obra dos dois poetas, aqueles pontos onde só eles, e nem sempre, conseguiam preservar um equilíbrio, passaram a modelos da mais dissolvente imitação. Paralelamente a esses desmandos, desde 1947, correu a linha de uma nova lírica interpretativa, com seus maiores poetas, o último Carlos Drummond de Andrade e o João Cabral de Melo Neto de a partir de *Psicologia da Composição*. O livro de Drummond que mais fixou essa nova fase da sua obra, *Claro Enigma*, abre com uma epígrafe de

Valéry; o livro de João Cabral é todo valéryano pela atitude eminentemente consciente do poeta, despido de todo antigo conceito inspiratório. A coincidência não é, claro, casual. Representa um momento em que, apesar do maior número de poetas estreantes adotar uma disposição passadista, a nossa poesia ganhou força nova e direção até hoje definitiva, fazendo-se lírica interpretativa e emoção do pensamento, nas meditações de Drummond e na "poesia da poesia" de Cabral. Os movimentos do meio da década surgidos sob o signo da abolição do verso e da sintaxe, concretismo e seu desmembramento e opositor, neoconcretismo, em absoluto não renderam nada que fizesse deles a mais autêntica vanguarda. Exaustos numa teorização sem a base que aparentava, mas sempre indigentes de obras, ambos se dispersaram pouco a pouco. A corrente paulista se autocondenara a um mecanismo suicida, e seus representantes sugeriam ao leitor estarem mais interessados em cibernética ou na "descoberta" de Pound do que na poesia; o neoconcretismo acabou impotente, apesar de ter sido reação bem sadia contra o falso racionalismo (cientificismo mecanicista) do grupo de São Paulo. Nenhum dos dois conseguiu reiniciar, em termos de obra, a aventura de 22; e agora (1962) já parece que a maior contribuição da poesia sem verso foi o abalo decisivo a que submeteu o academicismo zoológico implantado em 45.

Assim a corrente interpretativa permaneceu isolada na sua evolução. O temperamento de seus dois nomes contribuía para isso, e a anemia poética geral determinava o resto. Em 1950, na distante Barcelona, Cabral finalmente superara a poesia-sobre-si e abrira o seu verso à problemática social: *O Cão sem Plumas*. A lírica de razão reencontrava o caminho de uma interpretação da existência-em-Brasil, desta vez em plena consciência do nosso estado transitivo, dos nossos conflitos de sociedade em formação. Situava os seus temas na região crucial onde ao mesmo tempo era a terra do autor e a sede dos mais agudos desníveis sociais, o Nordeste. E inaugurava uma nova conformação poemática, uma outra *forma geral*, já de posse de alguns traços que se oferecem à consideração da crítica como caracteres gerais da nova poesia. Quais são eles? Quais são as direções de estilo fundamentais numa lírica (mesmo se potencial) de interpretação localizada no Brasil moderno? Somos obrigados a resumir, em obediência à economia deste ensaio, mas não sem lembrar que esta é a tarefa mais importante de uma crítica empenhada – mostra em que consiste e como funciona, desde dentro, uma literatura empenhada. Quanto ao vocabulário, a nova poesia, para desapontamento do popularismo ingênuo de alguns, antes se orienta por uma espécie de via média, entre linguagem culta e popular. Precisa da amplidão que só a forma culta permite, mas, simultaneamente, repudia qualquer condição "preciosa". A contraparte dessa proporcionalidade vocabular é uma grande, notável clareza sintática: que contraria os profetas da irremediável crise do verso e da frase.[28] A meridiana sintaxe cabralina se aproxima muito de um metaforismo restrito; a audácia metafórica existe, é até brilhante, mas não tem de nenhum modo a leveza, a fluência leviana da metáfora de Jorge de Lima. Como a nova poesia é, entre outras coisas, marcadamente racional, tem no discurso e na dissertação um elemento de alto-relevo; não pode tender a um apogeu metafórico que perturbasse a sua vocação *expositiva*; não aceita, portanto, uma poética na qual o partidarismo pela metáfora leve a extremos de atribuição, e esta, da própria essência do poemático. A tese do "metaforizar igual a poetizar", entendida como reversível, não lhe servirá,[29] ainda que seja das mais correntes entre o pensamento estético atual. A metáfora será na poesia nova uma fonte de novidade e concreção, mas não o seu traço imagístico exclusivo ou preponderante. Também o ritmo será racionalizado. Subordinado ao pensamento, mais "lógico" do

---

[28] O autor – confesso – aproveita para fazer, em relação a artigos de 1960, sobre concretismo, neoconcretismo, "Herança de Mallarmé", etc., a sua compungida *"amende honorable"*...

[29] Encontra-se a tese na minha "Teoria da Metáfora", publicada pelo Suplemento Dominical do *Jornal do Brasil* em 15, 22 e 29 de abril de 1961. Corrijo-a.

que "musical". A nova lírica tenderá mais ao seco, áspero ritmo do raciocínio. As galas sonoras, tanto quanto o fluxo da imagem, serão controladas por essa preeminência do discurso, da razão do poema.

Mesmo através de uma síntese rápida é reconhecível o que há no novo estilo de comum a certas expressões poéticas de vários tempos. A mais notável semelhança é com a linha ibérica, com a poesia espanhola de tradição dura, recortada e contida, em forma como em espírito. A tradição peninsular do *prosaísmo*, da sobriedade enxuta que afasta toda e qualquer sentimentalidade, e que compõe o verso espanhol desde o seu nascimento, pois está presente desde o *Cantar de Mio Cid*, para expressão do próprio trivial –

> *De Castiella la gentil exidos somos acá,*
> *Si con moros non lidiáremos, no nos darán el pan.*

– da rústica narrativa do real, ou para expressão da própria dor: quando, por exemplo, o Cid é obrigado a separar-se da mulher e das filhas, deixando-as em Cardeña, e o poeta do *Cantar* resume a angústia da separação com um só verso admirável, de intensidade em granito:

> *assis parten unos d'otros como la uña de la carne.*

Prosaísmo presente em Jorge Manrique, no mais sóbrio dos discursos, as *Coplas* por morte de seu pai; em Quevedo, como distorção grotesca da realidade, ou (longe de todo o sentimental) na concentrada tensão dos sonetos negros e pessimistas; em Guillén, como resultante daquela peculiaríssima mistura de sensação bruta e voo abstrato[30] para sempre a evitar qualquer projeção menos contida nesse Francis Ponge espanhol, pois, também ele, partidário das coisas. Raiz dessa compostura inalterável, desse nervo retesado espanhol é a moralidade imanente à Espanha; o acento na vida moral, o enfrentar condutas, o sopesar ascético da condição humana – fontes da mesma

---

[30] Dámaso Alonso, "Los Impulsos Elementales em la Poesía de Jorge Guillén", in: *Poetas Espanõles Contemporâneos*, 1958, p. 236-37.

fonte, e origem, no interior do ser-espanhol, da marca ética da sua poesia, do seu *horacianismo*.

O nome de Horácio, o grande egoísta, pode servir de muito boa desculpa contra as acusações de estreito moralismo. O *moralismo* aqui tratado é outro; é atenção à conduta humana, e juízo sobre ela, mas com a amplidão molieresca ou jonsoniana; enfim, poesia na qual se implica em evidência uma ética, mas nunca, apenas o protocolo estrito de uma moral didática. Tomo horacianismo como o contrário do *ovidianismo*; e prefiro desenvolver essa antítese, mesmo com o risco do arbitrário, porque ela é mais rica do que se dissesse, simplesmente, sem lembrar o peso histórico das origens antigas e sua durável influência, *moralismo versus sentimentalismo*, poesia do juízo moral contra poesia do sentimento pessoal.[31] Não a totalidade, mas pelo menos a mais forte tradição da poesia espanhola é de tipo horaciano; a linha mais numerosa e característica da portuguesa é, pelo contrário, ovidiana. São muito raros, na lírica portuguesa posterior aos cancioneiros, os exemplos de emoção com sobriedade, de sentimento meditado e contido como o que se lê na que é seguramente uma das três ou quatro maiores líricas da língua, as redondilhas camonianas de *Babel e Sião*. Certa poesia portuguesa barroca e pré-barroca, de Rodrigues Lobo ou Violante do Céu, escapa à maré choraminguenta do verso lusitano; mas é preciso ir até um Antero Quental, poeta metafísico genial e legítimo, ou um Cesário Verde, realista minucioso que fez a autópsia, ao mesmo tempo, do mundo burguês e da aguada emotividade, ou um Camilo Pessanha e Mário de Sá-Carneiro, que possuíram o sentido da sugestão verbal cristalizador de sensações internas – para absolver a poesia portuguesa do grave e deslizante pecado das lamúrias. A dominação do sentimental no verso português é coisa muito séria; chegou a invalidar boa parte da produção contemporânea. Entre as exceções figuram os dois

---

[31] Ver, por exemplo, sobre Ovídio, Gilbert Highet, *Poets in a Landscape*, 1957, ed. de 1959.

maiores nomes do pós-simbolismo, Fernando Pessoa e Miguel Torga. Pessoa é, sendo Ricardo Reis, um intelecto horaciano típico; e sendo Álvaro de Campos, o poeta que incorpora à estrutura moderna do poema o pensamento em convivência com a emoção, introduzindo em Portugal, e de outro modo que Antero, a tortuosa riqueza, as camadas de psicologia mais funda que são desde Baudelaire a cor especial da lírica moderna. Essa textura psicológica está ausente no melhor Miguel Torga, onde ela se vê substituída pela enérgica indignação político--moral, bem travada e bem áspera, poesia diretamente enfrentando a vida e envergonhada da simples ideia de abandonar esse endereço pela voz individual: caso marginalíssimo no verso português.

As profundidades em que se moveu a poesia de Fernando Pessoa só tem como paralelo, entre nós, o verso do terceiro período de Drummond. São talvez quatro os poetas latinos em que mais se construiu em forma moderna a grande meditação sobre a vida humana, que não poderia dispensar uma atitude lírica de reintegração do pensamento e do intelectual: o português Pessoa, o espanhol Salinas, o italiano Montale e o brasileiro Drummond. A presença do último é um fato de enorme valor para a nossa literatura, cuja participação no alto nível literário do Ocidente data de muito pouco tempo. Drummond foi quem mais elevou a nossa lírica ao sentido interpretativo, à direção da compreensão do mundo. Usou para isso de formas já chamadas pela crítica de "barrocas", mas que, para o serem, devem levar acrescentado o objetivo *interior*; são barroquismo interior, assim como o conceptismo de Pedro Salinas, na penetrante percepção de Spitzer, é também interior,[32] quer dizer, uso de processos barrocos em plena adaptação a condições contemporâneas e modificadoras. Começou a usar, predominantemente, essas formas, no exato instante em que trocava a poesia de temas sociais por um remergulho em

---

[32] Leo Spitzer, "El Conceptismo Interior de Pedro Salinas", in: *Linguística e História Literária*, 1955.

si mesmo. *Les événéments m'ennuient*, dizia a inscrição valéryana na abertura de *Claro Enigma*. Houve quem lamentasse a nova feição da sua obra, quem censurasse o afastamento do social. Essas reprovações me parecem enganosas. Não sei assim tão ao certo em que consiste o "problema social", a ponto de restringi-lo à imediatez de certos temas políticos. O Drummond desde 1951 é mais dorido e recatado do que nunca; mais memória que qualquer ação; mais pesquisa humana do que análise situada, mais abstrato, mais reduzido e também mais puro – porém se isso contraria a missão da poesia, o significado da sua "participação", só pode ser para os crentes num tipo de ação estranho à própria essência da literatura. Eu me preocupo com a ação política, com a relação necessária entre poesia e sociedade; mas para me preocupar com esta relação, devo paralelamente atender em poesia ao seu processo natural de acercamento, ao seu vário e despistador decurso, ao seu caminho perfeitamente orgânico de criar estilos e preparar linguagens. Estilo e linguagem de Drummond não serão, possivelmente, os de amanhã. Nem seus temas. Mas – e isto é tão mais importante que condenar com estreiteza as mudanças na sensibilidade de um grande poeta – seu estilo e sua linguagem guardaram para a nova lírica um tom e um alcance que vão até as modificações mais profundas do nosso idioma poético, implantando atitudes que não havia, fundando vozes que não soavam, dizendo mundos que brasileiros nunca estivéramos acostumados a ouvir, em música de nós mesmos, com origem na nossa terra;

> *Que lembrança darei ao país que me deu*
> *tudo que lembro e sei, tudo quanto senti?*

Drummond dará essa obra, essa pedra já agora no meio do caminho de todos nós: não mais pedra-acidente, mas pedra definitiva, "monumento mais perene que o bronze", revelação nobre e culta "*nel mezzo del cammin di nostra vita*".

A rica simbologia e a sintaxe elaborada de Drummond mostram um gênero de ação lírica do pensamento. O outro gênero está na interpretação social e na objetividade fenomenológica dos livros do – também – "terceiro" João Cabral de Melo Neto. As poucas notas seguintes vão-se ocupar do intérprete social, visto que a excelente "poesia das coisas" de *Quaderna* e de *Serial* parece, em relação às obras de tema mais largo, marginal – de uma tranquila e eficientíssima marginalidade, de extraordinário interesse estilístico. A lírica social do poeta atingiu seu apogeu com o poema "O Rio", de 1953, publicado três anos depois. O substituto do poema é, como se sabe, "relação da viagem que faz o Capibaribe de sua nascente à cidade do Recife"; a epígrafe, ecoando aquela "relação" é uma linha do "clerc" Gonzalo de Berceo:

Quiero que compongamos io e tú una prosa

Assim, a noção da narrativa habita desde o início a confecção do poema. Erramos em considerá-lo lírica? Só não erraremos se por lírica entendermos os seus versos num sentido interpretativo, racional e alegoricamente narrativo: sucessão de significações antes que de ações.

Sempre pensara em ir
caminho do mar.
Para os bichos e rios
nascer já é caminhar.
Eu não sei o que os rios
têm de homem do mar.
Sei que se sente o mesmo
e exigente chamar.
Eu já nasci descendo
a serra que se diz do Jacarará
entre caraibeiras
de que só sei por ouvir contar
(Pois, também como gente,
não consigo me lembrar
dessas primeiras léguas
de meu caminhar).

Mas ninguém se engana se chamar "prosa" a esses versos, pelo que tem de remoto em relação a efusões, pelo que tem de duro e honesto na sua fidelidade regional, pela sua direiteza absoluta. Vê-se neles, em contraposição às entranhas sintáticas de Drummond, uma forte tendência à poupança da sintaxe, à repetição, ao período coordenado e até assindético, ou muito francamente subordinado. Também desde esse início ressalta o que Houaiss considerou predomínio da visão *dissertativa* sobre o plástico e o musical; o império tranquilo do discurso, do manso fluir do pensamento. O verso, curto, é usado como variação em torno da redondilha; nunca se afasta tanto dela que não conserve uma lembrança da sua marcha, não rígida, mas sensível assim mesmo, no espírito daquela substituição moderna dos valores quantitativos pelos do *acento* de que fala Owen Barfield:[33] prevalência da *fala* do autor sobre o mecanismo do metro. O ritmo possui uma calma nobreza; ainda não é tanto a áspera percussão das estrofes por vir, especialmente no "Encontro com uma Usina", cheio de consonâncias surdas e oclusivas. Pouco musical, "O Rio" está construído com extraordinária nitidez de imagem, tudo submetido ao desenrolar da sua história-símbolo, do seu mito e da sua ideia – que vem a ser, por duros versos, o seu grave protesto e denúncia.

"O Rio", acho eu, é o mais importante poema brasileiro desde 1945, ao menos no que respeita às grandes linhas de evolução da nossa lírica. Abandono-o aqui[34] para ir olhar em outros poetas novos felizes convergências com a sua figura formal. No livro de Fernando Mendes Vianna, *A Chave e a Pedra* (1960), o mais importante poema é "Exílio do Touro". O poema compreende sete partes, mas à leitura da primeira se evidencia que o animal serve ao poeta de símbolo. A novidade, para a nossa lírica, está na impressionante concreção com que o símbolo é proposto; por simbólico, o touro não deixa de ser palpável, plástico, direto:

---

[33] Owen Barfield, *Poetic Diction*, 1928; ed. citada, 1952.

[34] Preparo sobre o poema um estudo monográfico, a ser incluído num volume com o título *A Pluma do Cão*, inteiramente dedicado ao exame da obra de Cabral e de Drummond.

> *Quatro patas plantadas*
> *e uma nuca erguida:*
> *um jorro de vida*
> *desesperada.*

A imagem do touro material é dada em conjunto com a imagem do seu "significado". A estrofe sintetiza a ambas. A segunda parte abre um intervalo de lentidão ruminante:

> *Enquanto eu ruminava arquipélagos pacíficos,*
> *minava dentro de mim um túnel,*
> *canto solitário, triste funil sem fim,*
> *desembocando em vasa metafísica.*
>
> *Minha boca entupida da salsugem*
> *não escoa as águas do meu rio.*
> *E as mágoas sufocadas mugem*
> *na foz desterrada do que eu crio.*

O mais notável traço estilístico do trecho é, evidentemente, a decisiva concentração da imagística. Nenhuma imagem solta; se votarmos à primeira parte do poema, constataremos o aumento do verso, de curto a longo; mas a imagem ganhou ainda maior sistemática, maior unidade. É preciso entender o que isso representa, localizando o processo na nossa produção poética, onde, em geral, o alongamento do verso implica frouxidão tanto musical quanto plástica. Na poesia de Mendes Vianna, ao contrário, nunca se perde o sentido unificador da simbologia. O interesse desses "flashes" do seu mais logrado poema pode parecer estranho a uma comparação com Cabral; mas não é. Radicalmente "outro" que Cabral, tendo como base comum apenas o sabor espanhol e as qualidades – mas não a técnica nem a direção – Fernando Mendes Vianna exibe a mesma energia concentrada, a mesma unificação de imagens, o mesmo resoluto fechamento em si do poema, que é hoje a melhor garantia da sua abertura ao público.

Há no "Exílio do Touro" mais uma convergência com Cabral: o ser *poema*, realizar aquele destino de ampliar e exceder a mera canção, no sentido pós-petrarqueano do termo com conotações de "poesia curta". Quando Marly de Oliveira publicou seu segundo livro, esse sentido do poema já lhe era característico. Mas no seu próximo, a publicar-se em breve, *A Suave Pantera*, o poema mesmo ganha uma nova direção estilística. A pantera de Marly é como o touro de Fernando Mendes Vianna, um símbolo a partir do concreto, levantado ao leitor por meio de imagens simultaneamente "realistas" e "significativas", de ordem material e de ordem conceitual:

Sob a pele contida
– em silêncio e lisura –
a força de seu mal
e a doçura, a doçura

que escorre pelas pernas
e as pernas habitua
a esse modo de andar,
de ser sua, ser sua

no perfeito equilíbrio
de sua vida aberta:
una e atenta a si mesma
suavíssima pantera.

O tipo de símile usado é dos mais notáveis na nossa mais jovem poesia, e está dentro das feições gerais da nova poética, pela precisão, pela sua função mais interna do que extensa, mais restrita do que dominante. Um exemplo: o sono da pantera:

Violento é o sono do seu corpo
mas sem aspereza nenhuma,
igual à queda de uma coifa
brusca e silente na verdura,

sem direção, igual à paina,
mas uma paina concentrada,
mas uma paina vigorosa,
seu sono cego, cheio de asas.

A comparação, suavemente nascida de uma atribuição oracional predicativa (*mas sem aspereza nenhuma*), desenvolve-se num desdobramento de auxílio lógico, de curso meridiano, sem violência alguma ao tom geral, sem "achados" faiscantes, e isso apesar de a última estrofe retomar a atribuição de maneira altamente metafórica: *seu sono cego, cheio de asas*. Vamos, porém, olhar com minúcia este mesmo verso. Não é verdade que ele parece um pouco inesperado, com o fechar, quase abruptamente, o movimento de comparação iniciado na estrofe anterior? É verdade: mas releia-se o que diz, superado o leve susto do primeiro encontro; e com surpresa se verá nesse último verso, nessa inesperada metáfora, a própria síntese das comparações!... *Seu sono cego, cheio de asas*: cego, como a coifa que cai, bruscamente, mudamente, sem direção; cheio de asas, porque é um sono cuja queda assemelha à mansa, à também silente levealada queda de uma paina...

A fidelidade a uma notável concreção de imagem, a um senso do sistema plástico-musical que a simbologia de cada poema representa, bem como uma tendência ao complexo sintático – são marcas mais ou menos constantes na lírica mais nova, de estreia posterior a 1955, e marcas indicadoras de uma real mudança de estilo, aproximando poetas vários e fortemente pessoais das grandes linhas da poesia drummondiana e cabralina. A vocação para o sintático é curiosa. Ela opõe ao domínio da enumeração em larga parte da obra de 22, à reumática sintaxe de 45 e ao furor antifrase do concretismo uma esplêndida saúde da oração. Naturalmente, como nós vimos no trecho reproduzido de "O Rio", isso nada tem a ver com a velha frondosidade sintática, bem ibérica, de que se alimentou nossa pior retórica; trata-se antes de um horacionalismo modesto, mais amigo da lógica do que da exibição verbal. O sentido da frase que mais convém no tom moral da nova poesia, e que batizo, por isso mesmo, de *horacionalismo*... Porém, sob esse aspecto, a sintaxe mais peculiar entre a nova lírica é a de *Lavra Lavra*, de Mário Chamie. No manifesto-posfácio do seu livro, destinado a carreira das mais explosivas em virtude da sua agudíssima (e portanto, incômoda...) denúncia do que entre nós se continua a impor como vanguarda literária e não passa de impotência organizada, antes de abordar a situação geral da nossa poética, Chamie afirma que o modo de construção dos poemas não é o verso.[35] Contudo, a minha impressão é a de que, se bem não seja de fato o verso e o "discurso rítmico-linear" o critério de construção de vários poemas, pelo menos pode ser tomado como tal, sem prejuízo algum, em várias outras peças. Porque a intercomunicação das linhas (verso) não exclui, mas até pode conviver com, o discurso no sentido linear; afinal, *"lato sensu"*, todo poema realizado transcende o seu linearismo. Este é, porém, um ponto a explorar; nem vamos nos ocupar aqui de *Lavra Lavra* com a atenção devida. Embora, sobretudo depois de sua publicação, ser obrigatória a citação de seu autor entre os já melhores nomes da nova lírica, e precisamente como quem retoma de Cabral a poesia de tema explicitamente coletivo e situado. Ao mesmo tempo, aos que condenam na diretriz social da lírica recente um suposto "vazio emocional", uma presumida visão desemocionada do mundo, queremos aproveitar a ocasião para revelar uma só passagem de *Lavra Lavra* –

> *Cabra balindo, a nem pedrês*
> *que posta em rocha exalta*
> *menor cantar de bichos e tosca*
> *no só cruzar o olhar só montanhês.*
>
> *Vaca pastando, e nem fugaz*
> *que calma um pasto amaina*
> *mugir mover de rês e mansa*
> *no só passear o olhar só contumaz.*
>
> *Potro correndo, o não veloz*
> *que solto em fuga escolta*
> *correr cansar de fêmea e rosa*
> *no só pairar o olhar só viraluz.*

---

[35] Mário Chamie, *Lavra Lavra*, p. 116 (posfácio).

> *Cobra tinindo, a nem nutriz*
> *que fixa ao salto enfeita*
> *coral mexer de guiso e tesa*
> *no só fincar o olhar só agudez.*
>
> *– A flora viva, a nem restrita*
> *que torna o arroz a safra o vento*
> *movido estar de ser inquieto campo*
> *no só perder a paz mais indormida.*
>
> *A paz: que o homem (o só)*
> *consome.*

Uma só, de vívido bucolismo, de imagem-música transmudadora do campo em objeto da mais deliciosa estesia, num livro onde se persegue um campo de ruralidade autêntica e problemática – e de onde, ainda assim, não foi expulsa a contemplação do que a estreiteza e o unilateralismo de entendimento do que fosse poesia compreendeu como única, exclusiva, matéria lírica. Pois a modernidade, a beleza de hoje no livro de Chamie parecem poder dizer aos crepusculares da inspiração e dos temas apenas individuais aquilo que a inteligência jamais pôs em dúvida: que o poeta moderno, o poeta que *pensa*, também se emociona.

Não quero terminar sem mexer num ponto dos mais interessantes: as relações da nova lírica, da lírica refeita razão para enfrentar a nossa vida concreta, com o público. "*Men who do not wear fine clothes can feel deeply*", disse uma vez Wordsworth, mas a frase significa menos que a poesia deve ser dirigida aos "homens sem boas roupas" do que uma maior atenção poética à sensibilidade popular e rústica. Não se pode legitimamente pedir à nova lírica que "baixe o seu tom". A consideração do social não equivale a reduzir um instrumento culto, e que pelo manejo da razão prescinde ainda menos de ser culto, ao endereço restrito e voluntariamente castrado de uma poesia para o povo entender. O "povo" não precisa de poesia ao seu nível; o que melhora o povo, o que o ergue a dignidades injustamente recusadas, é dotá-lo do poder e da consciência de receber a *arte* – arte e seus requintes, porque eu nasci de jeito tão antipuritano, que não sei, confesso, distinguir em arte os requintes das verdades, as elaborações dos valores, o luxo estético da sua (qual seria?) essencialidade. Fazer poesia, descobrir que há povo, fazer poesia lutar, como poesia, pelo povo – eu não confundo isto com fazer verso para o povo. Que se faça, admiro e aceito. Há "cordéis" que valem sozinhos a obra inteira de certos canastrões literários. Mas esse não é o nosso ponto: o nosso ponto, é que a literatura não se pode limitar ao popular. O popular não pode ser, a essa altura, no Ocidente, a literatura *exclusiva*. E só o será por suicídio cultural. Por uma espécie de resignação à miséria, como se se extinguisse a fabricação dos automóveis pelo fato de a massa proletária não poder comprá-los... Como se se abolisse Drummond, porque se nega a milhões de brasileiros o direito do prazer e do enriquecimento de compreender Drummond. Mas não é assim que se deseja a nova lírica. Ela tem consciência do que seja o seu público, mas sabe que ele é, por um lado, mais *virtu*al[36] do que real. Por isso mesmo, Chamie é capaz de falar da utilidade da poesia no nível da consciência leitora, isto é, poesia como produção de mentalidade fiel à procura real da sociedade renovável, e não ao demagogismo criptorreacionário dos que defendem o verso ao "nível do entendimento da massa". Voltamos, por outro caminho, à falsa questão da presumida e equívoca "incompatibilidade" entre cultura e revolução.

Ao longo deste ensaio vimos tentando valorizar o que na poesia existe de razão, tanto teórica quanto historicamente. O objetivo foi desordenadamente perseguido, mas eu me darei por satisfeito se pelo menos uma sugestão do relevo que tem para a lírica o ingrediente intelectual tiver sido recebida e meditada. A importância da razão está, como se disse, no fato de ser por ela e com ela que se faz da poesia um ato de compreensão do mundo, de domínio do homem, pela incansável fundação de

---

[36] Sartre, op. cit., terceira parte, distinção entre público real e público virtual.

novos significados; e também no fato de ser o elemento de razão o mais completamente comunicável, pois nele já reside a própria direção comunicável da linguagem. Entretanto, chegados ao fim, sou compelido a reconhecer que é uma preocupação literária a principal rota deste estudo; a preocupação da crítica com a inteligência da sociedade brasileira contemporânea, e, em consequência, com a descoberta e defesa da espécie de poesia a que essa sociedade aspira. Busca-se na tradição o que melhor serve ao presente, quando o presente é em verdade um poder sobre o futuro. Por isso a crítica tanto mergulha no passado, na seleção do passado, quanto se lança a determinar na atualidade a linguagem em potencial do novo estilo, a expressão poética da sociedade nova. É o único caso em que se permite ao crítico andar um pouco à frente da criação, quando ele pode ler uma direção nas entrelinhas, uma permanência numa tentativa, e um *estilo* em alguns poemas. Assim o crítico não deixa de ser aquele *ideal reader* de F. R. Leavis, porque não deixa de "escrutinar" nem de *responder integralmente, o máximo possível*, à obra lida e julgada. E aproveitamos uma outra ideia de Leavis, para dizer, dessa crítica do potencial, previsora, mas nunca adivinha, que certamente atrapalha a pobreza de espírito, certamente incomoda os amantes da rotina e certamente perturba a quem não ame a razão enquanto desdobramento dialético de novas significações. É uma ótima função, a da crítica sem anestesia, a da crítica incitadora que, do seio do seu convívio poético, é capaz de lembrar, com obstinada insistência, que também a poesia, e *especialmente* a poesia, sabe e declara o mundo como um valor – isto é, como "uma tarefa proposta à liberdade humana",[37] à compreensão e à gloria do mais alto que há em nós.

1962

---

[37] Sartre, op. cit.

Notas estéticas

Primeira

A distinção entre *conteúdo* e *forma*, que serviu tanto ao esteticismo burguês quanto à preocupação hegeliana pelas condições históricas da obra de arte, mal pode hoje ser repetida. A distinção ganhou, pela última vez, significação como instrumento de exame da estética kantiana (estética de formas *a priori*) quando contraposta à hegeliana (estética de "formas" dependentes de um "conteúdo", ou seja, de um sentido oferecido por um condicionamento histórico). Esse uso instrumental se encontra, especialmente, no ensaio de Lukács, "A Estética de Hegel",[1] de 1951. Naturalmente, a estética kantiana é ela própria de notável interesse, pois representa a elaboração intelectual de um momento único, acontecido na Alemanha iluminista, em que a atividade do sujeito, produtiva e receptiva, vem colocada como problema central da reflexão estética, em lugar da antiga meditação especulativa sobre a "natureza" do belo; no entanto, o fato de que Kant ainda tenha encarado esse sujeito como uma abstração histórica, sem determinação temporal, sem atenção à função social da arte, fez da sua *Crítica do Juízo* uma revolução a completar-se e uma estética ainda "formal". Seria necessário o advento de uma estética hegeliana para que aquele indivíduo, sujeito da arte, fosse tomado por social e historicamente condicionado. A estética passou então a ser reflexão sobre a história da arte.

Como se vê, a utilização, feita por Lukács, do dualismo forma/conteúdo se dá no terreno estrito da caracterização de pensamentos estéticos sucessivos, sem que o autor proponha jamais a existência de forma e conteúdo como categorias da e na obra de arte.

A obra de Lukács, em matéria estética, acolhe como princípio fundamental a ideia de que aquilo que é social na obra de arte é forma. As implicações imediatas dessa

---

[1] In: *Contributi alla Storia dell'Estetica*. Milão, Feltrinelli, 1957.

posição indicam com grande clareza que as relações entre obras de arte e sociedade são concebidas de modo analógico-estrutural e não pela presença, na obra, de "elementos" ou "conteúdos" sociais. Por exemplo: o romance é definido, ou melhor, situado, como gênero literário expressivo da burguesia não porque tantos romances contenham tão numerosos personagens, situações e acontecimentos facilmente encontráveis na sociedade burguesa – mas sim porque a estrutura básica da forma literária "romance" possui linhas substancialmente homólogas (segundo Goldmann)[2] ou análogas (pela nossa opinião) às diretrizes de uma sociedade burguesa. O entendimento da relação arte/sociedade como uma função baseada na analogia de estruturas retira à velha dualidade forma/conteúdo qualquer valor lógico. O "conteúdo" se dissolve. Arte é campo de formas significativas, cuja significação vem da força com que se referem a formas sociais, não porque a arte tenha de ser explicada "de fora", mas, simplesmente, porque sua função é ser linguagem, isto é, transposição ao nível do domínio, da clarificação e da consciência – daquelas formas sociais que constituem a bruta experiência do cotidiano. A arte, e especialmente a arte literária, realiza nessa condição um trabalho filosófico: por ela, a sociedade se conhece a si mesma.

O "conteúdo" da obra de arte é uma ilusão elementarista, que não resiste a uma visão estrutural. Consiste no engano de querer perceber a obra em fragmentos, quando ela é antes de tudo uma unidade; e também em outro engano, o de querer captar uma "mensagem" dentro de um estilo e das palavras, quando toda mensagem é a linguagem mesma: a ideia não está na palavra, não se vestiu com ela; a ideia, a significação, a mensagem, é a linguagem. Se Croce não tivesse esquecido tantas coisas, seria possível dizer com ele (mas a terminologia já revela o que ele esqueceu) que toda intuição é expressão. Que todo "conteúdo" é linguagem – e portanto, que separá-lo (tentar separá-lo) da sua linguagem, é apenas mutilação, apenas perda, apenas dano.

---

[2] In: *Sociologie du Roman, Cahiers Internationaux de Sociologie*, vol. 32, 1962.

Segunda

"O romance machadiano é uma nítida imagem do Brasil Imperial". Essa afirmação, que precisa ser investigada, tem sido "provada" com a descoberta, na obra machadiana, de "elementos" representativos da nossa sociedade escravocrata. Olhem o agregado do *Dom Casmurro*, as sinhás, as chácaras, os funcionários, os conselheiros, os bacharéis de Matacavalos!... Mas tudo isso não prova senão uma referência de cotovelo, como se por alguns momentos a sociedade imperial esbarrasse sem lógica na ficção de seu maior escritor. Onde está a arquitrave da relação, é no modo particular de a ficção de Machado fazer surgir, das aparências de uma sociedade, nem bem a consciência das suas origens alienadas, mas pelo menos a plástica e sugestiva moldagem dos seus mais reveladores jeitos de ter estado. Só se dará o passo decisivo, em matéria de crítica machadiana, quando se houver mostrado a inserção histórica e concreta daquele mundo cético, mas antes de cético, triste e antes de triste, vazio, e vazio, porque vivendo alienado, explorado-explorando. Sei que sobre nós vão cair as censuras das sutilezas: querer explicar Machado por uma condição social! Não se trata disso, porém, nem de longe. O que se quer é compreendê-lo, e antes pelo caminho inverso: é ler, na sua obra, a imagem de um povo, e a partir da obra iluminá-la; e é ainda menos esquecer que o indivíduo Machado já é uma mediação, mas, ao mesmo tempo, escritor de gênio, que é um feixe de símbolos, de contradições brasileiríssimas, uma condição nacional. Não é explicar a obra por nenhum determinismo. É compreendê-la, e o seu meio de origem, por um jogo incessante de reflexos-reflexões. É compreender, por exemplo, como a debilidade da decadente sociedade senhorial brasileira se traduz não apenas na "neutralidade ante a essência da vida" do inefável Conselheiro Aires, mas – sobretudo – na visão de um tempo passado como dimensão temporal básica, e plasmação penetrante e decisiva de toda uma técnica de narrar.[3] A obra de arte tem em sua própria economia a sua referência ao social.

---

[3] Tal como vem mostrado no livro de Dirce Côrtes Riedel, *O Tempo do Romance Machadiano*. Rio de Janeiro, 1958.

Terceira

O caminho que vai do *tema ao problema* como móvel da literatura é a mesma distância que vai da sociedade alienada ao projeto revolucionário. A proposta de problemática, em lugar de temática, para a literatura-práxis, feita por Mário Chamie,[4] não se prende a outra razão. O tema é categoria literária, de uma literatura desempenhada. Só o problema reveste a condição em que a realidade se apresenta a autor e a leitor enquanto passível de mudança e solução, isto é, na perspectiva de um projeto revolucionário. Aquele hífen de poucas linhas atrás, elo de um trocadilho, até que se prova significativo: pois o tema, de fato, é categoria de uma sociedade já desempenhada pelo homem, e a qual, pela sua inércia histórica, privação de práxis e de função ativa, quer agora manter-se desempenhada, imparticipante, desengajada. O problema, ao contrário, marca o advento da realidade como tarefa proposta ao homem. Nunca, como no problema, o mundo se faz tão diante do homem. Ante, diante, em frente a: problema. O que se atira adiante, a isso os gregos chamavam "problema". Tema é simplesmente o que se põe; mas a tese (a ação de pôr) do problema já traz consigo aquele por-diante-para-resolver; já é uma "prótese". Aos familiarizados com o marxismo, é de se lembrar a frase famosa, segundo a qual a humanidade só se propõe problemas que pode resolver – e logo em seguida a concepção lukacsiana dessa tese, segundo a qual o que está dado nela é a possibilidade, e não a solução. O mundo surge sempre como problemática de solução possível; mas isso não quer dizer que a solução não dependa da ação humana, nem mesmo que seja certa.

Naturalmente, no processo histórico de formação de uma nova práxis, os temas se transformam em problemas. O "tema do amor" da velha lírica individualista vai passando à categoria de problema de amor na expressão de uma nova poesia dedicada a pensar a sociedade, e

---

[4] In: "Literatura Praxis", *PRAXIS* nº 1, 1962, p. 23.

todo o tipo de conduta humana, como tarefa a resolver.
Contudo, o que acontece nessa passagem é muito importante: porque a consciência temática, a consciência-de-tema, pela sua condição de pensamento degradado, alienado, era eminentemente dispersiva, e tinha a pretensão de tratar seu tema à parte os outros (fala de amor sem falar do estado geral do homem, como se o amor, ou qualquer comportamento, pudesse haver isolado, pudesse haver sem um ponto de referência a todas as outras partes de uma situação global); ao passo que a consciência problemática é essencialmente radical, essencialmente consciente de que qualquer problema – o do amor, por exemplo – só se esclarece completamente a partir de uma consciência de raiz, global, oniabarcante e onicompreensiva. Nem quer isso insinuar que a consciência problemática implique uma erudição: significa tão somente que ela implica uma visão geral do estado humano, uma consciência afirmada de que as problemáticas especiais estão todas nascendo do ato geral de uma sociedade que se problematiza a si mesma, e a si mesma se propõe como básica alterabilidade. Mas a descoberta da sociedade por si própria é a reconquista do poder do homem, a devolução que se lhe faz da consciência criadora. Eis porque a literatura problemática só sabe vingar onde comece a reinar uma vitória sobre a alienação. O *problema* é a forma literária de conhecer o mundo pela práxis. Pois não é a práxis o que de fato enfrenta o mundo, para superar a alienação? Precisamente ao que se põe bem em frente, chamamos nós problema ou convite à solução.

QUARTA

"O sol já se pôs, mas é dele que o céu da nossa vida retira florescência e esplendor, mesmo que não mais o contemplemos." Se se retirasse desse grave momento da melancolia de Nietzsche a sua intensa – exatamente – melancolia, seria possível entender essa frase como confissão de todo artista brasileiro em relação à herança do

Ocidente. Não há para nós outro futuro que o prosseguimento de sermos ocidentais; não há para nós outro jeito de realizar, e de realizar a nós mesmos, sem repelir firmemente a insinuada participação na talvez irremediável decadência do Ocidente. Quero dizer que há dois Ocidentes, e que o verdadeiro somos nós, porque somos nós que neste instante recolhemos o seu humanismo, o seu sentido atuante da vida, a sua ideia de mobilidade social, o seu senso do indivíduo em sua bem recortada figura de múltipla riqueza humana. Mas porque a esse Ocidente de razão se opõe a lendária propaganda de tantas falsas liberdades, da agressão indisfarçável, o cristianismo de popa, da cultura que é cultivo quase niilista (e haverá coisa mais antiocidental que o niilismo?) da decadência em todas as formas, consciências e atitudes – por isso só podemos contemplar este Ocidente como extremamente alheio a nós, e à medida que triunfe, em terras de oeste, e como tem triunfado, nós seremos obrigados a ver todo o Ocidente como um perdido sol sem retorno, e, com seus últimos clarões, e combater sem quartel a própria e falsa ex-civilização que traiçoeiramente invoque o nome Ocidente.

Quinta

A estética de Nietzsche, cuja interpretação marxista nos é dada com rara agudeza por um ensaio de Lukács[5] (escrito em 1934), continha em seu seio algumas das mais radicais dentre as contradições filosóficas com que operou, desde os Oitocentos, a decadência interna da burguesia. A ideia da arte como "transfiguração da existência", em função da impossibilidade de aceitar, tal qual é, a própria existência; a de que "não é possível viver com a verdade", ou de que "só esteticamente existe uma justificação do mundo" – é a concepção da arte como mentira e como, na teoria shopenhaueriana, processo de

---

[5] "Nietzsche como Precursor da Estética Fascista", in: *Contributi*, 1957.

alheamento diante da vida. A defesa feita por Nietzsche da arte de estilização e da arte exemplar – a sua exaltada admiração pelo moralismo e pela disciplina clássica – não consegue destruir o seu trabalho insistente pelo estabelecimento de uma estética apoiada na pura função de fingir, de embelezar, de transfigurar. Mas o paradoxo desse grande pensador de fronteira, último herdeiro da filosofia clássica e primeiro apóstolo do irracionalismo aberto, persiste até hoje, em forma infinitamente amesquinhada (na proporção em que seus autores não chegam nem a roçar os pés de Nietzsche), na obra de quase todas as teorias do "deleite estético", do moderno hedonismo artístico, disfarçado em mil interesses, "aristotélicos" e richardsianos, pela catarse, pelo prazer nascido da *"maîtrise des émotions"* e desde logo – por uma estética da arte-purificação.

Estes senhores acham que a arte "purifica". O que não confessam, porém, é que ela, purificando, distrai. No entanto, de que maneira entender a antiga tragédia grega apenas pelas névoas da noção de catarse em Aristóteles? Que autoriza essa visão purgatória, quando se sabe, e bem mais ao certo, que cada tragédia era uma reinterpretação do mito, uma discussão de conduta, uma renovável resposta a um problema do agir? Pelo menos na Grécia, a arte não "embelezou" a vida, senão no sentido de que era a própria vida que se aperfeiçoava sempre, que sempre se fazia superior, porque nunca deixou de se examinar e de se discutir. Na Grécia se fez o que se deve fazer agora – viveu-se alegremente com a verdade. E para isso a arte foi menos um encanto do que um movimento de razão. A tragédia de Nietzsche, "origem da tragédia" de hoje, foi ter não poucas vezes cedido ao impulso de submeter a razão a um pobre e heroico encanto, a ação na vida a uma falsa e grandiosa "transfiguração da existência".

1963

Responsabilidade social do artista

Penso que é melhor discutir o problema da responsabilidade social do artista a partir de uma indagação estética, em lugar de, começando por esse motivo ético, deduzir depois as suas implicações estéticas. Pode parecer prurido metodológico, sutileza ou tecniqueria, mas não é: a discussão do assunto partindo de uma investigação estética é muito mais válida; além de "interna", afasta o alto inconveniente de reduzir a questão a termos imediatamente éticos, terreno onde algumas feições do comportamento especificamente artístico ficariam fora de foco. Não nego que se utilize aqui uma certa malícia. A malícia é tentar provar que existe uma responsabilidade social do artista por necessidade propriamente estética, e não ética, como se no fundo não se tratasse de um problema social ou como se tal problema não fosse nem urgente nem relevante... mas nós veremos logo que essa mesma malícia é apenas aparente.

Se há um ponto em que decididamente concordam as mais opostas teorias estéticas de hoje (por exemplo, a estética de Heidegger com a de Lukács), é na aceitação comum da arte como forma de conhecimento. Seja uma revelação de caráter metafísico ou uma interpretação da história concreta, em ambas as posições a arte se considera como capaz de nos oferecer uma imagem do ser, cumprindo uma função de conhecimento da realidade. Qualquer ideia acerca da responsabilidade social do artista tem de incorporar essa crença na arte como função cognitiva, porque, sob pena de andarmos em nuvens, não há outro meio de se exigir do artista uma determinada atitude a não ser reconhecendo nele um instrumento de visão. Se se admite que ao artista compete agradar e divertir, e não fornecer o conhecimento exato do mundo, não há como exigir dele uma responsabilidade: por natureza devotado ao gratuito, o fazedor de diversões não pode ser, senão injustamente, condenado pelo crime de gratuidade. Portanto, se vamos perguntar qual é o ser-responsável do artista, qual é o seu dever-ser, somos forçados a aceitar a arte na condição de cognitiva, que é a única capaz de lhe conferir o poder de tratar as coisas sérias. A arte é, portanto, séria: ela conhece, ela revela – mas o real que ela nos dá, que vem a ser precisamente? Que é isso que a arte conhece? A realidade. Mas a realidade é por excelência um dinamismo, um processo, uma transformação; é a experiência do homem no mundo, é uma atividade e um envolvimento. Por isso qualquer homem desejoso de conhecê-la não pode senão sonhar com uma contemplação isenta. Por isso a paixão de observá-la não tem força para permitir a alguém que lhe fuja, que se evada, que se escape do próprio objeto que contemplava. A realidade que a arte conhece, nela o artista, um homem, se reconhece. Nela ele está envolvido. E, igualmente, livre. Justamente porque esse conhecimento ignora a isenção, a impassibilidade, não saberia nunca refletir o que conhece de forma apenas passiva. Refletir, como, se no que reflete a arte, produto do homem, está presente o próprio homem? Se a realidade é móvel exatamente à medida que o homem se move? Se se transforma, na proporção precisa em que os homens, em coletivo, lançam a ação de transformá-la? Eis aí a razão que faz a arte refletir (certamente), mas num duplo sentido – o de reflexo e o de reflexão. Não há possibilidade de a consciência humana reproduzir sem produzir, porque até para reproduzir já seria necessária a vontade de produzir uma reprodução. O artista não consegue devolver ao mundo uma imagem simétrica, uma cópia adequada, um reflexo sem reflexão. O ato de ver, e o seu produto, não são identificáveis com a coisa vista, pelo bom motivo de que "coisa vista" envolve e contém quem a vê, e a visão não saberia ser vista sem o reconhecer, não saberia contatar a mobilidade do mundo sem se dar conta de quanto é sua essa mesma mobilidade. Em consequência, o artista se põe diante do real ao mesmo tempo envolvido e livre. Sabe que o real é humano – e como tal, dele, manejável por ele, corrigível por ele. Sabe que participa da realidade quer queira quer não – e que no simples ato de contemplá-la já se esconde a presença de uma crítica e de uma política. A partir daí, o artista assume uma posição. Às vezes, a "ideologia" do artista, conscientemente professada, está em desacordo com o real. Tem sido frequente a arte dos reacionários. Mas o que seria necessário provar, para confirmação do "purismo", é que os valores humanos expressos na obra dos grandes artistas fossem, esses sim, reacionários, fossem valores opostos ao progresso da história. Que adianta repetir que Balzac era um legitimista, se o romance de Balzac, se os melhores personagens de Balzac, se a visão do mundo que emerge não do homem, mas da sua imensa obra – constituem a mais poderosa imagem da existência burguesa na primeira metade do século, e prenunciam com igual vigor o que ela seria nas décadas seguintes? De que nos serve afirmar um Baudelaire dândi, *flâneur*, "aristocrático", um Baudelaire fundamentalmente decepcionado com uma revolução (a de 1848) e mesmo com a própria hipótese de toda e qualquer revolução, se o poeta Baudelaire, se a visão que surge dos poemas, levantam para nós o primeiro grande retrato-denúncia da vida moderna na grande cidade industrial? Há uma ideologia do artista e uma visão do mundo da obra. Balzac *viu* como romancista, Baudelaire *compreendeu* como poeta. Nenhum dos dois nos explicou, a rigor, a razão política do que viram; e no entanto ambos plasmaram, com toda a vividez, já não a superfície, mas até mesmo o núcleo de erupção da sociedade de seu tempo, em toda a sua essencial figura humana, nos seus traços mais significativos. Com a palavra e com as formas, o homem cristaliza o seu viver e chega a dominá-lo; mas esta "*denominatio*" é uma "*dominatio*", e também uma conservação. O aparente mistério da arte consiste nisso – nessa impossibilidade de a obra "significar-nos" sem que a vivamos, sem que a reconheçamos vida concreta, e, ato simultâneo, na impossibilidade de ela ser reconhecida como vibração vivencial sem que aí mesmo se aprenda um firme tecido de significações. A arte é o retrato natural da existência humana, e daí permitir que nela o homem reconheça, numa só ação, a proximidade e a distância, o estar-vivo imediato e a mediatíssima perspectiva em que a vivência foi objeto da consciência e da crítica, foi degrau na marcha de um autoconhecimento que se relativiza a cada etapa de história. Arte é mimese, mas não do produto da vida, e sim da vida-em-produção. Nisso o artista é frequentemente um bom calculador de futuro; mas não é por adivinhação, é apenas por extraordinária agudeza na percepção do presente onde já está, em germe, cada futuro.

O domínio e a separação da arte são um comportamento de supraestrutura. A estética circunscreve uma área onde só remotamente, quer dizer, só através de várias mediações, se joga o destino de uma sociedade. Ligada à práxis, que é ação global da sociedade sempre conferida pela consciência, contato com o mundo sempre voltando ao espírito, interiorização incessante do objetivo – a arte é, não obstante, *teoria*, no seu primeiro sentido (de "visão"), é só passando pelos 1001 gestos da vida corrente consegue chegar à prática. E é preciso insistir na significação originária desse ser-teoria – pois a arte é, dentre todas as formas de teoria, a menos equipada para a ligação direta com a prática. Quando o artista vê o momento histórico, quando, além da percepção comum, ele penetra na essência significativa e determinante da sociedade, nem sempre acompanha essa visão com a consciência precisamente histórica do que vê. Ora, uma teoria perto da prática não poderia deixar de possuir a perfeita consciência dos reais motivos que a um dado instante moldavam a existência concreta. Uma teoria desse tipo não poderia apontar uma problemática (como Balzac apontou na sociedade burguesa em formação) sem, quase ao mesmo tempo, fornecer o esboço de uma solução. A visão da arte, para a sua efetividade, não necessita mais do que indicar problemas; permanece alheia às soluções. A obra de arte pode conter estas últimas, mas isso não lhe é, de nenhum modo, essencial. A obra de arte serve a uma prática, porém *na qualidade de teoria*. Ela serve à complexa, aprofundada e superior formação que se tornou entre nós o recinto de mais elevada educação do homem, uma espécie de paideia grega menos luminosa, mas também menos ingênua, erigida ao passar dos tempos e dos estilos. Ela alcança uma tão rica imagem do homem, um tão intenso momento da sua autorreflexão, que só mesmo através de uma influência indireta as suas significações defluem para o corrente da vida. A arte pode e deve em nossos dias sublinhar a necessidade do gesto político, mas tanto a sua herança como a sua eficiência mais sólida proíbem que se rebaixe a uma mera indicação de tarefas. Nem sempre a obra de arte levou consigo a essência e a figura global da sociedade; esse foi, no entanto, o entendimento de arte que nos chegou, e aquele que nenhum imediatismo, nenhum pragmatismo revolucionário conseguirá destruir.

Afinal de contas (e de conversa), a exigência de uma responsabilidade social de parte do artista, como se ele já não fosse responsável pelo simples fato de ser artista, é questão que se coloca à medida que uma sociedade, decidida a instaurar seus valores, age, até certo ponto, em nome de uma cultura onde há mais coisa a fazer do que coisa feita e acumulada: exatamente o caso das sociedades culturalmente (não só economicamente) subdesenvolvidas. O que se viu ao longo dessas linhas foi que a arte já é, por si mesma, uma responsabilidade social (assim se desfaz a aparente malícia metodológica do nosso começo). Que se exija agora, entre nós, do artista atual, que seja um responsável, isto é, que veja realmente a problemática objetiva da nossa particular sociedade, é algo que seria espantoso, seria uma atitude até pretensiosa, se não fosse, como é, apenas uma face de uma outra exigência – a exigência de uma verdadeira arte nacional. Solicita-se ao artista brasileiro que responsabilize socialmente; ou, em outras palavras, que contribua para instaurar uma visão enfim concreta do mundo em seu redor; e o compromisso exigido não vai além disso. Assim se compreende que o imperativo ético da arte é inerente ao seu próprio ser, ao seu próprio uso, não porque o "estético" seja a algum respeito superior ao ético, mas porque a função estética reveste essencialmente uma condição moral, tão necessária, que é preciso viver a sublinhá-la no instante em que se quer integrar o trabalho da arte na produção geral de uma sociedade adulta.

1963

Notas soltas sobre o declínio da aura

A "aura" de uma obra de arte é, para Walter Benjamin, aquilo que ela contém de herança cultural, de significado tecido pela tradição. É também o que, mesmo perto, a obra revela de longínquo, exatamente no sentido de que a sua contemplação, como objeto único, já remete o espírito de quem a contemple a uma larga trama de associações históricas e culturais. Benjamin nota que a origem desse halo na obra de arte devotada à consecução da beleza está na antiga finalidade ritual da arte. No rito, por excelência, a obra existe como indicação do além. A primeira função de uma estátua de um deus é remeter nosso espírito à transcendência divina – e rigorosamente falando, em termos de culto e de arte religiosa, nem mesmo importa que se veja a estátua: basta que se saiba que ela está ali, no templo, e que ela estar ali, significa a presença local de uma transcendência, a misteriosa visita de um deus. Por isso, em muitas igrejas medievais, há estátuas invisíveis do solo, somente vistas desde o alto, talhadas na pedra altíssima das catedrais. A beleza tornou profana a função da arte, e apelou muito mais à visão e à contemplação; mas fazendo incluir na percepção da obra todo um mundo de alusões, fazendo da percepção uma cadeia de associações, transformou a transcendência dos deuses na transcendência da cultura clássica: a obra permanecia como indicação do além de si. Esse valor de culto expresso numa aura de associações, a arte começou a perdê-lo quando surgiram, em escala industrial, as técnicas de reprodução capazes de colocar cada obra, em cópia, tão junto a cada família, tão sujeita à intimidade e ao uso diário, que o olhar do homem se dispôs a derrubar, por essa mesma proximidade, o velho complexo de veneração. Esta Vênus que eu tenho à mão, na reprodução comprada aos milhares, eu a conheço quase tão bem quanto se a tivesse visto no museu de Dresden.

A partir disso, o ato de ir ao museu perde sentido, não tanto por mim, mas porque o desenvolvimento de uma técnica moderna (a reprodução de obras de arte) acabou de me ensinar o que de há muito se suspeitava, isto é, que o museu, retirando a arte da vida diária, jamais resistiria ao tempo em que o prazer estético se democratizasse. Mas a palidez de um tal exemplo avulta, quando se pensa na outra grande – na maior – aparelhagem de reprodução, o cinema. É antes de mais nada por ele que o valor-de-culto da obra cede e se rende ao seu valor-de-expressão. A própria rapidez do filme já impede a associação prolongada, em benefício da exigida e imperiosa atenção ao imediato. A captação da imagem chega a ser mais rápida que o seu "entendimento". E a transcendência se coloca mal, quando toda a superioridade do cinema consiste em revelar, na imanência, no objeto comum de aqui e de agora, os ângulos surpreendentemente novos, o despercebido, o "inconsciente visual" das pequenas percepções. Prazer estético, no cinema, é esse olhar melhor, esse ver mais, essa crítica do visível. Pirandello, furioso com a tela, dizia com amargura que, no cinema, os atores estão sempre em exílio: exilados do palco, e de si mesmos. Enquanto no teatro, o ator mantém seduzido o público pelos laços tão firmes de um tempo simultaneamente vivido por ele e pelo espectador, na tela não há senão, para o ator, a possibilidade permanentemente desagradável de ser visto esquadrinhado e surpreendido como ele mesmo não se pode ver. O ator de cinema é a pura vítima de um olhar alheio. Por outro lado, porém, pela sua potência de choque, o cinema reduz o espectador a uma enorme passividade. Ao contrário da tradicional obra de arte, o filme não é bem penetrado pelo público; antes penetra no público. O espectador de cinema não se "recolhe": diverte-se, entrega-se, desvia-se. *Mass medium* por excelência, o cinema institui a fácil operação de moldar, com todo o êxito, o maior número possível de consciências.

Qualquer tentativa de conceituar um empenho artístico, uma participação da arte, tem de levar esses fatos – a constelação de fatos e problemas que é a cultura de massa – na devida conta. A censura ao cinema e às demais técnicas de reprodução (à fotografia, por exemplo) parte de um romantismo e de um saudosismo inutilmente bem intencionados, e sobretudo esquecidos de que essas técnicas artísticas são (quantitativamente) e podem ser (qualitativamente) democráticas. E não me refiro aqui tão especialmente a elas, e ao que engendram como atitude estética, de algum modo gratuito, mas porque, na verdade, a criação de novos hábitos estéticos por meio de novas técnicas, a constituição de novas relações entre obra e público, afetam o desenvolvimento, e decidem a sobrevivência, de toda a arte geral dos tempos modernos. Problemas suscitados pela influência do cinema pertencem a uma questão relativa não apenas à tela e ao filme, e que será respondida, globalmente, pela inteira orientação estética do futuro. O que o cinema nos ensinou deve ser incorporado à nova arte. O valor-de-exposição, a "proximidade", a revelação das novidades e surpresas do mundo e do homem cotidianos, tudo isso pode ser magnificamente aproveitado. Até a atenção ao imediato característica do espectador cinematográfico pode ser transformada em pedagogia, pelo caminho que vai do choque à significação reflexiva; e, principalmente a matéria do cotidiano, da vida diária, pode ser "mostrada" como demonstração ética, bastando que se faça ver, nos atos mais constantes, a emergência de uma ação humana transformadora e transformada diante da existência concreta. Tanto pode o cinema "divertir" quanto pode ensinar que na realidade mais usual, mais direta e mais crua, já existe e opera um sentido social, uma antiga ou nova estrutura dinâmica portadora de uma configuração da sociedade.

1963

Entre real e irreal

A obra de arte é um irreal? Sartre a considerou assim no seu famoso *L'Imaginaire*: o retrato de Carlos VIII serviu como exemplo. Realmente, por mais que se queira considerar o retratado de um retrato como objeto, logo se vê que ele não é objeto como o são "o quadro, a tela, as camadas reais da pintura". Se nós considerarmos a tela, na sua materialidade, em si mesma – o objeto estético (no caso, o retratado) não aparece. Não se mostra presente na nossa consciência. E quando finalmente surge nela, quando finalmente é a ele que "percebemos" – então não percebemos, mas sim imaginamos, pois é preciso subtrair toda percepção da tela enquanto matéria para poder aprendê-lo. É claro que jamais se poderia "imaginar" o retratado sem a tela, que me subministra todos os elementos com que o imagino. Mas ainda aqui, o retrato (peça real, material) é somente um análogo; ele alude ao retratado, indica o retratado – mas para ter consciência deste último, sempre é preciso que eu considere uma imagem, um irreal; é preciso que eu "esqueça" que o seu rosto não passa, em última análise, de um borrão de tinta elaborado. Tudo bem até agora; um retrato é irreal (não adianta dizer que a obra de arte é o retrato e não o retratado: pois o que dá unidade e sentido ao retrato, que é senão o retratado?). Mas se o quadro é "abstrato"? Se não figura coisa alguma? Se não foi concebido, nem pode ser contemplado, como análogo a nada? Sartre nos responde depressa. Sem figurar coisas vistas, o quadro abstrato "figura" coisas novas, nem por isso menos irreais, desde que imaginadas e apenas indicadas pela pintura. Já o fato de a obra ser, enquanto objeto estético, um conjunto, é uma confirmação de irrealidade. Não é esse vermelho de Matisse que me emociona – se fosse, eu me emocionaria com ele em todo lugar onde o visse. Mas não. É raro nos emocionarmos com os tomates. O que de verdade me encanta, é a combinação desse tom com os outros e de todos com o desenho, e deste com as proporções; a beleza está nesse conjunto, nessa estrutura que contribui mais que tudo para dissolver a materialidade de cada parte no ato de imaginar, ou seja, de aprender o irreal.

Da mesma forma, um ator não lida senão com o irreal. Não é o personagem que "se realiza" em Fernanda Montenegro; é Fernanda que se *irrealiza* no personagem, passando a viver no plano do imaginário, trocando o real pela imaginação. Quando a peça acaba, o público, as luzes acesas, de volta à realidade (há alguma coisa pior do que, depois de ver Jeanne Moreau, Monica Vitti ou Sophia Loren, encontrar, na luz comum da saída, as caras ordinárias, as pobres realidades dos outros espectadores?) se decepciona. Que quer dizer isso? Que entre a experiência estética e o real, há uma mudança de plano. Que a arte, por momentos, nos retirara do mundo. Sartre termina dizendo que "o real nunca é belo", que por isso é tolice confundir a moral com a estética, e que, mesmo quando se contempla esteticamente o objeto real (uma bela mulher, por exemplo), esse objeto deixa de ser percebido como tal. Eis aí porque "a extrema beleza de uma mulher mata o desejo que se tem dela", porque os temperamentos sensuais, os ativistas do sexo, exaltam a "boeza" por cima da beleza – e porque o meu amigo Jerônimo Moscardo de Souza sempre exclama, ao ver uma mulher das mais belas, "que não olha mais, porque isso faz muito mal!".

Divórcio entre o real e o imaginário, na teoria de Sartre. Num só ponto ele concede o indício de uma interação, de um compromisso, de uma mediação: quando atribui à consciência-imaginante uma motivação a partir da situação concreta da consciência no mundo, de tal modo que toda imagem, sendo sempre negação do mundo, no entanto, nunca aparece isolada, mas contra um fundo (e em ligação com ele) que é a realidade. Vê-se agora a singularidade negativa da imagem, ser uma negação que, ao negar, afirma, como condição de si mesma, aquilo que nega. Há portanto um elo entre o real (mundo) e o irreal (imagem); assim como só pelos elementos materiais do retrato eu chego a imaginar o retratado, assim também só partindo da minha situação no mundo eu consigo negá-lo e instaurar, contra ele, um irreal-imaginário. Mas esse elo esquisito é fundido pela oposição; o mundo é necessário ao irreal apenas como moldura, como fundo obscuro para melhor resplandecência do irreal; o mundo alimenta o irreal, mas exclusivamente à medida que o irreal se alimenta do mundo, isto é: come a realidade, engole o real e, para viver, o destrói. Muito a propósito, recordemos aquele estágio da consciência, em relação com o exterior, que Hegel denomina "fase do apetite". Sem dúvida, a relação entre real e irreal, em Sartre, se dá às custas do primeiro. O imaginário é violento.

Se se deixa agora o severo dualismo sartriano, se se passa (onze anos) de *L'Imaginaire* aos textos de Merleau-Ponty sobre a fenomenologia da linguagem publicados em *Signes* (1960), maior suavidade se entrevê na passagem do real ao irreal. O problema é aqui a determinação das condições em que, a partir da linguagem comum (*langue*, de Saussure), o uso da linguagem é capaz de fazer criador, inovador (*parole*). Para Merleau, a palavra encarna uma intenção significativa que é de certo modo um vazio, pouco a pouco preenchido, como um pressentimento gradualmente confirmado. Para dizer algo novo, algo meu – e que eu digo para socializá-lo – começo por utilizar as significações disponíveis, o sentido corrente das palavras. Apenas, pouco a pouco, vou-lhes dando um manejo especial, uma rearrumação, uma recombinação. No fim, deu-se o milagre: algo de novo, dentro do velho. No fenômeno da linguagem dá-se a mais sutil das mediações. A língua passa de constituída a constituinte; ou melhor, vai passando a constituinte sem nem por um instante esquecer que é constituída, porque o que ela institui, estabelece-se a partir do já instituído. Acontece a subterrânea, discreta transição interior das palavras, do sentido velho ao sentido novo. E a linguagem, como o corpo, convive consigo mesma, e se aventura ao imaginário sem abandono do real. Verdadeiramente aqui não há divórcio. Como pensar num divórcio, numa oposição entre real e imaginário, palavra comum e palavra criadora, quando um e uma se extraem tão tranquilamente de outro e de outra? A experiência criadora parte da situação real. O a-viver, imaginário, do vivido e registrado. "Nossas operações expressivas de agora, em lugar de expulsar as precedentes, salvam, conservam e as retomam, em tanto que continham alguma verdade." A verdade é uma sedimentação. Em breve, uma tradição. O imaginário, também agora, se nutre do real, mas consideremos essa nutrição de nova maneira, não mais como apetite destruidor, mas como digestão (*digere* = absorver) e assimilação, síntese e incorporação. A linguagem não saberia negar o mundo para inovar. Antes, ela o atualiza: o imaginário exprime as promessas do mundo, revela os prenúncios do real. O imaginário não é uma violência; mais profundamente, ele marca a mediação de uma a outra realidade, com suficiente autonomia para moldá-la. A obra de arte não existe como autodestruição; não é preciso que o retratado elimine o retrato. Entre a estética e a vida há uma distância, mas não uma separação. Um torso arcaico de Apolo nos manda mudar de vida; saio do teatro decepcionado porque me vejo de volta ao real, mas também (por que não?) motivado, por comovido, a uma esfera mais alta de existir; uma mulher extremamente bela mata o meu desejo – mas eu posso, além do desejo, instaurar entre ela e mim uma ação que não vai perto, mas vai mais fundo: posso amá-la. Eis como o imaginário pode voltar ao mundo e o irreal à realidade.

1963

ESTÉTICA E ANTROPOLOGIA
ESQUEMA PARA UMA FUNDAMENTAÇÃO ANTROPOLÓGICA DA UNIVERSALIDADE DA ARTE

a
PIERRE FURTER
e a
AFFONSO CELSO DE OURO-PRETO,
EVALDO CABRAL DE MELLO,
FERNANDO MENDES VIANNA,
MARCÍLIO MARQUES MOREIRA,
MÁRCIO do RÊGO MONTEIRO
e
SÉRGIO PAULO ROUANET.

"*Quumque plurimas et maximas commoditates amicitia contineat, tum illa nimirum praestat omnibus, quod bonam spem praelucet in posterum, nec debilitari animos aut cadere patitur.*"
(Cícero, *De Amicitia*)

I) O PROBLEMA DA UNIVERSALIDADE DA ARTE. A ANTROPOLOGIA CULTURAL CHAMADA A RESOLVÊ-LO

Por trás de toda a estética marxista, mesmo esparsa e esboçada como ela é, existe um "princípio unificador" que é *a preocupação com a integridade do homem*.[1] Marx, Engels e seus seguidores tenderam sempre a identificar, na consecução de um realismo autêntico, o triunfo máximo da arte, o sinal mais decisivo da grandeza estética. Mas o realismo estava para eles indissoluvelmente ligado ao humanismo. A defesa do homem, a salvaguarda de sua verdadeira natureza constituíam o motivo inspirador de

---

[1] Georg Lukács, *Contributi alla Storia dell'Estetica* (1954, ed. italiana, 1957); ver o ensaio "Introduzione agli Scritti Estetici di Marx e di Engels" (escrito em 1945), p. 237.

todo grande realismo, segundo a concepção marxista; e os textos de Marx em que a arte, longe de ser tratada como simples manifestação ideológica (apenas uma dentre várias "máscaras" e ocultamentos da realidade), recebe do filósofo a homenagem de seu reconhecimento como expressão autêntica da consciência humana demonstram claramente o valor atribuído por Marx a essa aliança entre a criação artística e o princípio da plena humanidade. A famosa passagem dos *Manuscritos Econômicos e Filosóficos* sobre a fala de Tímon a respeito do dinheiro (Shakespeare, *Timon of Athens*, ato IV, cena 3)[2] e os louvores a Balzac na qualidade de "historiador da burguesia" apontam em Marx um interesse nesses autores baseado na repulsa, expressa por ambos, em aceitar a imagem do homem deformada pelo capitalismo, ou seja, a imagem do homem despojado de seus valores reais e tornado em puro espectro de si, emagrecido em sua própria natureza. O protesto contra a desfiguração do gênero humano seria, portanto, o índice da maior grandeza artística. O realismo encontraria sua fonte na energia com que o grande poeta manifestasse essa indignação fundamental ante o envilecimento do homem; e se a arte ocidental, desde a Renascença, fazia cada vez mais agudo o som desse protesto, era porque o desenvolvimento da sociedade capitalista consolidava uma estrutura social que, em virtude de consentir no império do valor-dinheiro sobre os valores reais, no domínio do valor-quantidade, do pseudovalor, sobre os valores qualitativos, se apresentava como a sociedade *anestética* por excelência. O dinheiro é o "poder alienado da humanidade"; a arte, uma defesa da integridade humana, e em consequência, da plenitude do poder do homem. Entre a atividade artística e a sociedade do dinheiro, por conseguinte, persiste para Marx uma incompatibilidade irremediável. A noção de *humanitas* é essencial à estética marxista. O realismo é a defesa da

---

[2] Nos *Manuscritos*, III, p. XLI na numeração do próprio Marx, p. 152 no texto da ed. brasileira (incluído no livro de Erich Fromm) *Conceito Marxista do Homem*, 1962.

humanitas; o fundo da arte consiste na vívida apresentação de uma íntegra natureza humana.

Que vem a ser, não obstante, uma tal natureza humana? Sabemos que a unidade do ser humano se vê despedaçada pelo aviltamento capitalista; deduzimos facilmente que a "*humanistas*" seja o conjunto de faculdades cujo exercício o capitalismo contraria; compreendemos que esse homem completo está ligado ao mundo dos valores reais, que o império do mercado não cessa de ameaçar. Porém nosso entendimento do "conteúdo" da noção de *humanitas* é predominantemente negativo. Por exclusão, entendemos por "integridade humana" a soma dos atributos que a sociedade mercantil rouba ao homem – por exclusão da imagem apequenada do homem dominado pelo dinheiro, chegamos a compor a figura do homem desalienado, do ser humano senhor de todas as suas faculdades; mas a coisa é outra se, desprezando esse procedimento comparativo, tentamos estabelecer o significado preciso daquela ideia de "natureza humana". É que o marxismo aqui comparece como um historicismo arrependido: depois de proclamar a historicidade de todas as essências; depois de praticar a análise histórica mais inteligentemente que qualquer outro historicismo; depois de denunciar como "metafísica" qualquer ontologia que pretendesse escapar aos limites da História, eis que Marx e os marxistas nos acenam, para que o reconheçamos com o fundamento da arte, com esse indefinível conceito de uma "natureza" do homem. Não se dirá que é má vontade o que nos leva a censurar o inefável caráter da "*humanitas*" marxista. O próprio vocabulário revela que aqui se fala de "humanidade" como de uma substância, de um conteúdo; a mesma palavra *integridade* supõe a ideia de uma reunião de partes, de uma soma de elementos. Quando, por exemplo, um Lukács[3] (que foi quem levou mais longe a explicitação do conceito) exalta Balzac em nome da sua fidelidade à *humanitas*, argumenta que o narrador, ao constatar a irresistibilidade histórica do

---

[3] Ver *Contributi, Scritti*.

advento do capitalismo na França do seu tempo, simultaneamente "percebe também que esse processo (a implantação do capitalismo, JGM) traz consigo, por sua vez, um *desmembramento*, uma distorção do homem, e ele repudia em nome e em defesa da integridade do homem esse desmembramento e essa distorção".[4] O grifo é nosso, mas os termos são marxistas; eles indicam uma natureza humana compreendida como soma de qualidades. O simples fato de que sintamos a necessidade de "preencher" a noção de *humanitas* (ou de natureza humana, ou de integridade do homem) com procurados "atributos" já mostra a feição substancialista do conceito. Que se fale em homem "pleno" ou, por contraste, no homem-pedaço do capitalismo, idem. Ora, semelhante soma de atributos não poderia nunca ser a mesma em todas as épocas. A "*humanitas*" por baixo do realismo de Balzac não pode ser igual à ideia que da "integridade humana" se fazia um Shakespeare – considerado por Marx, como Balzac, um "grande realista", e portanto, um artista humanista, defensor da natureza humana. Mesmo que, em linhas gerais, a atitude de ambos fosse determinada pela sua repulsa à desumanização trazida pelo capitalismo, as diferenças pesariam mais que as semelhanças; o capitalismo incipiente do elisabetano Shakespeare ofereceria uma deformação diversa da que o capitalismo industrial imprimiria ao homem de Balzac.[5] Em termos de "conteúdo" nenhuma

---

[4] Ibidem, p. 236.

[5] Nota-se que, quando Lukács se refere, não à representação artística das deformações do homem pelo capitalismo, mas sim à consciência teórica que dessas deformações tiveram os artistas, ele se dá conta, perfeitamente, de que a defesa da "integridade do homem" está modificada por circunstâncias epocais: veja-se, por exemplo, em *Contributi*, no estudo sobre a estética do Schiller (p. 37 da ed. supracitada), a compreensão da concepção schilleriana do "esfacelamento do homem" provocado pela divisão capitalista do trabalho. Lukács mostra como seus termos se explicam quando relacionados com a sociedade capitalista manufatureira, anterior ao pleno advento da máquina. Por essas e outras é que insistimos: das duas uma: ou ambos, artista e teórico, defendem a mesma humanidade *histórica* (e nesse caso a *humanitas* por trás de Shakespeare não pode coincidir com a de Balzac, senão

"integridade humana" se manteria imutável – a menos que fosse supra-histórica, o que o marxismo, está visto, não pode sequer supor. A preocupação com uma integridade humana, denominador comum a toda grande arte para o marxismo, é uma ideia confusa. Examinada de perto, sugere contradição com a própria índole do pensamento de Marx, pensamento medularmente historicista.[6]

---

muito em parte) – e então o marxismo não pode deixar de qualificar historicamente a *humanitas* da Arte, a exemplo do que faz com o mesmo conceito na filosofia, e até na estética – ou a *humanitas* subjacente à Arte é atemporal, e não corresponde à preocupação dos teóricos por uma humanidade histórica – mas nesse caso, o marxismo se obriga a declará-lo, e, mais do que isso, a explicar como pode acolher um conceito a-histórico, já que seu conteúdo, os atributos que o "preenchem", escapam às mudanças do tempo social.

[6] Existe uma "segunda posição" da estética marxista na tentativa de explicar racionalmente a universalidade da arte: é a acolhida por Lukács em *Prolegomeni a un'Estetica Marxista* (*sulla categoria della particolarità*), 1957. No capítulo final, "Concretizzazione della particolaritá come categoria estética in singoli problemi", especialmente nas partes 8 e 12, Lukács propõe, como razão daquela universalidade, e ao mesmo tempo como maneira de evitar tanto o apelo à noção de algo "universalmente humano" quanto ao simples relativismo historicista, a ideia de que aquela universalidade deriva da essencial "continuidade da história humana" e da conservação, nesta última, dos "pontos nodais típicos" (p. 208). Aqui, a base da permanência de uma obra através dos tempos não é a presença de uma *humanitas*, de uma defendida "integridade do homem", mas sim o fato de que a obra, colhendo "as orientações e as proporções essenciais do desenvolvimento histórico", assegura-se contra o envelhecimento (p. 211). Correspondentemente, cada época, por sua situação social e seus interesses de classe, seleciona dentre a tradição global as obras que melhor convêm às necessidades ideológicas do momento (ibid.). Isso porque o desenvolvimento histórico não parte nunca de um puro início, mas reelabora sempre os resultados das etapas precedentes (p. 250). Tal concepção, de fundamento nitidamente hegeliano, faz da arte uma forma de "autoconsciência do desenvolvimento da humanidade", que é, em suma, uma tradução em dialética "profana", da arte como manifestação do Espírito Absoluto de Hegel, o qual, em oposição ao Espírito objetivo, caracteriza-se por ser *para si*, ou seja: pela autoconsciência. "A arte como autoconsciência do desenvolvimento da humanidade" é mesmo o título da 12ª parte do capítulo supracitado. Oito páginas antes de terminá-lo Lukács reconhece que até então veio tratando da questão da universalidade da arte "somente

Não teremos a ingenuidade de supor que esse vício metafísico (porque substancialista) encontrável em certos textos marxistas, particularmente os relativos à estética, contamine o geral do pensamento de Marx. A filosofia da práxis, que é a sua, contém o antídoto certo para qualquer noção metafísica. Com ou sem a sugestão enganosa dessa *"humanitas"* vagamente tratada, o conceito marxista do

---

do ponto de vista do conteúdo" (p. 251), mas que a vitalidade e a duração estéticas de uma obra de arte "dependem em última análise da perfeição da forma artística", forma possuidora de um "valor evocativo imediato" (ibid.). O *Édipo*, de Sófocles, argumenta nosso autor, contém muitas informações sobre a história de Antiguidade – mas o certo é que nove décimos dos espectadores ou leitores da tragédia nada sabem sobre esses pressupostos históricos, e, no entanto, nem por isso deixam de comover-se profundamente com a peça. Ainda assim, Lukács não crê que a eficácia da obra dependa exclusivamente da perfeição formal (ibid.), e é manifestamente claro que o poder evocativo da forma a que se referiu evoca, precisamente, o passado da humanidade (p. 252); é a evocação *disso*, através da simples contemplação da obra e sem recurso a informações intelectuais prévias, que garante à arte o interesse permanente dos homens. A crítica a essa "segunda posição" não é muito difícil. Constitui um intelectualismo inegável querer explicar a emoção estética individual pela evocação de um passado, não do indivíduo, mas dele enquanto à humanidade (p. 252). Pode-se tranquilamente duvidar de que tal recordação aflore à consciência de qualquer espectador artístico, em termos normais. Mesmo que ocorra, essa evocação será sempre secundária em relação ao sentimento estético. Na realidade, a arte nos atinge muito mais diretamente. O sentido de humanidade que ela nos transmite é demasiado poderoso para que se possa basear numa evocação tão longínqua. Bem ao contrário, ele se fundamenta na vibração de alguma coisa presente em nós mesmos, não remotamente, como essa participação oblíqua num passado distante, mas sim proximamente. É irrecusável que a arte desperta em nós um passado, um resíduo, um fundo que vem de longe e no entanto nos habita desde as nossas raízes: porém esse fundo, simultaneamente nosso e alheio, não é a pálida consciência de uma participação indireta – é a vibração direta e íntima de toda uma parte da nossa personalidade. A terceira parte deste ensaio voltará em detalhe a esse tema, definindo o que vem a ser esse passado-presente que a arte mobiliza em nós. (N. B.: tendo sido recentemente publicada a *Estética* de Lukács, não sei até que ponto essas suas posições teriam sido alteradas. De qualquer forma, porém, os *Prolegomeni* fazem expressamente parte do plano geral da mesma *Estética*, de modo que é difícil supor alguma modificação essencial.)

homem repele a interpretação de uma natureza humana que não seja rigorosamente histórica. O homem, para Marx, "é" menos do que "faz"; e justamente, faz o que ele próprio "é", ou seja: faz-se concreta e historicamente. A "integridade do homem" é muito menos, para Marx, algo dado, e que o homem do capitalismo tenha perdido, do que um projeto – uma empresa histórica que às vezes é encarada utopicamente, mas nunca, no essencial, de maneira a permitir que se esqueça o seu caráter de condição a conquistar através da História, em contraposição veemente a toda sobrepairante "essência" desligada do tempo concreta e socialmente vivido. A ocorrência de uma noção como a de natureza humana nas posições estéticas de Marx não resiste ao confronto com o próprio contexto da filosofia marxista. Ela se explica, apenas, por uma leitura de textos em causa à luz das circunstâncias históricas que coloriram a estética marxista, situando-a dentro de uma tradição que remonta ao iluminismo e ao classicismo alemães. A isso, porém, voltaremos no final deste ensaio. No momento, feita abstração dessa "escusa histórica", mantemos a censura do conceito de "integridade humana" (tradução: natureza humana) tal como surge da estética marxista.

Uma vez rejeitada a "preocupação com a integridade humana", que fundamento propor para a atividade artística? Se a resposta criticada pode ser considerada insuficiente, nem por isso desaparece a necessidade de responder. Estamos simplesmente diante do tema central da estética, diante de seu problema mais íntimo: do *nó* do pensamento estético. Marx tocou nele quando exigiu, de uma estética moderna, a decisiva superação do mero sociologismo: *Mas a dificuldade*, escreveu, *não está em compreender que a arte e a épica gregas estão ligadas a certas formas de desenvolvimento social. O difícil é explicar por que, ainda hoje, elas nos proporcionam prazer estético e atuam, a certos respeitos, como norma e modelo inigualável.*[7] A noção de natureza do homem,

---

[7] Karl Marx, *Introdução Geral à Crítica da Economia Política*, parte 4.

expressa em termos de preocupação com a integridade humana, é uma tentativa de responder a esse enigma. Por que razão os efeitos da arte permanecem universalmente válidos, quanto a validez da ciência é tão miseravelmente limitada ao tempo? Nem é argumento objetar que a compreensão de uma obra de arte por uma sociedade diferente da que produziu é, ela também, uma compreensão diferente. Por mais que varie, o sentimento experimentado diante de uma obra de arte é fundamentalmente o mesmo; são mais exceção que regra as substituições no elenco das obras admitidas como arte. O que de fato varia é o que se aprecia nessas obras, muito mais que as próprias obras, na qualidade de fonte do prazer estético. De haver uma razão para essa indesmentida universalidade. Tentamos fazer ver que qualquer apelo a uma ligação da arte com o conteúdo de uma suposta natureza humana é, no mínimo, insuficiente. Onde, então, procurar uma base racional para a explicação da incongruência entre arte e ciência, no que respeita à universalidade dos resultados de ambas?

Se a arte transcende o tempo no seu efeito sobre os homens, é porque algo existe no homem que seja permanente, constante em qualquer época. Neste momento, somos obrigados a admitir alguma coisa assim como aquela "natureza humana" tão severamente repudiada acima. O paradoxo se resolverá quando esclarecermos que o conceito de uma natureza humana responsável pela universalidade da arte pode e deve ser entendido em termos não substancialistas, ou seja: termos que não os do "conteúdo" hipotético dessa natureza humana. Afastemos desde logo a ideia metafísica de uma natureza humana criada, para todo o sempre, por Deus. Essa é uma suposição sem valor científico. Em vez dela, propomos a discussão das concepções que possamos encontrar, a respeito do homem no seu aspecto supra-histórico, na ciência oficialmente encarregada do tema: a antropologia.

Antes da resposta antropológica no nosso problema, conviria indagar que títulos apresenta a antropologia cultural, no conjunto do saber do nosso tempo. Como se estima hoje o valor da antropologia? Talvez o principal serviço que se lhe reconhece seja o de se ter constituído numa base, ou *na* base por excelência, do movimento *interdisciplinar* que atualmente progride em quase todas as ciências humanas. Essa orientação traz no seu bojo o sentimento, cada vez mais difundido entre os mais lúcidos dos cientistas sociais, de que as diversas disciplinas do social, fundadas sucessiva e desencontradamente, passam agora pela exigência de uma integração profunda. Sociologia, psicologia, antropologia, psicanálise, semântica, estética – todas essas ciências reclamam uma integração cujos primeiros esboços têm sido amplamente fecundos. Caracterizadas em seu desenvolvimento histórico, em sua evolução peculiar, as disciplinas do humano e do social confluíram para um encontro com o caminho da filosofia moderna, desde Hegel (e de sua sucessão) decidida a abandonar a via metafísica pelo senso crescente do histórico e do social concretos. A própria força dessa confluência encarregou-se de tornar dúbios os limites de cada uma das ciências em causa. A necessidade de uma "revisão de fronteiras" tem urgência bastante para que o conceito que proponha um Gurvitch[8] para a sociologia consista, precisamente, em ser ela uma síntese superior dos resultados e contribuições a que cheguem as várias ciências do social. Uma síntese dessa natureza implica, bem entendido, o surgimento reconhecido de novos ramos do saber, emancipados dos tradicionais, bem como a fusão de alguns destes e até o desaparecimento de uns poucos. No seu mais justamente famoso ensaio de superação dos dogmatismos do saber moderno – *L'Hyper-Empirisme Dialectique, ses Applications en Sociologie* – Gurvitch frisa a necessidade de promover a liquidação de todo enclausuramento disciplinar,[9] dando condições a uma nova mentalidade científica para dividir, sem preconceitos acadêmicos, os trabalhos do saber contemporâneo.

---

[8] Georges Gurvitch, *La Vocation Actuelle de la Sociologie*, introdução.

[9] Somos forçados a relegar para outra ocasião o exame mais detido desse ensaio de Gurvitch. Os processos técnicos enumerados pelo autor como "armas" de hiperempirismo dialético valem uma discussão especial.

Entre os títulos que a antropologia cultural apresenta, na sua condição de motora da integração científica em causa, estão em nível muito peculiar as relações que essa ciência entreteve, ao longo deste século, com a psicanálise, a psicologia social, a linguística e a semiótica – para só citar o pouco e o que mais de perto nos interessa.

II) As relações da antropologia com a psicanálise e a psicologia social

Nosso objetivo não é oferecer um quadro autorizado de todas essas relações, e sim fundamentar, por meio de uma breve alusão histórica, o aproveitamento que a antropologia se permitiu fazer de conceitos que lhe eram originariamente estranhos, como a noção de *inconsciente*.

Os contatos entre a antropologia e a psicanálise foram, em seu começo, marcados pela hostilidade dos antropólogos às generalizações freudianas tipo *Totem e Tabu* (1913), onde a "explicação" da cultura em termos de impulsos da libido não poderia resistir à seriedade crítica. Ainda por cima, Freud extraiu a maior parte de seu material antropológico, de maneira frequentemente ingênua, do evolucionismo e da antropologia de "gabinete" do século XIX e dos inícios do atual: de Spencer e Wundt, de McLennan e Tylor, de Lang e, sobretudo, de Frazer. Em tais condições, o prazer bem maligno de Malinowski, ao arrasar a aplicação ortodoxa do complexo de Édipo ao estudo das origens culturais, encontra sua razão ao combate que a antropologia moderna, sob o signo do funcionalismo, moveu contra os "pais" oitocentistas dessa ciência. O determinismo e o unilateralismo interpretativo de livros como *Totem e Tabu*, tanto nas fontes quanto na orientação, só poderiam indignar as novas tendências antropológicas.

Mas o interesse da antropologia pela educação infantil, somado a outros fatores, substituiu o predomínio da censura pelo da cooperação científica. Os psicanalistas passaram a encarar seus conceitos como realidades psicológicas suscetíveis de sofrer condicionamentos culturais.

A voga da psicanálise cultural (Horney, Sullivan, Fromm) corrigiu o biologismo de Freud e revelou-se mais apta do que as primeiras grandes dissidências (Adler, Jung, Rank) para a tarefa de integrar a psicanálise no saber totalizado do nosso tempo.[10] Por outro lado, os antropólogos descobriram a importância da fase infantil e do exame de comportamento anormal, aplicando noções de origem psicanalítica ao estudo da cultura. Os resultados da colaboração entre Cora du Bois, Abram Kardiner e Ralph Linton em Columbia foram notáveis, sobretudo porque não representaram nenhuma "rendição" da antropologia, tendo a atitude de Linton permanecido essencialmente crítica, no que se refere à insinuação psicanalítica de transformar o aprendizado infantil em determinante hipertrofiado da personalidade.[11] Sistemática assimilação da psicologia pela antropologia produziu a famosíssima obra de Margaret Mead, *Coming of Age in Samoa* (1928), brilhante trabalho de campo onde se demonstrou enfaticamente o quanto as vicissitudes da adolescência

---

[10] Creio – tanto quanto é possível a um não especialista – que a escola cultural da psicanálise continua, em ato e em potência, a mais fértil de suas orientações. Comparada à obra de Sullivan, por exemplo, a chamada "psicanálise existencial" surge contaminada por vícios metafísicos de nascença. Esses vícios são especialmente nocivos na corrente liderada pelo heideggeriano Medard Boss; porém mesmo na prestigiosa "*Daseinanalyse*" de Ludwig Binswanger o que tem maior interesse, a meu ver, é precisamente a verificação do quanto Binswanger, cujo ponto de partida está em *O Ser e o Tempo*, vai-se afastando progressivamente de Heidegger, até cair sob a acusação da "heresia" sustentada pelo "ortodoxo" Boss. É claro que a "*Daseinanalyse*" consegue tanto mais aproximar-se de posições racionais quanto menos obedece ao impulso heideggeriano original. O leitor à procura de informações preliminares poderá recorrer ao livrinho de C. A. Seguin, *Existencialismo y Psiquiatría*, 1960. A atitude cética mantida por nós com respeito à psicanálise existencial não abrange absolutamente a psicologia de inspiração fenomenológica, concretizada, entre outros, nos trabalhos de Buytendijk, de Sartre ou de Merleau-Ponty, que não são, basicamente, arguíveis de irracionalismo.

[11] Ver R. Linton, *The Cultural Background of Personality*, 1945; e A. Kardiner, *Psychological Frontiers of Society*, 1939, e *The Individual and His Society*, 1943.

estão condicionadas por estruturas sociais peculiares. O fato *de Coming of Age in Samoa* suceder de apenas um ano *The Father in Primitive Psychology* – o livro em que Malinowski contesta Freud – é altamente significativo, e prova que a antropologia estava preparada para incorporar temas de proveniência psicológica mesmo quando a batalha contra os determinismos ainda era acesa. Os estudos sobre o "caráter nacional" que proliferaram nos anos 1940 e 1950 harmonizam motivos psicanalíticos com conceitos culturais; foi isso que permitiu a Francis Hsu falar de "repressão" como mecanismo básico de socialização na cultura americana. A mesma linha de investigação aliada levou a considerar o comportamento patológico dentro de uma moldura cultural. Em 1950, Claude Lévi-Strauss já podia falar categoricamente da impossibilidade de reduzir o patológico ao nível do puramente individual, dado que as perturbações mentais, em suas formas predominantes, variam de acordo com as sociedades e com seu desenvolvimento histórico.

A ideia de *complementaridade* entre o psiquismo individual e o do grupo é hoje preferida, pela moderna antropologia, à de que qualquer dos dois níveis de atividade psíquica seja um *a priori* absoluto em relação ao outro. Mas essa ideia é vizinha da própria concepção de psicologia social, ou seja, da teoria científica sobre interação de indivíduos. A preocupação com o problema interpessoal remonta a Durkheim e a seus descendentes ideológicos, Lévy-Bruhl e Radcliffe-Brown. Sob o patrocínio deste último, Lloyd Warner introduziu em Harvard a pesquisa de comunidades compreendidas como "grupo de indivíduos mutuamente interatuantes". Fora do campo socioantropológico, a própria psicologia social, operando autônoma, iria conhecer uma evolução que a conduziria do biologismo individualista de suas origens à fase madura, de modelos centrados em realidades supraindividuais. A superação da "teoria dos instintos" de McDougall, devida antes de mais ninguém a Dewey e a G. H. Mead, reforçou-se com a contribuição da psicanálise cultural e da *Gestalttheorie*, representada, nessa área, pela escola topológica de Kurt Lewin.[12] G. H. Mead colocou o fenômeno da interação como eixo da formação da personalidade, explicando o surgimento do ego através da trama concreta das relações com os outros. No entanto, sobre a noção de "eu", Marcel Mauss, parente de Durkheim, um dos maiores nomes da antropologia francesa, escreveu ensaio hoje citado como precursor da moderna psicologia social.[13] A contiguidade entre o campo de Mauss e o de G. H. Mead e Lewin é evidente. Por outro caminho, porém, a psicanálise cultural se declara devedora da obra de Mead, a quem Sullivan presta homenagem ao construir sua teoria psiquiátrica "interpessoal". O próprio Mauss está mais do que ligado a um conjunto de temas virtualmente psicanalíticos: foi o primeiro a mobilizar o inconsciente como solo comum dos fatos sociais. O cruzamento de psicanálise e antropologia, de fertilidade surpreendente, ganha ainda maior vigor pela mediação da nova psicologia social, e do caráter supraindividualista e antibiologista que esta confere à escola cultural dentro da psicanálise. Vejamos agora que função desempenha o inconsciente no corpo da ciência antropológica e que posições, dentre as várias correntes dessa ciência, podem com êxito aproveitar essa "chave" de filiação psicológica.

III) O CONCEITO DE INCONSCIENTE NA ANTROPOLOGIA CULTURAL

"Na magia, como na religião e como em linguística, são as ideias inconscientes que atuam" (Marcel Mauss).

---

[12] A obra de Lewin talvez seja, depois da de Freud, a mais abrangente tentativa racionalizadora da nova psicologia, em seu período "galileano" (como o próprio Lewin gostava de chamá-lo, comparando-o ao período de nascimento da física moderna). Ver Kurt Lewin, *Principles of Topological Psychology*, 1936, e *Field Theory in Social Science*, 1952. O segundo livro é uma coletânea de ensaios.

[13] Ver Edna Heidbreder, *Psicologías del Siglo XX*, 1960. Ed. argentina de *Seven Psychologies*, com sete novos capítulos, dos quais um é dedicado à psicologia social de Gino Germani.

Essa fecunda afirmação é um prelúdio à de Edward Sapir, o linguista e antropólogo discípulo de Boas, segundo o qual o comportamento cultural se define por sua configuração inconsciente. Mas o inconsciente não é só um "tema" para a antropologia: é sobretudo uma *arma*. Claude Lévi-Strauss[14] explicita a descoberta de Mauss com a seguinte linha de pensamento: como, em antropologia, o observador compartilha da natureza do observado (pois o antropólogo é um homem que estuda o homem), daí decorre que o próprio observador faz parte da sua observação. Não se trata, absolutamente, de repetir aqui aquela verdade consabida, de que em toda ciência o observador projeta no observado um pouco de si mesmo, "deformando" a situação ótica ideal, a de uma visão imaculadamente neutra. Em antropologia, a distância entre o objeto e o sujeito não permite nem sequer a construção de uma separação relativa, mas sempre operacional, como a que se estabelece, entre o pesquisador e o pesquisado, na física ou na biologia. Para o antropólogo, o fenômeno humano, tratado como *coisa*, conforme a lição durkheimiana, permanece não obstante tão próximo do analista, tão chegado ao observador, que a este não se faculta contemplá-lo sem contemplar-se, a exemplo do vesgo da anedota, que não poderia olhar nada sem ver, simultaneamente, a ponta do nariz. Por isso, para o etnógrafo que passa a viver com os indígenas a fim de estudá-los, o caminho do estudo tem de supor a existência, entre ele e os nativos, de um *medium* comum. Ora, o fenômeno humano, que o cientista, para garantia de objetividade, deve tomar por coisa, é essencialmente representação mental. O que o etnógrafo procura é conceber como coisa, como algo objetivamente recortado, um mundo humano que é espírito, que é imagem, que é eminentemente subjetivo. O etnógrafo, em suma, quer captar a mente do nativo. Temos, portanto, não uma mente em busca de coisas, ao modo das ciências naturais, mas uma mente

---

[14] Claude Lévi-Strauss, *Introduction à l'Oeuvre de Marcel Mauss*, publicada no pórtico de *Sociologie et Anthropologie de Mauss*, 1960.

atrás de outra – em cuja realidade só poderá penetrar pelo acesso a um parentesco de base, a um campo onde primitivo e civilizado possam encontrar-se num mesmo universo, através de uma língua comum. Esse terreno de encontro é o inconsciente; e o termo mediador entre mim e outrem; porque, nas palavras de Lévi-Strauss,[15]

> *l'inconscient serait ainsi le terme médiateur entre moi et autrui. En approfondissant ses données, nous ne nous prolongeons pas, si l'on peut dire, dans le sens de nous mêmes: nous rejoignons un plan qui ne nous paraît pas étranger parce qu'il, recèle notre moi le plus secret; mais (beaucoup plus normalement) parce que, sans nous faire sortir de nous-même, il nous met en coincidence avec des formes d'activité qui sont à la fois* nôtres *et* autres, *conditions de toutes les vies mentales de tous les hommes et de tous les temps.*

> [O inconsciente seria assim o termo mediador entre mim e outrem. Ao aprofundar seus dados, não nos prolongamos, se podemos dizer, no sentido de nós mesmos: alcançamos um plano que não nos parece estranho porque ele guarda nosso eu mais secreto; mas (muito mais normalmente) porque, sem nos fazer sair de nós mesmos, ele nos põe em coincidência com formas de atividade que são ao mesmo tempo *nossas* e *outras*, condições de todas as vidas mentais de todos os homens e de todos os tempos.][16]

E Merleau-Ponty[17] poderia pela mesma razão falar da experiência antropológica como "*notre insertion de sujets sociaux dans un tout où est déjà faite la synthèse que notre intelligence cherche laborieusement*" [a nossa inserção de sujeitos sociais num todo em que já

---

[15] Claude Lévi-Strauss, op. cit.

[16] Claude Lévi-Strauss, "Introdução à Obra de Marcel Mauss". In: Marcel Mauss, *Sociologia e Antropologia*. Trad. Paulo Neves. São Paulo, Cosacnaify, 2003, p. 28. (N. E.)

[17] Maurice Merleau-Ponty, "De Mauss a Claude Lévi-Strauss", in: *Signes*, 1960.

está efetuada a síntese que a nossa inteligência procura laboriosamente],[18] como se, na *viagem* etnográfica, nós assumíssemos sinteticamente a condição de indígenas. Merleau-Ponty vai adiante: define a antropologia como atitude mental – essa atitude que se impõe quando o objeto do nosso pensamento é o *outro* e exige que nós nos transformemos nele, portanto, em *outros* –, e não como exame curioso e marginal do primitivo. Dessa perspectiva, todas as vezes que, idealmente, pudéssemos ver como *outra* a própria cultura em que vivemos, estaríamos fazendo antropologia. O primitivo seria apenas um "outro" cuja alteridade, desde logo manifesta, não nos requeria tanto esforço, nem tão difícil metamorfose, quanto a tarefa de contemplar como alheia a nossa própria sociedade. É ainda Merleau quem observa que, desde que se entenda a antropologia como "modo de pensar", o desapreço pelo seu lado vivencial, pelo trabalho de campo, pela frequentação do "outro", não oferece justificativas. Quando Frazer, clássico antropólogo de gabinete, desabafava com o seu "Deus me livre do trabalho de campo", na verdade, ele "não se privava somente de fatos, mas de uma forma de conhecimento".

O inconsciente é a mediação a partir da qual se institui o estudo antropológico, por ser o plano da existência que possibilita, ao mesmo tempo, que nós nos apropriemos da personalidade alheia, e que façamos alheia nossa própria personalidade. Fundado nesse plano profundo da existência, o antropólogo assume sua visão dos homens e elabora seu equipamento de análise. Ora, esse reconhecimento de nós mesmos em outrem é precisamente o que a psicanálise nos oferece, não mais de um homem para outro, mas de nós para conosco; porque, pela psicanálise, as mais remotas e mais estranhas camadas de meu ser acabam sendo por mim reconhecidas como parte integrante do meu eu, como fibra pessoal, e como elemento

---

[18] Maurice Merleau-Ponty, "De Mauss a Claude Lévi-Strauss". In: *Signos*. Trad. Maria Ermantina Galvão Gomes Pereira. São Paulo, Martins Fontes, 1991, p. 129. (N. E.)

insuspeito de minha própria individualidade. Não é dizer do paralelismo entre antropologia e psicanálise? *"C'est une opération du même type qui, dans la psychanalyse, permet de reconquérir à nous-même notre moi le plus étranger, et, dans l'enquête ethnologique, nous fait accéder au plus étranger des autrui comme à un autre nous"* (Lévi-Strauss) [é uma operação do mesmo tipo que, na psicanálise, nos permite reconquistar nosso eu mais estranho e, na investigação etnológica, nos dá acesso ao mais estranho dos outros como um outro nós].[19] A convergência de antropologia com psicanálise teria desse modo raízes mais profundas do que as que o mesmo Lévi-Strauss já surpreendera, comparando o psicanalista ao xamã;[20] ela não viria da colaboração feliz entre duas ciências (e duas artes), não decorreria apenas do intercâmbio, provado útil, de conceitos ou mesmo de métodos: seria a convergência ainda mais básica, mais originária, que repousa na identidade dos modos de saber. Quando muito, somente o ângulo desses saberes diferiria, conforme o "outro" a conquistar estivesse em nós ou fora de nós.

Porém, se a antropologia se caracteriza, dessa maneira, como um *estilo de comunicação*, e se o idioma que nos habilita à comunicação é o inconsciente, não se poderia recusar a ideia de um *inconsciente coletivo*. De Mauss passaremos a Jung? De nenhum modo, responde Lévi-Strauss: pois esse inconsciente coletivo da antropologia não se define em termos de um "substrato" simbólico como o de Jung; é simbólico (se não o fosse não poderia prestar-se a ser linguagem), mas não pelo conteúdo, e sim pela forma.[21] O inconsciente interpessoal é um *sistema simbólico*, um conjunto de formas, de *significantes* (e não de significados) simbólicos. O leitor de linguística advertirá logo a nitidez dessa distinção O erro de Jung,

---

[19] Claude Lévi-Strauss, "Introdução à Obra de Marcel Mauss", op. cit., p. 29. (N. E.)

[20] Claude Lévi-Strauss, "L'Efficacité Symbolique", in: *Anthropologie Structurale*, 1958.

[21] Claude Lévi-Strauss, *Introduction à l'Ouvre de M. Mauss*.

com seu irracionalismo de fundo racista, foi contaminar a noção de inconsciente coletivo com o censurável vício de *conteudismo*. Pretendendo interpretá-lo em termos de certos resíduos simbólicos, não escapou à arbitrariedade e ao indisfarçável caráter ideológico de seu conceito de inconsciente, que é, no fundo, um pântano paranazista de símbolos "arianos", um reino de "arquétipos" irracionalmente desligados das culturas particulares de que são componentes.

O conteudismo vicia também grande parte da antropologia cultural, de modo que, para livrar nossa utilização antropológica da ideia de inconsciente coletivo desse desvio perigoso, é necessário esquematizar a crítica da mais poderosa corrente antropológica moderna. Isto será feito por meio de um

Excursus

onde se resume uma crítica ao funcionalismo, acusado de conteudismo.

Na base da evolução da antropologia, desde os fundadores oitocentistas ao estágio mais recente, existe o problema das relações entre cultura e História. A posição do funcionalismo dificilmente se compreende fora dessa problemática; pois a escola de Malinowski não passa de uma localização extrema dos termos desse debate.

Nascida sob o signo do evolucionismo determinista, a antropologia foi durante muito tempo um grandioso estudo comparativo de diferentes sociedades, tendendo a "comprovar", pelo recurso à História, a vigência de linhas mestras na evolução da humanidade, em processo linear, do primitivo à era industrial. A convicção determinística, aliada às insuficiências da pesquisa de gabinete, acabou provocando numerosas imperfeições na construção teórica dos evolucionistas. Em 1896, Franz Boas, discípulo do grande geógrafo Ratzel, levantou sérias objeções ao emprego pouco rigoroso que o evolucionismo fizera do método comparativo. Boas passou a exigir dos estudos antropológicos um exame detalhado dos costumes primitivos, bem como de sua distribuição geográfica, insistindo em que só assim se poderia com precisão estabelecer a história do desenvolvimento das ideias com que sonhavam os evolucionistas. Quaisquer que fossem as teses sobre o progresso do homem, somente a pesquisa científica da origem histórica de elementos culturais específicos seria capaz de determinar a gênese dos costumes e os processos psicológicos que a acompanharam. Não obstante a pretensão salutar dessa nova escola, que se denominou *historicista*, e apesar do muito que ficou cientificamente delineado pela investigação modesta e atentamente restringida a pequenas áreas culturais, a ambição maior de Boas, que era capturar o desdobramento histórico da cultura, não foi satisfeita por seus métodos. Reduzida a um conjunto de hipóteses, a antropologia historicista sentiu a História escapar-lhe.[22] Vitoriosa na delimitação das diversas culturas, a orientação historicista se deteve, perplexa, ante a equivalência das interpretações evolutivas, nenhuma oferecida além da simples probabilidade. Nessas condições, não tardou que a hidra evolucionista, não de todo morta, ressurgisse espetacularmente como o ataque a Boas conduzido por Leslie White, em 1945.

Porém, antes mesmo de aparecer o neoevolucionismo, a própria concepção da antropologia em termos de História iria sofrer golpes de rara violência. O berço deles era o funcionalismo, cuja doutrina se elaborou, sobretudo, através dos cursos que, a partir de 1924, Bronislaw Malinowski, notabilizado por um longo e minucioso trabalho de campo realizado nas ilhas da Melanésia, começou a ministrar em Londres. A influência de Malinowski, a mais ampla da antropologia moderna, dirigiu-se logo contra qualquer ambição de explicar a cultura por sua existência histórica. Das decepções de Boas com a possibilidade de chegar a um conhecimento exato do desenvolvimento temporal da cultura, o funcionalismo extraiu uma

---

[22] Claude Lévi-Strauss, "Histoire et Ethnologie", introdução à *Anthropologie Structurale*.

atitude de renúncia a toda interpretação histórica, preferindo-lhe a análise sincrônica dos elementos constituintes da cultura, e pretendendo que a investigação do significado geral dos costumes de uma sociedade pode prescindir do conhecimento de suas origens. Não é a História, e sim uma analogia instituída entre os sistemas sociais e os sistemas naturais, entre o cultural e o orgânico, que fundamenta a postura teórica do funcionalismo. Dessa analogia retira Malinowski seu conceito central, o de função.[23] Mas ao perguntar-se, concretamente, pela função de um traço cultural, o funcionalista frequentemente tem resvalado para a superestimação de certas "intuições" em detrimento de toda a informação prévia sobre os costumes da tribo onde ele se propõe viver. Ao explicitar as funções de vários costumes, o próprio Malinowski, entre o contraditório e o tautológico, despreza toda a preocupação histórica e termina na suposição, evidentemente absurda, de que tudo "funcione" numa sociedade, quando a reflexão histórica não tardaria a mostrar que, ao lado das funções vivas, há funções *secundárias*, somente preservadas em virtude da resistência do grupo de alterar seus hábitos.[24] Evans-Pritchard[25] denuncia nessa suposição a inconsciência audaciosa do método de Malinowski, que em sua devoção ao "concreto",[26] sua incapacidade de pensar em termos de estruturas abstratas, mas profundamente significativas, leva sempre a um impressionismo antropológico e ao uso leviano do que, em outro plano metodológico, poderia configurar um saudável estruturalismo. Não é difícil descobrir em sua obra o prejuízo que essas generalizações sobre funções culturais (tão inadequadas quanto os esquemas simplificadores dos evolucionistas) acarreta ao

---

[23] Bronislaw Malinowski, *A Scientific Theory of Culture and Other Essays*, 1944; tradução brasileira, 1962.

[24] Claude Lévi-Strauss, *Histoire et Ethnologie*.

[25] E. E. Evans-Pritchard, *Social Anthropology*, 1950; edição argentina, 1957.

[26] Ver, por exemplo, seu livro *Argonauts of the Western Pacific* (1922), onde descreve os rituais do "kula" de maneira censurada por Evans-Pritchard.

conjunto de suas penetrantes observações, conquistadas durante o trabalho de campo. Perigosamente inclinado a afirmar a universalidade não provada de funções culturais, Malinowski recai em truísmos infrutíferos, e numa sub-reptícia desvalorização da própria experiência antropológica; pois esta, longe de contentar-se com a declaração apriorística de uniformidades, objetiva, ao contrário, a compreensão das diversidades da cultura para – através delas e não sobre elas – indicar verdadeiras constantes humanas. Quando o autor de *Sex and Repression in Savage Society* se permite banalidades como: "Falando francamente, direi que os conteúdos simbólico, representativo ou cerimonial do casamento têm para o etnólogo importância secundária (...) A verdadeira essência do ato do casamento é que, graças a uma cerimônia muito simples ou muito complicada, ele dá expressão pública, coletivamente reconhecida, ao fato de que dois indivíduos ingressem no estado matrimonial", Lévi-Strauss faz muito bem em indagar por que, então, ir viver tão longe e penosamente em tribos remotas – uma vez que tudo o que nos interessa consiste na essência de uma "função" cuja universalidade desfaz, entre o matrimônio civilizado e primitivo, qualquer diferença de monta.

Os riscos científicos da admissão de uma funcionalidade geral da cultura invalidam boa parte dos estudos chamados *configuracionistas*, onde o comércio entre antropologia e psicologia nem sempre consegue enriquecer efetivamente a primeira dessas ciências. Uma cultura, diz Ruth Benedict, autora do famoso *Patterns of Culture* (1934), é como um indivíduo: ambos têm "um padrão mais ou menos consistente de pensamento e ação". A aparente neutralidade dessa afirmação se destrói quando as culturas indígenas passam a ser estudadas em termos psicologistas, classificadas em "introvertidas e extrovertidas" ou em "apolíneas e dionisíacas", deslocado o foco antropológico das instituições e costumes para as tendências anímicas supostamente existentes no grupo e também supostamente análogas às individuais. Em resumo, tanto a consistência das "configurações" quanto a funcionalidade total da cultura e a universalidade das "funções" são postulados mais do que discutíveis. Trabalhando à base deles, os funcionalistas e seus herdeiros configuracionistas desprezaram o levantamento de complexos estruturais cientificamente deduzidos pela aplicação de conteúdos duvidosos à noção de cultura e de elementos culturais.

Seria injusto estender a todo o funcionalismo a plena severidade dessa crítica. Na própria Inglaterra, o outro grande antropólogo funcionalista, Radcliffe-Brown, de formação durkheimiana como a de Mauss, não compartilhou com Malinowski a despreocupação pelos estudos dinâmicos nem a concepção de cultura como um todo compactamente integrado. Contudo, embora propugnando por uma análise diacrônica em vez de exclusivamente sincrônica, e, embora admitindo a ideia de sociedades tendendo à desintegração, numa visível correção do atemporalismo e anti-historicismo malinowskianos, Radcliffe-Brown não conseguiu libertar-se do naturalismo, nem de um empirismo, parente daquele impressionístico amor ao concreto de Malinowski, que o induziria a confundir estruturas sociais com relações sociais concretas, incapacitando seus estudos para a operação estatística dos dados antropológicos – método que, a exemplo da linguística, a antropologia estrutural se esforça por impor como sinal do definitivo amadurecimento da ciência da cultura[27] e como vinculação dessa última à orientação gestaltista dominante na psicologia e na teoria da linguagem.[28] De um modo geral, portanto, o complexo teórico do funcionalismo, e do configuracionismo vizinho, pode ser considerado inepto para a tarefa de fundamentar uma antropologia habilitada a pensar em termos estruturais, libertos de toda limitação conteudística. Com isso terminamos nosso excurso.

---

[27] Claude Lévi-Strauss, "La Notion de Structure en Ethnologie", in: *Anthropologie Structurale*.

[28] Vínculos entre a antropologia estrutural e o gestaltismo (Köhler, Koffka, Lewin) corresponderiam àqueles entre a linguística estrutural (Trubetzkoy, Jakobson) e a Gestalt, especialmente na obra de Karl Bühler.

O INCONSCIENTE, FORMA DA VIDA PSÍQUICA

Sapir, que definira o comportamento cultural por sua configuração inconsciente, definiu-o ao mesmo tempo por seu caráter *simbólico*.[29] Entendido em termos estruturais, mais ainda do que concebido conteudisticamente, o inconsciente coletivo aparece em sua plena função simbolizadora. Nas palavras de Claude Lévi-Strauss:

> Il (l'inconscient) se réduit à un terme par lequel nous désignons une fonction: la fonction symbolique, spécifiquement humaine, sans doute, mais qui, chez tous les hommes, s'exerce selon les mêmes lois; qui se ramène, en fait, à l'ensemble de ces lois. – Si cette conception est exacte, il faudra vraissemblablement rétablir, entre inconscient et subconscient, une distinction plus marquée que la psychologie contemporaine ne nous avait habitués à le faire. Car le subconscient, réservoir des souvenirs et des images collectionnés au cours de chaque vie, devient un simple aspect de la mémoire; en même temps qu'il affirme sa pérennité, il implique ses limitations, puisque le terme de subconscient se rapporte au fait que les souvenirs, bien que conservés, ne sont pas toujours disponibles. Au contraire, l'inconscient est toujours vide; ou, plus exactement, il est aussi étranger aux images que l'estomac aux aliments qui le traversent. Organe d'une fonction spécifique, il se borne à imposer des lois structurales, qui équisent sa réalité, à des éléments inarticulés qui proviennent d'ailleurs: pulsions, émotions, réprésentations, souvernirs. On pourrait donc dire que le subconscient est le lexique individuel où chacun de nous accumule le vocabulaire de son histoire personnelle, mais que ce vocabulaire n'acquiert de

---

[29] Sapir integra nosso esquema em razão de suas afirmações precursoras, hauridas da feliz aliança que nele faziam o antropólogo e o linguista. Outros aspectos de seu pensamento, porém, são inaproveitáveis; em especial, o seu psicologismo, que o faz uma das fontes do configuracionismo. A este respeito, ver Felix M. Keesing, *Cultural Anthropology*, 1958; ed. brasileira, 1961, p. 248-50.

signification, pour nous-mêmes et pour les autres, que dans la mesure où l'inconscient l'organise suivant ses lois, et en fait ainsi un discours. (...) ces lois sont les mêmes, dans toutes les occasions où il exerce son activité et pour tous les individus. – Ajoutons que ces structures ne sont pas seulement les mêmes pour tous, et pour toutes les matières auxquelles s'applique la fonction, mais qu'elles sont peu nombreuses, et nous comprendrons pourquoi le monde du symbolisme est infiniment divers par son contenu, mais toujours limité par ses lois. Il y a beaucoup de langues, mais très peu de lois phonologiques, qui valent pour toutes les langues. Un recueil des contes et des mythes connus occuperait une masse imposante de volumes. Mais on peut les réduire à un petit nombre de types simples, mettant en oeuvre, derrière la diversité des personnages, quelques fonctions élementaires; et les complexes, ces mythes individuels, se ramènent aussi à quelques types simples, moules où vient se prendre la fluide multiplicité des cas.[30]

[(O inconsciente) Reduz-se a um termo com o qual designamos uma função, a função simbólica, especificamente humana sem dúvida, mas que em todos os homens se exerce segundo as mesmas leis. Que na verdade se reduz ao conjunto dessas leis.

Se essa for uma concepção correta, será provavelmente necessário reestabelecer uma distinção mais marcada entre consciente e inconsciente do que a psicologia contemporânea nos acostumou a fazer. Pois o subconsciente, repositório das lembranças e imagens colecionadas no decorrer de cada vida, torna-se mero aspecto da memória; ao mesmo tempo afirma sua perenidade e implica suas limitações, já que o termo subconsciente remete ao fato de que as lembranças, embora conservadas, nem sempre estão disponíveis. O inconsciente, ao contrário, é sempre vazio. Ou, mais precisamente, é tão alheio às imagens quanto o estômago aos alimentos

---

[30] Claude Lévi-Strauss, "L'Efficacité Symbolique", in: *Anthropologie Structurale*. O texto está nas p. 224-25.

que o atravessam. Órgão de função específica, limita-se a impor leis estruturais, que lhe esgotam a realidade, a elementos esparsos que lhe vêm de fora – pulsões, emoções, representações, lembranças. Poder-se-ia dizer, portanto, que o subconsciente é o léxico individual no qual cada um de nós acumula o vocabulário de sua história pessoal, mas que tal vocabulário só adquire sentido, tanto para nós mesmos quanto para os outros, na medida em que o inconsciente o organiza de acordo com suas leis, fazendo dele, assim, um discurso. Como essas leis são as mesmas, em todas as ocasiões em que ele exerce sua atividade, e para todos os indivíduos, o problema colocado no parágrafo anterior pode ser facilmente resolvido. O vocabulário importa menos do que a estrutura. O mito, quer seja recriado pelo sujeito ou tomado da tradição, só tira de suas fontes, individual ou coletiva (entre as quais interpenetrações e trocas se produzem constantemente), o material de imagens com que opera. A estrutura permanece a mesma, e é por ela que a função simbólica se realiza.

Acrescente-se que tais estruturas, além de serem as mesmas para todos, e para todas as matérias a que se aplica a função, são pouco numerosas, e compreender-se-á por que o mundo do simbolismo é infinitamente diverso em seu conteúdo, mas sempre limitado por suas leis. Muitas línguas existem, mas muito poucas leis fonológicas que valem para todas as línguas. Uma coletânea dos contos e mitos conhecidos ocuparia um número impressionante de volumes. Mas eles podem ser reduzidos a um pequeno número de tipos simples que operam com algumas funções elementares, por trás da diversidade de personagens. E os complexos, mitos individuais, também podem ser reduzidos a alguns tipos simples, moldes em que se prende a fluida multiplicidade dos casos.][31]

---

[31] Claude Lévi-Strauss, "A Eficácia Simbólica". In: *Antropologia Estrutural*. Trad. Beatriz Perrone-Moisés. São Paulo, Cosacnaify, 2008, p. 219-20. (N. E.)

Completamente vazio de conteúdos, o inconsciente "contém" tão somente um conjunto de estruturas simbólicas. Porém estas jamais serão traduzíveis por significados; não correspondem a significados, pela simples razão de serem, bem ao contrário, como que s*ignificantes*, formas simbolizantes que apontam sem cessar para uma totalidade não percebida, mas requerida por elas. Que se passa aqui? Na verdade, estamos diante do fenômeno da *descontinuidade ou incongruência entre significante e significado, entre símbolo e simbolizado, entre linguagem e mensagem*. O aparecimento dessa relação básica é hoje um postulado fundamental para a história e para a antropologia; postulado que encerra uma hipótese sobre a constituição da linguagem e a eclosão da função simbólica. Ainda agora, passemos a palavra ao antropólogo:

> *Quels qu'aient été le moment et les circonstances de son apparition dans l'echelle de la vie animale, le langage n'a pu naître que tout d'un coup. Les choses n'ont pas pu se mettre à signifier progressivement. A la suite d'une transformation dont l'étude ne relève pas de sciences sociales, mais de la biologie et de la psychologie, un passage s'est effectué, d'un stade où rien n'avait un sens, à un autre où tout en possédait. Or, cette remarque, en apparence banale, est importante, parce que ce changement radical est sans contrepartie dans de domaine de la connaissance qui, elle, s'élabore lentement et progressivement. Autrement dit, au moment où l'Univers entier, d'un seul coup, est devenu* significatif, *il n'en a pas été pour autant mieux connu, même s'il est vrai que l'apparition du langage devait précipiter le rythme du développement de la connaissance. Il y a donc une opposition fondamentale, dans l'histoire de l'esprit humain, entre le symbolisme, qui offre un caractère de discontinuité, et la connaissance, marquée de continuité. Qu'en résulte-t-il? C'est que les deux catégories du signifiant et du signifié se sont constituées simultanément et solidairement, comme deux blocs complémentaires; mais*

que la connaissance, c'est-à-dire le processus intellectuel qui permet d'identifier les uns par rapport aux autres certains aspects du signifiant et certains aspects du signifié – on pourrait même dire de choisir, dans l'ensemble du signifiant et dans l'ensemble du signifié, les parties qui présentent entre elles les rapports les plus satisfaisants de convenance mutuelle – ne s'est mise en route que fort lentement. Tou s'est passé comme si l'humanité avait acquis d'un seul coup un immense domaine et son plan détaillé, avec la notion de leur relation réciproque, mais avait passé des millénaires à apprendre quels symboles déterminés du plan représentaient les différents aspects du domaine. L'Univers a signifié bien avant qu'on ne commence à savoir ce qu'il signifiant; cela va sans doute de soi. Mais, de l'analyse précédente, il résulte aussi qu'il a signifié, dès le début, la totalité de ce que l'humanité peut s'attendre à en connaître. Ce qu'on appelle le progrès de l'esprit humain et, en tout cas, le progrès de la connaissance scientifique, n'a pu et ne pourra jamais consister qu'à rectifier des découpages, procéder à des regroupements, définir des appartenances et découvrir des ressources neuves, au sein d'une totalité fermée et complémentaire avec elle-même.[32]

[Quaisquer que tenham sido o momento e as circunstâncias de seu aparecimento na escala da vida animal, a linguagem só pôde nascer repentinamente. As coisas não puderam passar a significar de forma progressiva. Em consequência de uma transformação cujo estudo não compete às ciências sociais, mas à biologia e à psicologia, uma passagem efetuou-se, de um estágio em que nada tinha um sentido a um outro em que tudo o possuía. Ora, essa observação, aparentemente banal, é importante, porque essa mudança radical não tem contrapartida no domínio do conhecimento, o qual se elabora lenta e progressivamente. Dito de

---

[32] Claude Lévi-Strauss, *Introduction à l'Oeuvre de Marcel Mauss*, p. XLVII-VIII.

outro modo, no momento em que o Universo inteiro, de uma só vez, tornou-se *significativo*, nem por isso ele foi melhor *conhecido*, mesmo sendo verdade que o aparecimento da linguagem haveria de precipitar o ritmo do desenvolvimento do conhecimento. Há portanto uma oposição fundamental, na história do espírito humano, entre o simbolismo, que oferece um caráter de descontinuidade, e o conhecimento, marcado de continuidade. O que resulta disso? É que as duas categorias do significante e do significado se constituíram simultânea e solidariamente, como dois blocos complementares; mas que o conhecimento, isto é, o processo intelectual que permite identificar, uns em relação aos outros, alguns aspectos do significante e alguns aspectos do significado – poder-se-ia mesmo dizer escolher, no conjunto do significante e no conjunto do significado, as partes que apresentam entre si as relações mais satisfatórias de conveniência mútua –, só se pôs a caminho muito lentamente. Tudo se passou como se a humanidade tivesse adquirido de uma só vez um imenso domínio e seu plano detalhado, com a noção da relação recíproca dos dois, mas tivesse passado milênios a aprender quais símbolos determinados do plano representavam os diferentes aspectos do domínio. O Universo significou bem antes que se começasse a saber o que ele significava; isso é certamente evidente. Mas, da análise anterior, resulta também que ele significou, desde o início, a totalidade daquilo que a humanidade pode esperar conhecer dele. O que é chamado o progresso do espírito humano e, em todo caso, o progresso do conhecimento científico, não pôde e jamais poderá consistir senão em retificar recortes, proceder a reagrupamentos, definir pertenças e descobrir recursos novos, no seio de uma totalidade fechada e complementar consigo mesma.][33]

---

[33] Claude Lévi-Strauss, "Introdução à Obra de Marcel Mauss", op. cit., p. 41-42. (N. E.)

Em consequência, a partir do surgimento da função simbólica, incorporou-se à condição humana a incongruência parcial entre símbolo e simbolizador: pois

l'homme dispose dès son origine d'une intégralité de significant dont il est fort embarrassé pour faire l'allocation à un signifié, donné comme tel sans être pour autant connu. Il y a toujours une inadéquation entre les deux, résorbable pour l'entendement divin seul, et qui résulte dans l'existence d'une surabondance de significant, par rapport aux signifiés sur lesquels elle peut se poser. Dans son effort pour comprendre le monde, l'homme dispose donc toujours d'un surplus de signification.[34]

[o homem dispõe desde sua origem de uma integralidade de significante que lhe é muito difícil alocar a um significado, dado como tal sem ser no entanto conhecido. Há sempre uma inadequação entre os dois, assimilável apenas para o entendimento divino, e que resulta na existência de uma superabundância de significante em relação aos significados nos quais ela pode colocar-se. Em seu esforço para compreender o mundo, o homem dispõe assim sempre de um excedente de significação.][35]

E é precisamente desse *significante flutuante* (Lévi-Strauss) que a arte, a poesia, a invenção estética e mística constituem seu uso específico da linguagem.

A morada do significante flutuante é o inconsciente, residência das estruturas comuns a todos os homens de todas as épocas. Enfim, deparamos com um fundo comum de humanidade sem um "conteúdo" que, para ser definido, tornasse necessário violentar a História e afirmar uma "natureza humana" atemporal. O inconsciente, terreno das estruturas constantes, é uma *humanitas em termos*

---

[34] Claude Lévi-Strauss, *Introduction à l'Oeuvre de Marcel Mauss*, p. XLIX.
[35] Claude Lévi-Strauss, "Introdução à Obra de Marcel Mauss", op. cit., p. 42-43. (N. E.)

estruturais, isenta de todo conteudismo. A incongruência entre significante e significado assegura a relativa autonomia do significante, a independência da função simbólica, o primado das formas – como se em seu próprio espírito, memória permanente de um momento único na sua progressiva ascensão biológica, o homem exercesse a confirmação daquele primado da forma sobre a natureza que Franz Boas observou ocorrer mesmo na arte mais simples, rudimentar e primitiva.[36]

IV) O CONCEITO DE FORMA EM ESTÉTICA E LINGUÍSTICA

A distinção entre um "léxico" do subconsciente e uma "sintaxe" do inconsciente coletivo pode facilmente ser transposta para o plano de uma nova oposição, a de um léxico de conteúdos históricos e de uma sintaxe de estruturas psíquicas supratemporais. A conjugação desse "vocabulário" com essa sintaxe seria um dos aspectos de raiz em todo processo artístico. No fenômeno estético, fenômeno simbólico por excelência, estruturas e conteúdos desenvolveriam um jogo cuja alta condensação designamos pelo nome de obra de arte. O *kantismo* dessa ideia é evidente. Trata-se, como na teoria kantiana do conhecimento, de supor a função constituinte e reguladora de umas poucas categorias *a priori* sobre a massa das percepções e de seus conteúdos. No caso particular da arte, de insistir em que, seja qual for a importância que se atribua ao papel dos conteúdos, somente do seu encontro com as formas ordenadoras é que resultará a concretização do produto artístico. Em consequência, e sem que isso represente adotar uma posição formalista, a arte será definida através de conceitos onde se traduza um valor primordial concedido à forma. A acuidade do leitor logo perceberá um desvio no nosso raciocínio: até

---

[36] Franz Boas, *Primitive Art*, 1927; ed. de 1955. A tese de Boas – de que o sentido da forma derivou de processos técnicos de fabricação de objetos e não de contemplação da natureza – foi retomada por Gene Weltfish, sua aluna em Columbia, em *The Origins of Art* (1953).

aqui, vínhamos falando de formas como estruturas anímicas – de repente, no último período, passamos a falar da forma de uma obra de arte, de uma estrutura "real", objetiva, de existência materializada. É que um dos propósitos centrais deste ensaio é mostrar como da compreensão do atuar daquelas formas psíquicas, estruturas do espírito humano, deflui a plena visão da importância das formas da arte, das configurações concretas da obra. Antes, porém, de completarmos o fornecimento do material necessário para essa demonstração, vejamos de que maneira a estética, operando em sua área específica, elaborou um conceito de arte com ênfase no aspecto da forma.

Naturalmente, não podemos traçar agora um esquema de história da estética; bastará, portanto, que comecemos com a estética "adulta", laboriosamente construída ao longo do século XVIII. Mesmo assim, não queremos partir de Kant; sua estética, embora fundamental é até hoje inultrapassada em vários pontos, contém certas direções formalistas inaceitáveis para nós. Em Hegel, ao contrário, a arte é considerada sob prisma histórico-social; existem autores que, em vista disso, gostam de contrapor uma estética "de conteúdo", hegeliana, a uma estética formal, kantiana. Pois em Hegel, também, o belo se define em termos de forma – precisamente a forma é que o distingue do verdadeiro, com o qual, pelo conteúdo, ele se identifica. Um historiador da estética de formação hegeliana, Bernard Bosanquet,[37] comenta lapidarmente essa diferenciação no pensamento do mestre: "*As its (of the Idea) 'show' or semblance (Schein) the beautiful is at once distinguished from the true* (Hegel, Estética, 1, 141), *which is the Idea as it is for thought, and therefore has an identical substance with that of beauty* but a different form" (31: grifo de JGM). Fundada nessa distinção, a *Estética* hegeliana, em sua própria parte introdutória (cap. II; seção II, 3), assinala à arte uma finalidade intrínseca, e não a finalidade de um objeto exterior a serviço do qual ela se pusesse.

---

[37] Bernard Bosanquet, A *History of Aesthetic*, 1892; ed. de 1949.

Na nota nº 6, procuramos indicar a insuficiência da estética lukacsiana no que se refere a uma interpretação estruturalista da universalidade da arte. Modernamente, lavra no campo do marxismo acesa revisão das teorias de Lukács. Os "revisores" tendem notavelmente a amparar-se sob a obra de Ernst Fischer, cujo *Da Necessidade da Arte* (*Von der Notwendigkeit der Kunst,* 1959; ed. inglesa, 1963) repercute amplamente nos estudos mais recentes da estética europeia. Fischer atribui relevo bem maior que o de Lukács à função da forma na arte; mas não podemos passar por alto algumas sérias ambiguidades no seu livro, quando alude à consistência *mágica* das formas artísticas.[38] Seja como for, para compreender quanto já caminhou, na estética marxista, a nova atitude antitelectualista e não conteudista, é bastante ler um texto sucinto

---

[38] Assim, no capítulo I, p. 14 (ed. inglesa), a ação social progressista, crítica e iluminadora, da arte é *oposta* a sua função mágica: "Embora seja verdade que a função essencial da arte para uma classe destinada a transformar o mundo não é de *fazer mágica*, mas a de *iluminar e estimular* a ação, é igualmente verdade que um resíduo mágico não pode ser inteiramente eliminado da arte pois, sem esse pequeno resíduo da sua natureza original, a arte deixa de ser arte". O objetivo da arte é "mover o homem *todo* (*whole*), habilitar o eu a identificar-se com a vida alheia, a apropriar-se do que não é, mas pode ser, seu". Até num grande artista didático, como Brecht, a arte não é puramente intelectual, atuando também por sentimentos e sugestão (p. 14). A forma é o que preserva, na obra, esse indispensável ingrediente mágico. Apesar disso, Fischer a julga, às vezes, um elemento conservador-reacionário, que os novos conteúdos se veem obrigados a "destruir" (p. 125-65) – mas, por outro lado, reconhece a sua necessidade e o seu valor de síntese de experiências acumuladas, quando transmitida culturalmente (p. 152). Finalmente, Fischer relaciona forma e ação, ao tratar do sentido mágico da poesia (p. 45), conservado (de maneira positiva) no lirismo, mediante uso especial da linguagem (p. 168). Em sua brilhante referência a Keats e a Baudelaire (p. 172-80), o recurso à magia verbal é interpretado como legitimidade poética e como via de abandono da realidade capitalista, em sua insuportável desumanização. É claro que, em seus melhores trechos, Fischer consegue oferecer uma visão acurada da essencialidade da forma e do elemento mágico na arte; contudo, no nível da sistematização, o livro deixa muito a desejar, caindo em várias contradições cuja síntese, perfeitamente realizável, foi talvez negligenciada.

como o que Max Raphael dedicou à pintura rupestre do paleolítico (*Pre-Historic Cave Paintings*, 1945). Para Raphael, a pintura mágica dos caçadores paleolíticos é símbolo de liberdade e de domínio do homem sobre a natureza. Longe de encontrar na forma viva uma resistência à liberdade humana (como Fischer, numa de suas contradições, chegara a entrever), Raphael apreende na arte uma síntese de ações reais de inclinações ideológicas, uma vez que o artista, pelo talento estruturador, pela realização formal, acaba superando as limitações da própria consciência social de sua época. Aqui se vê recolhido um velho tema da estética marxista – enriquecido pelo abandono de toda enganosa oposição entre função mágica e conteúdo histórico-dinâmico, entre a condição antropológica e a vívida existência social da obra de arte.

Porém, nenhuma filosofia contemporânea sistematizou melhor a ideia de que as formas são índice do poder criador do homem do que a teoria das formas simbólicas, de Ernst Cassirer. Cassirer, como neokantiano, propôs-se alargar o criticismo, evitando toda a redução da filosofia àquela "análise do método científico" que inspirou preliminarmente a *Crítica da Razão Pura*. Contrariamente à interpretação cientificista de Kant, Cassirer se obstina em entender por filosofia crítica uma sistemática apreciação de *vários* modos de conhecimento, entre os quais a ciência se inclui – mas sem subordinar a si os outros caminhos epistemológicos. Entre estes, a linguagem, o mito e a arte são reconhecidos na plena autonomia de suas funções. Em especial, a arte é encarada, na qualidade de manifestação concreta da união entre intuição sensível e entendimento, como exemplo da síntese do individual com o universal ou, nos termos de Kant, realização do *esquema*. Cassirer, diversamente dos neokantianos positivistas, encarece o valor da *Crítica do Juízo* mesmo em relação à primeira *Crítica*, considerando-a, do ponto de vista da determinação concreta das formas de síntese das antinomias do conhecer, um progresso eminente na história da filosofia. Para ele, arte e ciência não se confrontam hierarquicamente: o conhecimento estético não é inferior ao científico. A filosofia das formas simbólicas reproduz a tentativa de desdobrar, nesse sentido, as bases da teoria kantiana sobre a produtividade e o poder constituinte da consciência humana. Assim, tratando filosoficamente de várias manifestações culturais (linguagem, mito, arte), Cassirer quer devolver ao pensamento de Kant seu mais amplo sentido antropológico.[39]

Já vimos que a função simbólica vive da incoincidência relativa entre significante e significado, e que essa incoincidência preside o fenômeno linguístico desde o surgimento da linguagem. Por outro lado, a linguagem é simultaneamente o "fato cultural por excelência", diferenciador entre homem e animal, e aquilo por cujo intermédio todas as formas de vida social se instituem e se perpetuam (Lévi-Strauss). Por isso não admira que o estudo da linguagem tenha cativado a mente antropológica, a ponto de oferecer-lhe algumas intuições básicas e férteis modelos teóricos. Mas as melhores contribuições da linguística à antropologia cultural possuem uma índole comum: acentuam, na linguagem, o seu caráter de *sistema*, sua feição essencialmente *estrutural*, inapreensível, portanto, por qualquer interpretação mecanicista, associacionista, do fenômeno linguístico; e o seu caráter de sistema autônomo, de legalidade própria, ainda que de natureza referencial – aspecto que leva à rejeição de todo o conceito meramente "naturalista", biologista, de linguagem. A superação definitiva do naturalismo linguístico resultou da alteração radical no curso dos estudos fonológicos: a fonética, escapando ao seu positivismo originário, foi integrada na semântica pela obra dos estruturalistas do Círculo de Praga. O mesmo grupo de linguística defende, contra os acessos do psicologismo, uma concepção da linguagem como fenômeno irrecusavelmente social. Em 1952, por exemplo, Roman

---

[39] Ernst Cassirer, *Philosophie der Symbolischen Formen (I. Die Sprache,* 1923; II. *Das Mythische Denken,* 1925; III. *Phänomenologie der Erkenntnis,* 1929); 2. ed., 1954; ed. em inglês, *The Philosophy of Symbolic Forms,* 1953, com excelente introdução de Charles W. Hendel.

Jakobson, um dos primeiros entre os estruturalistas, protestava contra a tendência a considerar o discurso individual como única realidade, contra o "idioletismo", em nome da essência social do fenômeno linguístico, em cujo domínio dizia, "a propriedade privada não existe: tudo é socializado".[40] Todavia, ligada umbilicalmente à sociedade, a linguagem não se escraviza à natureza; as palavras não se reduzem a relacionar-se, de forma simples e imediata, às coisas; a semântica não pode ser física; a onomatopeia não pode, como Platão já mostrara no *Crátilo*, ser a fonte e a razão do ato linguístico. Jakobson aproxima a semântica da sintaxe. Para ele a semântica é intrinsecamente linguística: o significado de uma palavra só me pode ser dado por outras palavras; um signo linguístico precisa de outros para ser decifrado. Saussure já dissera que o signo linguístico é *diacrítico*; ou seja: diferencial, para então poder ser referencial. As palavras se definem umas contra as outras, umas comparadas às outras, antes de evocar qualquer significação positiva. Desde 1867, Charles Sanders Peirce, o "pai" da semiótica, requeria, para que se desse a compreensão de um signo, além dos dois protagonistas, emissor e receptor, um *interpretante*. A função desse interpretante é exatamente a faculdade de ser substituído por outro signo; é a *traduzibilidade interna* do sistema linguístico. Jakobson termina seu ensaio aludindo à Grande Academia de Lagado, das *Viagens de Gulliver*, onde os professores de linguística haviam decidido que, "como as palavras são apenas substitutos das coisas, seria mais prático para todos os homens levar consigo as coisas necessárias para exprimir os negócios que teriam de discutir" (*Gulliver's Travels*, III, 5). Surgiu, porém, não pequeno inconveniente: se as ocupações de um homem forem grandes e diversas, ele

---

[40] Roman Jakobson, "Le Langage Commun des Linguistes et des Anthropologues", in: *Essais de Linguistique Générale*, 1963 (trad. do inglês). O ensaio em causa foi a contribuição de Jakobson a uma conferência entre antropólogos e linguistas na Universidade de Indiana, em 1952. A participação de Lévi-Strauss é hoje o capítulo 4 do livro *Anthropologie Structurale*.

será obrigado a correr o risco de ser esmagado sob o enorme embrulho de coisas que carregará... Imagine-se como não seria difícil "falar" de uma baleia, pelo método de Lagado! Pior ainda, de baleias; praticamente impossível de "todas as baleias" ou das " baleias ausentes"!... Mesmo que conseguíssemos reunir todas as baleias do mundo, como faríamos para exprimir, por meio de coisas, que elas são verdadeiramente todas?

Não, a linguagem não pode ser reduzida a um universo exterior. A argumentação de Swift-Jakobson é indestrutível. A linguística estrutural tem plena consciência disso; mas, antes mesmo de surgir uma ciência da linguagem – quando a teoria da linguagem ainda era apenas especulativa, sem laboratórios nem metodologia própria –, essas verdades essenciais sobre o fenômeno linguístico já haviam sido apontadas. O eminente humanista weimariano, fundador da Universidade de Berlim, sábio e diplomata, Wilhelm von Humboldt intuiu-as genialmente no começo do século XIX. Em seu ensaio "*Über die Verschiedenheit des menschlichen Sprachbaues, und ihren Einfluss auf die geistige Entwicklung des Menschengeschelechts*" ("Sobre a diversidade na estrutura das línguas e sua influência no desenvolvimento espiritual do gênero humano"; o ensaio serve de introdução ao estudo da língua kawi), ele estabelece uma distinção entre a linguagem, universal humano, e as línguas, particularizações nacionais e históricas de uma comum disposição do homem:

> as línguas nascem dependendo das nações a que pertencem, enquanto a linguagem nasce com espontaneidade divinamente livre, brotando só de si; (...) a linguagem se origina numa tal profundidade do homem, que impede considerá-la como obra peculiar e como criação dos povos. Possui uma atividade própria evidente, ainda que inexplicável em sua essência, e, neste sentido, não é um produto da atividade, senão uma emanação involuntária do espírito; não uma obra dos povos, mas um dom com que deparam por sua disposição mental.

Temos aqui uma justificativa da tese de Otto Jespersen, na *Filosofia da Gramática*, de que, por cima das categorias sintáticas dependentes da estrutura histórica de cada língua, existem outras categorias, independentes dos "acidentes" das línguas particulares. Embora, na teoria de Humboldt, não esteja explicitamente presente o problema de sua origem, nela a concepção da linguagem como estrutura conduz a uma hipótese genética extraordinariamente afim da que expusemos, com palavras de Lévi-Strauss:

> Para que um homem possa realmente compreender até mesmo uma única palavra – compreendê-la, não só como impulso sensorial, mas como um som articulado definidor de um conceito – o conjunto de linguagem deve já estar presente em seu espírito. Nada é separado, na linguagem; todo e qualquer elemento se declara parte do todo. Se bem que se seja natural presumir que a linguagem se formou gradualmente, sua invenção real só pode ter ocorrido num único instante.[41]

Humboldt vislumbra o existir inconsciente da linguagem, seu uso cotidiano inconscientemente inventivo; imbuído das preocupações weimarianas com a *humanitas*, com o homem integral, vê na linguagem o ato solucionador da oposição entre indivíduos e entre o indivíduo e o mundo: "é o mais radiante sinal e a prova mais certa de que o homem não possui uma individualidade intrinsecamente separada, de que 'eu' e 'tu' não são apenas conceitos complementares – mas que, se se pudesse retornar ao ponto de ruptura, eles demonstrariam sua identidade"; "o indivíduo, onde, quando, e como quer que viva, é um fragmento retirado da sua

---

[41] Esta citação vem reproduzida por Fischer (p. 25-26 da ed. ing. *The Necessity of Art*), atribuída erroneamente a "Alexandre" von Humboldt, o naturalista, irmão de Guilherme. Fischer esboça logo uma crítica ao "idealismo" da teoria humboldtiana, crítica perfeitamente leviana e negligente em relação à grandeza da figura de Humboldt como precursor de uma linguística estrutural.

raça completa, e a linguagem demonstra e sustenta esse eterno vínculo, que governa os destinos dos indivíduos e a história do universo". O ato da fala resolve a tensão entre "eu" e "tu"; o diálogo, a fala, é a autêntica "mediação entre espírito e espírito". Cassirer, ao apreciar a importância das concepções linguísticas de Humboldt,[42] observa que este aplica a filosofia crítica de Kant à teoria da linguagem. Porque, assim como, em Kant, a oposição metafísica entre subjetividade e objetividade é superada por sua correlação transcendental; assim como o objeto, tornado objeto na experiência, não existe à parte, isolado do conhecimento, mas é constituído pelas categorias deste último, assim também a subjetividade da linguagem não nos impede de apreender o mundo objetivo, mas se revela como formadora, objetivadora, das impressões sensoriais. O kantismo de Humboldt é manifesto; não menos o seu leibnizianismo: porque ao universo refletido pelas mônadas, cada uma das quais se representa a totalidade de seu ângulo individual, formando-se realidade do mundo fenomênico – a objetividade das aparências – pela reunião de todas essas diferentes perspectivas, em Leibniz, corresponde, em Humboldt, a ideia de que cada uso individual da linguagem (cada "fala", na terminologia de Saussure) configura para si a totalidade do sistema linguístico, e de que a totalidade dessas configurações constitui a objetividade do mundo. Objetividade não dada, e sim realizada pela criação espiritual do homem; pois a linguagem "não consiste só em suas produções concretas, mas sim na possibilidade de obter inumeráveis outras". Sua essência é produção: não a encontraremos nunca no produto acabado (*ergon*), mas na produtividade incessante, no esforço do espírito que move as pautas da linguagem e desperta em outrem a latente faculdade criadora (energia). Linguagem é atividade; é um ato de síntese, pelo

---

[42] *The Philosophy of Symbolic Forms, I: Language*, cap. I, 5. Ver igualmente o cap. VIII do *Essay on Man* (1944) de Cassirer, que na edição em espanhol tomou o título de *Antropologia Filosófica*.

qual o espírito, exercendo seu poder ordenador, objetiva as impressões que recebe do exterior conferindo-lhes a estabilidade da significação. Como a consciência para Kant, o homem linguístico de Humboldt se define por seu caráter ativo, superando o simples reflexo, a simples passividade ante o mundo.

A poética se funda nessa visão linguística, para quem a linguagem é uma estrutura dinâmica e produtiva, autônoma frente ao exterior. Para Jakobson, o poético pode ser definido como uma das funções da linguagem.

> Há dois modos fundamentais de composição no comportamento verbal: seleção e combinação. Tomemos, por exemplo, "criança" por tema de uma mensagem linguística. O locutor escolhe entre uma série de nomes mais ou menos semelhantes: criança, garoto, menino, guri, etc.; em seguida, para comentar esse tema, escolhe um dentre verbos semanticamente aparentados – dorme, dormita, cochila, repousa, etc. As duas palavras escolhidas se combinam na cadeia falada. A seleção se produz sobre a base da equivalência, da semelhança ou dissemelhança, sinonímia ou antonímia, ao passo que a combinação – a construção da sequência – repousa sobre a contiguidade. *A função poética projeta o princípio de equivalência do eixo da seleção sobre o eixo da combinação*. A equivalência é promovida ao nível de processo constitutivo da sequência.[43]

Por isso, em poesia, cada sílaba, cada acento, casa sílaba não acentuada, cada sílaba longa e cada breve, cada fim de verso, cada pausa sintática, se vê disposto numa relação de equivalência, de correspondência, com toda outra sílaba, acento, sílaba não acentuada, longa, breve, final de verso e pausa sintática – respectivamente.

> Em poesia, não só a sequência fonológica, mas, igualmente, toda sequência de unidades semânticas tende a construir uma equação. A superposição da

---

[43] Roman Jakobson, "Linguistique et Poétique" (1960), incluído em *Essais de Linguistique Générale*.

similaridade sobre a contiguidade confere à poesia sua essência de parte a parte simbólica, complexa, polissêmica, sugerida com tanta felicidade pela frase de Goethe: *"Alles Vergaengliches ist nur ein Gleichnis"* (tudo que passa não é mais do que símbolo). Em termos mais técnicos: "todo elemento da sequência é uma comparação" (Jakobson).

A ambiguidade, a denotação tornada ambivalente, estaria, como frisou Empson, na raiz do poético. A função poética – o uso estético da linguagem se caracteriza pela consciência que a linguagem desenvolve de si mesma, pela atuação incessante de uma vigilância sobre si própria. Dificilmente se conceberá essa "consciência linguística" em termos de uma visão não estrutural e inerte da linguagem.

Atualmente, todo um grupo de estudiosos vem procurando fundamentar a estética pelo uso das contribuições semióticas e linguísticas. A corrente invadiu até mesmo a estética marxista, que possui, hoje, uma escola de orientação semântica, especialmente localizada na Polônia, onde a figura de Adam Schaff ganha cada vez mais vulto. Stefan Morawski[44] distingue na Polônia, a orientação semântica madura do formalismo de Przybos e Ligocki, defensores do abstracionismo, e dos autores insuficientemente desenvolvidos dentro da própria orientação, como é o caso do também sociólogo Stanislaw Ossowski.[45]

---

[44] Stefan Morawski, "Le Réalisme comme Catégorie Artistique", originalmente publicado em *Estetyka*, 1961, t. 2; revisto e aumentado, incluído no número 38 (julho-agosto de 1963), especialmente dedicado à estética, da revista *Recherches Internationales à la Lumière du Marxisme*.

[45] Morawski censura também o "formalismo" de Strzeminski, autor de uma *teoria de visão* (1958), onde o realismo é definido como "nível da consciência visual" atingido num dado momento da História, e que determinaria um método de ver o real e de construir o quadro. Sem conhecer a obra de Strzeminski, não nos é possível defender cabalmente a legitimidade da tese; seja, porém, observado que ideias aparentemente análogas de Walter Benjamin (numa nota ao ensaio *Quelques Thèmes Baudelairiens* (1939), em trad. francesa, incluído

A aproximação entre marxismo e semiótica se realiza, de parte dos marxistas, pelo aproveitamento das ideias do fundador da teoria dos signos, Charles W. Morris, apesar de suas oscilações. Em relação à dupla Ogden-Richards, e, sobretudo, à semântica de inspiração neopositivista, os poloneses parecem manter uma atitude de acentuada reserva crítica. À estética marxista "semântica" não se pode negar o mérito de ter refinado, de muito, as bases e conceitos com que vinha trabalhando o marxismo neste campo. Entre as vantagens levadas por esses pensadores ao marxismo figuram o reconhecimento imediato da autonomia relativa, e da especificidade operatória, da arte; a libertação de preconceitos "conteudísticos", apreciáveis, por exemplo, no uso marxista da noção de realismo – libertação bem maior do que a simples "tolerância" lukacsiana, e mais coerente do que a abertura de um Fischer; enfim, o próprio contato mantido entre as pesquisas marxistas e algumas contribuições altamente fecundas do lado dito ocidental, como as da escola de Cassirer, as da fenomenológica (Ingarden, Dufrenne) e as de alguns dos melhores representantes da estética norte-americana: um Thomas Munro, um Gotshalk, um Abell, ou mesmo um Weitz, um Beardsley ou um De Witt Parker.

Temos, portanto, sólidas razões para sugerir que estética e linguística apresentam, na atualidade, uma inclinação convergente para a primazia do conceito de forma, de estrutura e de estruturação dinâmica e criadora. De modo geral, e altamente esquemático, será possível dizer que aquela flutuação do significante simbólico proposta pela antropologia tem uma contraparte iluminadora na independência funcional com que a arte, a exemplo da vibração inventiva do sistema linguístico, parece moldar suas formas, e com elas objetivar os mutáveis conteúdos de experiência histórica do homem.

---

nas *Oeuvres Choisies*, 1959), sobre o efeito da vida urbana moderna sobre o comportamento ótico são para lá de fecundas, ainda que menos para a estética, diretamente, do que para uma sociologia do conhecimento estético.

V) Conclusão: arte e história

Ao longo de nosso esquema, pretendemos justificar a universalidade da arte por meio de uma interpretação que aponta a interferência, no processo estético, de um elemento supratemporal – o inconsciente coletivo – onde certas estruturas anímicas residem como funções *a priori* do espírito humano. Na arte e nas manifestações simbólicas em geral, essas pautas ou categorias se refletem na concretização das diversas formas significativas, que guardam, por isso mesmo, um sabor residual mágico, irredutível à pura historicidade dos conteúdos da obra, do mito ou da língua particulares.

Será que insinuamos, então, que a arte seja a-histórica? Desejaremos indicar, talvez, que os conteúdos históricos também presentes na obra têm menor importância, para a vida da arte, do que as formas que os organizam? Apesar de todo relativismo axiológico, a arte pode ser considerada como uma das necessidades humanas universais de que fala Malinowski. Do mesmo modo, Cassirer aceita a universalidade da arte pelo simples contatar a sua persistência, como função cultural, através de toda a história (e pré-história) da humanidade. A antropologia científica e a filosófica concordam em admiti-lo. Qual será, a propósito, a posição da antropologia no tocante as suas relações com a História?

Malinowski e em geral todo o funcionalismo adotavam frente a esse problema uma atitude naturalista: instituíam uma analogia entre cultura e organismo. Para Malinowski, a antropologia era pouco mais que uma "ciência natural", sem, é claro, o determinismo que, nesse âmbito, exibiu o século XIX. Para seu discípulo Evans-Pritchard, porém, a antropologia mais que ciência natural, tende a ser uma das humanidades, e mesmo uma arte.[46] Evans-Pritchard desvendou com tranquila segurança o anti-historicismo reinante nos estudos antropológicos, de Durkheim à Kulturkreislehre alemã e à hostilidade

---

[46] E. E. Evans-Pritchard, *Social Anthropology*, cap. IV.

radical ao histórico de Malinowski e Radcliffe-Brown, mostrando que o funcionalismo, em sua crítica às fantasiosas construções históricas dos evolucionistas e dos difusionistas, deveria tê-los censurado por escrever má história – e não por escrever história *"tout court"*. Depois disso, desmontou o famoso "argumento" analógico dos funcionalistas, pelo qual, assim como, para entender a anatomia e a fisiologia de um cavalo, não é preciso saber coisa alguma sobre a sua ancestralidade, pode-se compreender a estrutura de uma sociedade e o funcionamento de suas instituições sem conhecer sua história. Com uma ponta de ironia anglo-saxônica, Evans-Pritchard chama atenção para o fato de que, com notável constância, os cavalos permanecem cavalos através dos tempos, enquanto as sociedades se transformam profunda e, não raro, radicalmente.[47] Seu ponto de vista é concordante com o de Lévi-Strauss, expresso na introdução, intitulada *Histoire et Ethnologie* (escrita em 1949), a *Anthropologie Structurale*. Para Lévi-Strauss, a diferença entre Antropologia e História não é de objeto, e sim de perspectiva: ambas estudam a vida social, mas, ao passo que o historiador organiza seus dados relacionando-os às expressões conscientes, o antropólogo os organiza relacionando-os às expressões inconscientes da vida social. Contudo, para chegar às estruturas do inconsciente, o antropólogo se socorre do saber histórico. Na célebre frase de Marx: "os homens fazem sua própria história, mas não sabem que a fazem", a primeira oração justifica a história, a segunda, a antropologia, e a frase toda, o fato de que as duas perspectivas, sendo complementares, são afinal indissociáveis e mutuamente dependentes.

A estética não pode, tanto quanto a antropologia, prescindir do histórico. O papel dos conteúdos históricos é tão importante, na arte, quanto o jogo das estruturas de um inconsciente atemporal. Em nenhum momento devemos esquecer que essas estruturas, como tais, são *vazias*

---

[47] E. E. Evans-Pritchard, "Anthropology and History", in: *Essays in Social Anthropology*, 1962.

– e que em consequência necessitam de matéria viva da experiência humana para condensarem-se em obras de arte. A filosofia das formas simbólicas reconhece plenamente que a natureza do homem se define por seu trabalho, e que é através da concreta dialética de seu esforço no mundo que o homem faz da cultura, historicamente desdobrada, um processo de autoliberação.[48] A indicação de funções atemporais na arte não deve obliterar o fato de que, em toda verdadeira obra artística, a fidelidade ao momento histórico, e sensibilidade epocal, a apreensão das pulsações do tecido da sociedade estão igualmente presentes e são igualmente determinantes. Valeria a pena lembrar aqui a estética de Dilthey, na qual, embora sem cabal sistematização, existe a ideia de que na arte e no processo criador se conjugam a universalidade do psíquico e a concreta historicidade das suas manifestações. A arte emerge de certas disposições anímicas constantes, mas mergulha, com a mesma intensidade, no universo histórico e na sua temporalidade concreta.

Da dupla fidelidade da arte – ao universal e ao histórico, à forma atemporal e ao conteúdo epocal – derivam consequências com valor de lei para o fenômeno estético. A primeira ordem de resultados se consubstancia na impossibilidade, para a arte, de tolerar qualquer didatismo. Nenhum conteúdo poderá jamais ser imposto à arte, pela simples razão de que, historicamente condicionado, ainda que abrangesse a totalidade e o sentido do presente, não teria controle sobre o plano das constantes estruturais, igualmente necessário para o processo criador. A imaginação estética não pode ser satisfatoriamente substituída pela simples visão, mesmo a mais acurada, do momento social. Por isso, a arte refoge às receitas, mesmo que estas, do ângulo da captação do histórico, sejam as mais penetrantes e mais lúcidas. Um conceito como o de "natureza humana", por exemplo, conceito conteudista, dificilmente escapará ao perigo de transformar-se em simples moralismo didático. Desde o instante em que se faz uma ideia do

---

[48] Ver Ernst Cassirer, *Essay on Man*.

"homem integral", do homem inteiro, o filósofo que desejar aplicá-la a arte tenderá insensivelmente a violentar em seu nome a imagem humana oferecida em várias obras, à medida que essa imagem não corresponda àquela ideia. Toda noção conteudística – e toda apreciação que a utilize – é necessariamente menos ampla, menos "compreensiva" que a imaginação artística, em suas infinitas possibilidades. A segunda esfera de consequência do essencial bifrontismo da arte contém a impossibilidade do formalismo. Porque, como depende, para viver, da devoção a seu tempo e da ativa participação em suas tensões, a obra de arte não pode apegar-se a puras formas, nem sabe descuidar-se dos conteúdos que a existência material lhe oferta. Esse o motivo pelo qual as formas, embora reflexo de estruturas universais do espírito, não sobrevivem fixas; alteram-se, profundamente, cada vez que o complexo histórico se transforma. Maiakowski cristalizaria essa verdade numa afirmação famosa: não há literatura revolucionária sem forma revolucionária. Ou seja: não pode haver modificação histórica sem que a arte, através de suas formas, acompanhe a metamorfose do ambiente onde se expressa. Nenhuma forma, enquanto condensadora de estruturas universais da mente humana, pode ser dada diretamente. Só pela mediação do histórico a arte alcança tocar o universal; porque as formas do inconsciente coletivo, elemento *a priori* no conhecimento estético, não são o diretamente inteligível, o diretamente catalogável. Em vez delas, é o conteúdo historicamente determinado que se oferece "diretamente" à compreensão. O "lado obscuro" do objeto do conhecimento é o seu lado *a priori*. Por conseguinte, não menos que a do conteúdo, a receita da pura forma não pode fecundar o gesto artístico.

Humanitas é um conceito radioso. O marxismo o herdou de uma longa tradição humanista e liberal, desde o Renascimento e dos iluministas até o sábio de Weimar.[49]

---

[49] Para uma discussão dos motivos goetheanos da estética marxista, ver Peter Demetz, *Marx, Engels und die Dichter*, 1959. Agradeço a Marcílio Marques Moreira a leitura que me fez de várias páginas da obra.

É impossível extrair, por exemplo, esse ingrediente tradicional e ético-utópico do conjunto da filosofia marxista; a maior parte de seu aspecto mítico, como também de sua dignidade, repousam sobre essa noção. Se, projetado na estética, o conceito de *humanitas* não pode deixar de ser discutido, em sua insuficiência teórica, pelo menos é inegável que ele aponta, do fundo mesmo de sua eticidade, para a maravilhosa constância com que a arte, sob tantas formas diferentes, renova a grandeza do homem por meio de símbolos onde o seu poder criador, irrompendo entre mil dificuldades, batido contra mil arestas, constitui para nós uma permanência tão originária, que todos nos reconhecemos nela – e tão única, que só por ela os indivíduos e os grupos chegam a triunfar sobre sua própria finitude.

Brasília, março – Santa Teresa, dezembro de 1964.

Posfácios à 3ª Edição

A RAZÃO POÉTICA SEGUNDO JOSÉ GUILHERME MERQUIOR

Wanderson Lima[1]

"SE A LÍRICA É, REALMENTE, SIGNIFICATIVA, DEVE CONTER RAZÃO, UM MOVIMENTO ORGANIZADO DE APREENSÃO."
JOSÉ GUILHERME MERQUIOR[2]

I

Quando publicou *Razão do Poema*, em 1965, José Guilherme Merquior tinha 23 anos de idade. Os ensaios contidos no livro – muitos, hoje, clássicos, alguns pela agudeza analítica ("O Poema do Lá"), outros pelo caráter programático e polêmico ("Falência da Poesia"), outros ainda por estabelecer um padrão interpretativo inédito ("Murilo Mendes ou a Poética do Visionário") – foram escritos entre 1962 e 1965. A precocidade surpreendente do autor quando da publicação deste livro pode levar seus analistas a duas atitudes equívocas que aqui evitarei – uma, a elevação do crítico à condição do gênio, noção que menos explica do que embaça a compreensão do "fenômeno Merquior";[3] outra, o tom cético que secunda a obra em discussão, sem

---

[1] Wanderson Lima é poeta, ensaísta e professor adjunto da Universidade Estadual do Piauí (UESPI). Doutor em literatura comparada pela Universidade Federal do Rio Grande do Norte (UFRN), se interessa por literatura e cinema. É editor da revista eletrônica *dEsEnrEdoS*.

[2] Ver, neste livro, p. 182.

[3] "O Fenômeno Merquior" é o título de um texto de José Mário Pereira, que traz preciosas informações sobre José Guilherme Merquior, publicado em livro organizado por Alberto da Costa e Silva (*O Itamaraty na Cultura Brasileira*. Brasília, Instituto Rio Branco, 2001). Esse ensaio foi publicado no primeiro volume da Biblioteca José Guilherme Merquior: *Verso Universo em Drummond*. São Paulo, É Realizações, 2012, p. 327-61.

um exame mais detido, à condição de obra de autor em formação, dando a entender que os resultados ali alcançados só teriam valor enquanto prenúncios de formulações do Merquior maduro. A primeira atitude, Merquior possivelmente qualificaria dentro dos irracionalismos corruptores do pensamento do século XX; a segunda seria mero descuido ou pressa do crítico.

Desde já, portanto, estabeleçamos que não se trata de negar que *Razão do Poema* contenha sementes que se desenvolverão em obras futuras, mas essa admissão não deve embaçar a compreensão de que o livro vale *per se*, e que nele podemos colher, tanto em seus textos analíticos quanto nos especulativos, argumentos sólidos e intuições plenamente desenvolvidas. Entre a sedução romântica de entronizar mais um gênio da raça e o desleixo acadêmico de desvalorizar a obra devido à pouca idade do crítico, é preciso insistir numa leitura corpo a corpo, sem mitificações nem preconceitos, dos textos ali contidos. De uma leitura assim deverá emergir a unidade da obra, ou, pelo contrário, sua falta de unidade.

O problema a ser explorado é: há uma unidade de pensamento urdindo numa trama comum os dezenove textos que perfazem o livro *Razão do Poema*? Que valor ou valores guiam as escolhas e os ajuizamentos do ensaísta?

Essas perguntas, se respondidas, podem lançar uma luz nova sobre o lugar de *Razão do Poema* na obra de Merquior. Digo *lançar uma luz nova* com a esperança de que a expressão revele que o propósito destas páginas não é exaustivo. Propomos aqui esboçar a unidade interna da obra em debate e, ao mesmo tempo, apontar indícios de suas continuidades (ou descontinuidades) com a obra posterior de Merquior.

II

Nas duas preciosas páginas da "Advertência" que aparece no pórtico da primeira edição de *Razão do Poema*, José Guilherme Merquior assim explica o título de seu primeiro livro:

Resta o título. Sobre ele, quero apenas indicar que não é gratuito. Doa a quem doer, permaneço um racionalista – embora firmemente convencido de que o único racionalismo consequente é o que se propõe, não a violentar o mundo em nome de seus esquemas, mas a apreender em seus conceitos, sem nunca render-se ao ininteligível, sem jamais declarar o inefável, a essência de toda realidade, ainda a mais esquiva, mais obscura e mais contraditória. Somente as almas cândidas, os cegos voluntários e os contempladores do próprio umbigo não percebem e não aprovam a virilidade *desta* Razão; mas ela é apenas a própria e íntima razão de todo verdadeiro conhecimento humano.[4]

Essa profissão de fé na Razão jamais será abandonada por Merquior, chegando, inclusive, numa obra da maturidade, a reconhecer-se como um "liberal neoiluminista".[5] Esboçava-se aqui a imagem de um neoiluminista que, alguns anos depois, sob a batuta do liberalismo social e em consonância com mestres amigos como Ernest Gellner, seu orientador na segunda tese de doutorado que defendeu, empreendeu incontáveis polêmicas com o que considerava os irracionalismos modernos – o marxismo ocidental em política, a psicanálise em ciências humanas e a arte de vanguarda em estética.[6] Sergio Paulo Rouanet, grande amigo de Merquior, dá uma explicação sucinta dessa recusa do crítico àquelas três prestigiosas tendências:

> O marxismo é retrógrado porque tenta destruir o mundo moderno por uma utopia do século XIX e é antirracional porque se ossificou num dogma; o freudismo é retrógrado porque deslegitima a sociedade moderna, dizendo que ela se funda na repressão,

---

[4] Ver, neste livro, p. 19-20.

[5] José Guilherme Merquior, *Crítica (1964-1989): Ensaios sobre Arte e Literatura*. Rio de Janeiro, Nova Fronteira, 1990.

[6] Ver José Guilherme Merquior, *As Ideias e as Formas*. Rio de Janeiro, Nova Fronteira, 1981.

e é antirracional porque sabota o primado da vida consciente; o vanguardismo estético, o crítico e o filosófico são retrógrados porque contestam a Modernidade industrial e científica, e antirracionais porque colocam a sensibilidade, a paixão e a intuição num plano superior à inteligência.[7]

Mas devemos sondar, também, o sentido imediato da "Advertência", isto é, a quem ela buscava responder imediatamente naquele longínquo ano de 1965. Segundo Eduardo Portella, àquela altura, "a crítica brasileira experimentava uma espécie de nostalgia impressionista", e Merquior procurava então "introduzir taxas de racionalidade na compreensão do fenômeno poético".[8] Já então se configurava uma constante na postura crítica de Merquior: a natureza eminentemente antirromântica de suas especulações estéticas. Sem reduzir o poema a um conjunto de operações deliberadas e friamente pensadas, Merquior, no entanto, recusa o apelo a categorias como genialidade e inspiração e jamais pensa o poema como forma discursiva que diz o indizível. Seu modo de apreensão do discurso poético não tem, pois, nada daquela lateralidade e do ludismo subjetivista da crítica impressionista; confiante na racionalidade intrínseca à lírica, o crítico tranquilamente

---

[7] Sergio Paulo Rouanet, Depoimento. In: *Dez anos sem José Guilherme Merquior*. Mesa-redonda realizada na Academia Brasileira de Letras no dia 4 de outubro de 2001. Rio de Janeiro, Academia Brasileira de Letras, p. 257-58. Ressalte-se que em *Razão do Poema*, a posição de Merquior acerca do marxismo, especialmente de Lukács e Benjamin, é bastante favorável. Merquior escreverá, logo a seguir, em 1969, o livro *Arte e Sociedade em Marcuse, Adorno e Benjamin*. Em 1982, em *A Natureza do Processo*, o afastamento do autor em relação ao marxismo já era total. Para entender a relação de Merquior com o marxismo, ver Leandro Konder, "José Guilherme Merquior (1941-1991)". In: *Espaço Acadêmico*, ano VIII, n. 87, Maringá-PR, agosto de 2008.

[8] Eduardo Portella, Depoimento. In: *Dez Anos sem José Guilherme Merquior*. Mesa-redonda realizada na Academia Brasileira de Letras no dia 4 de outubro de 2001. Rio de Janeiro, Academia Brasileira de Letras, p. 212.

confia em suas ferramentas hermenêuticas e segue olimpicamente, com amorosa meticulosidade, dissecando os poemas, clarificando-os aos nossos olhos. Para tanto, apoia-se em sua decantada erudição e no desprezo às formas de esteticismo rebarbativo que irracionalmente predica a inefabilidade do discurso poético.

Não é de surpreender, portanto, que José Guilherme Merquior use o termo "neorromântico" em contextos depreciativos. No ensaio "A Poesia Modernista", por exemplo, ele vê as "reações neorromânticas" de Augusto Frederico Schmidt, e de membros da Geração de 30 como uma ameaça à evolução poética desencadeada pelos poetas de 22. O crítico não hesita em ser taxativo: "Não há dúvida: o neorromantismo é um defeito".[9]

No ensaio de inspiração lukacsiana intitulado "Crítica, Razão e Lírica", na segunda parte desta obra, que é mais teórica, Merquior nos oferece o conceito de "razão poética". Só agora apresentada, não resta dúvida que tal noção se faz a pedra de fundação de todo o livro. Diz Merquior:

> A razão poética, integrada por elementos emotivos e sensíveis, não é exatamente a mesma razão conhecida como lógica, abstrata e puramente conceitual. Mas é razão. Não se confunde com o sentimento isolado, o *sentimental*. O sentimental é o que resta da difusão da emoção; é, precisamente, a emoção não superada (...). A presença exagerada da fantasia (...) prejudica a comunicação poética até o ponto em que o poeta se torna objeto ininteligível (...). A razão existe na poesia e regula tanto o sentimento quanto a fantasia, que no verdadeiro poema não lhe são de nenhum modo opostos.[10]

Essa teoria da lírica como atividade ordenadora da emoção, espécie de "fantasia exata",[11] seria reconsiderada,

---

[9] Ver, neste livro, p. 49.
[10] Idem, p. 182-83.
[11] Idem, p. 183.

através da absorção personalíssima de elementos do estruturalismo francês, no terceiro livro de Merquior, *A Astúcia da Mímese*. Interessa aqui, porém, vê-la funcionando na leitura de um poeta que muitos prefeririam ligar a outras tradições, entre elas a tradição romântica tão pouco apreciada pelo crítico. Nesse sentido, a leitura da poesia de Murilo Mendes realizada por Merquior é uma aula de apropriação forte, que se faz numa argumentação que não será exagero chamar de irreprimível.

O ensaio chama-se "Murilo Mendes ou a Poética do Visionário" e deve-se contar entre os grandes êxitos de *Razão do Poema*. Nele, Merquior reconhece a ascendência cristã e, especialmente, a influência surrealista no fazer poético do escritor mineiro, mas, para tanto, demonstra que o cristianismo confere à poesia muriliana uma intensidade e uma visão complexa do humano inaudita na lírica brasileira. Quanto ao surrealismo, ainda que admita ser essa uma vanguarda neorromântica, não a associa a uma atitude evasionista e niilista; pelo contrário, toma-a como uma "poesia de ação", cuja convergência é menos com o romantismo alemão do que com o romantismo revolucionário francês, patente na poesia social de Victor Hugo. O surrealismo, assim, empenha-se tanto ou mais que o realismo *stricto sensu* na busca de apreensão da realidade e na luta social. Em Murilo Mendes, como argumenta Merquior, a densa e audaciosa teia de imagens jamais abandona sua "fidelidade ao caráter complexo e múltiplo da existência"; seu "lirismo da denúncia humanista da guerra"[12] é, nesse sentido, uma prova cabal de que todas as dimensões da realidade cabem no lirismo muriliano.

Como se vê, José Guilherme Merquior, com muito acerto, prefere racionalizar as heranças cristãs e surrealistas de Murilo a tachá-las, como o faria qualquer iluminista dogmático, de formas de irracionalismo prejudiciais ao estro do poeta. A razão esposada pelo crítico, conforme é esclarecido na "Advertência", evita a todo

---

[12] Idem, p. 76.

custo "violentar o mundo em nome de seus esquemas".[13] Mas a parte mais substancial, e talvez a mais interessante desse ensaio, dados sua erudição e sua sagacidade, é a teoria sobre a literatura do visionário elaborada pelo crítico, teoria a partir da qual ele logra uma compreensão de uma série de singularidades do projeto literário de Murilo Mendes.

O jovem Merquior parte de considerações críticas de Sartre, Benjamin e Lukács – autores que futuramente, excetuando Benjamin, seriam severamente rechaçados[14] – para descrever o visionarismo muriliano, sem qualquer concessão ao místico e ao irracional, como "forma imaginária de realismo".[15] Da fenomenologia do fantástico elaborada por Sartre, Merquior recolhe as ideias de que o fantástico deve constituir um *universo completo* – isto é, uma obra só logra ser fantástica se o extraordinário recobre todo o seu universo ficcional, e não apenas este ou aquele elemento, como ocorre a gêneros como a fábula e a parábola – e de que, nesse tipo de literatura, ocorre uma *revolta dos fins contra os meios*, isto é, os objetos tornam-se surdos aos fins para os quais foram concebidos.[16] Ora, contrariamente à literatura do fantástico, a do visionário transcorrerá num universo misto, no qual convivem dialeticamente o insólito e o natural: seu mundo, portanto, por mais tenso e agonístico que pareça ser nem será sem significação (como na literatura do absurdo de Camus) nem terá seu sentido último eterna e desesperadamente procrastinado (como na literatura do fantástico de Kafka), antes, será um mundo passível de uma compreensão dentro da ordem histórica, ainda que não de uma história linear.

---

[13] Idem, p. 19.

[14] Ver, principalmente, José Guilherme Merquior, *O Marxismo Ocidental*. Rio de Janeiro, Nova Fronteira, 1987.

[15] Ver, neste livro, p. 78.

[16] Para um aprofundamento acerca da noção de fantástico em Sartre, consultar: Jean-Paul Sartre, *Situações I*. Lisboa, Publicações Europa-América, 1968.

Baseado nas reflexões de Benjamin e Lukács, Merquior acrescentará que enquanto a literatura do fantástico tende ao alegórico, segundo o caracterizou Benjamin,[17] a literatura do visionário tende ao simbólico (conforme a consagrada conceituação de símbolo que herdamos de Goethe).[18] Assim, enquanto as alegorias kafkianas, que são para Lukács[19] fruto de um ateísmo niilista, revelam um mundo abandonado por Deus e sem nenhum projeto humano que lhe sustente um sentido, o símbolo muriliano propõe o poeta como "senhor do amor e da fantasia"[20] e o mundo como um ente dinâmico, inconcluso, moldável.

Vale conferir, das páginas finais do ensaio em tela, um contraponto estabelecido por Merquior entre o romantismo revolucionário-visionário de Murilo e o romantismo antimoderno e evasionista de – mais uma vez! – Frederico Schmidt.

> Em Murilo, o mundo *sério* dá origem a uma linguagem frequentemente solene; mas, na sua solenidade sem forçada imponência, no seu grandíloquo sem bombasticidade, essa linguagem nos faz ver como

---

[17] Em linhas gerais, para Walter Benjamin, a alegoria, enquanto revelação de uma verdade oculta, é temporal e aparece como um fragmento arrancado à totalidade do contexto social, sem nenhuma ilusão de atingir uma unidade; o símbolo, por sua vez, é essencialmente orgânico. Benjamin é um dos poucos pensadores marxistas por quem Merquior jamais declinará a admiração; em diversos momentos de sua obra, ele recorre às noções benjaminianas de alegoria e de perda da aura. Para um aprofundamento sobre a alegoria benjaminiana, consultar: Walter Benjamin, *Origem do Drama Barroco Alemão*. São Paulo, Brasiliense, 1984.

[18] Para Goethe, o símbolo, em contraposição à alegoria, constitui um modo de designação indireta, de caráter intransitivo e capaz de exprimir o indizível. Consultar, para fins de aprofundamento, Tezvetan Todorov, *Teorias do Símbolo*. Lisboa, Edições 70, 1979.

[19] Para uma avaliação de Lukács sobre Kafka, consultar: Georg Lukács, *Realismo Crítico Hoje*. Brasília, Coordenada Editora de Brasília, 1969.

[20] Ver, neste livro, p. 90.

mera caricatura do solene a impostação lírica do profetismo neorromântico de um, por exemplo, Augusto Frederico Schmidt. A diferença, aliás, não para por aí. O que Murilo tem de sacro, tem de plástico; mas Schmidt, ao contrário, substitui ao plástico, não a expressão do fluido, do verdadeiramente líquido, mas sim a do pura e simplesmente *agudo*, o que é bem diverso e bem condenável. Entre a ascendência romântica do surrealista Murilo e o tradicionalismo antimodernista do neorromântico Schmidt, a distância, tanto em atitude quanto em resultado, é a que existe entre a tradição autêntica – que se renova pela incorporação aberta do moderno – e a simples reação cultural, desesperada ante a vitória das novas formas.[21]

O trecho tanto revela a capacidade do autor de matizar juízos e perceber os sutis efeitos de sentido gerados pelas opções estilísticas quanto revela que o fechamento do crítico se restringia a certo romantismo que desliza para o sentimentalismo solene, incapaz de reelaborar em formas artísticas consistentes as experiências pessoais vividas pelo escritor. É esse o romantismo que, segundo Merquior, atravancou as letras nacionais. Certamente, em obras posteriores, o crítico irá ampliar e aprofundar sua crítica à corrente romântica e seu papel na cultura ocidental,[22] mas, aqui, em *Razão do Poema*, é contra esse romantismo agudo e inclinado ao irracionalismo que ele se exaspera.

Poderíamos continuar acompanhando esse programa racionalista e antirromântico de Merquior em muitos outros ensaios – cabe citar, ainda que de passagem, o impressionante "Coppelius ou a Vontade Alienada", cujo foco é a prosa, um conto de Hoffmann, e não a poesia, mas que apresenta muitos pontos convergentes

---

[21] Idem, p. 87.

[22] Consultar, a respeito da crítica ao romantismo, José Guilherme Merquior, *Formalismo & Tradição Moderna: O Problema da Arte na Crise da Cultura*. São Paulo, Forense, 1974; e também José Guilherme Merquior, *O Fantasma Romântico e Outros Ensaios*. Petrópolis-RJ, Vozes, 1980.

com o ensaio sobre Murilo Mendes – mas, dado o propósito deste texto, parece que já fixamos a diretriz do pensamento do jovem Merquior. Tal diretriz, apesar das oscilações e simpatias esporádicas até sua adesão final ao liberalismo,[23] não apresenta nenhuma ruptura radical com as concepções que o autor sustentará nas obras mais maduras; sua franca aceitação das premissas da modernidade, seu racionalismo empedernido, sua concepção do papel que cabe ao intelectual,[24] seu desinteresse por questões transcendentais – desinteresse, que fique claro, no plano pessoal –, seu estilo a um só tempo erudito e claro, sério mas sem solenismos, polêmico mas sempre centrado no debate de ideias – todos esses traços estão já no jovem Merquior, autor de *Razão do Poema*, e continuarão a caracterizá-lo por toda sua trajetória intelectual. Acima de tudo isso, a inegociável liberdade de espírito que brota de cada linha escrita por Merquior, e que deve ter sido o motivo de ele ter escolhido o gênero ensaio como forma preferencial, senão única, de expressão.

Fixamos a diretriz do pensamento que sustenta *Razão do Poema*, qual seja, a crença numa racionalidade intrínseca ao fazer literário, poético em especial, e uma negação do substrato irracionalista detectável de certas linhas de desenvolvimento do romantismo na literatura moderna, mormente na literatura brasileira. Cabe ressaltar agora que, em termos ideológicos *stricto sensu*, o livro em debate não apresenta unidade, trata-se antes de um livro, para retomar um termo usado por Bakhtin[25] em outro contexto, *polifônico* – o que não quer dizer nem

---

[23] Sobre o liberalismo de Merquior, consultar a pesquisa de mestrado: Everton Jobim, *Neoliberalismo e Social-Liberalismo: O Debate sobre os Fundamentos do Pensamento Liberal através da Filosofia Política de José Guilherme Merquior*. Dissertação (Ciência Política). Rio de Janeiro, IUPERJ, 2006, 123 p.

[24] Ver, a esse respeito, o ensaio "Tarefas da Crítica Liberal", em José Guilherme Merquior, *As Ideias e as Formas*. Rio de Janeiro, Nova Fronteira, 1981, p. 28-36.

[25] Ver Mikhail Bakhtin, *Problemas da Poética de Dostoiévski*. Rio de Janeiro, Forense Universitária, 2008.

desarmônico nem muito menos contraditório. Isso talvez se deva à pouca idade de Merquior, mas prefiro apostar que o motivo principal seja a já citada liberdade de espírito que acompanha o ensaísta e que o impede de fetichizar qualquer teoria que seja.

Imaturidade ou liberdade de espírito, três tendências convivem no espaço do livro – a estilística (especialmente a de orientação espanhola), o marxismo (de Lukács, principalmente) e o estruturalismo (na figura de Lévi-Strauss, sobre quem Merquior viria anos depois a escrever um importante livro). Todas essas matrizes ideológicas – no livro, há outras menos persistentes e decisivas – são usadas por Merquior sem nenhum dogmatismo político, mas apenas como instrumentos de compreensão de obras literárias e de dilemas estéticos. Em textos como "Uma Canção de Cardozo", "O Poema do Lá" e todos os demais que se propõem uma leitura imanente em textos poéticos, a presença da estilística, ainda que sem citações diretas de seus gurus, se faz intensa. Em ensaios como "Crítica, Razão e Lírica", "Coppelius ou a Vontade Alienada" e nas "Notas Estéticas" a presença de Lukács é, senão dominante, bastante forte. No extenso "Estética e Antropologia", que encerra o livro, o ensaísta aponta seus primeiros desentendimentos com o marxismo e sua primeira aproximação séria com Lévi-Strauss. Na maior parte dos ensaios, porém, predomina mesmo a figura do ensaísta cosmopolita que gasta sua vasta erudição de acordo com a necessidade do objeto em tela. Tal erudição, no entanto, jamais leva Merquior a tratar o texto literário como sintoma ou epifenômeno do que quer que seja; concorde com Kant a respeito da independência do estético, o crítico evita a todo custo passar do literário ao social sem sondar as malhas do texto, sem ouvir a voz única e insubmissa – embora não isolada – do texto literário. Um belo exemplo dessa atitude pode ser colhida no belo ensaio, um dos melhores do livro, "'A Máquina do Mundo' de Drummond". Ali, a erudição de Merquior harmoniza com rara felicidade, e num curto número de páginas, preciosas observações de cunho estilístico com investigações de fontes intertextuais, sem descurar da alta densidade semântica do texto, com seu desconcertante e sintomático pessimismo epistemológico.

III

O horizonte valorativo no qual se firmam os textos de *Razão do Poema* se assenta numa defesa franca do modernismo e de seu projeto nacionalista.[26] José Guilherme Merquior está convencido – e reafirma esse seu convencimento em vários passos da obra – de que o modernismo constitui teleologicamente o ponto de maturação da literatura brasileira, tanto no âmbito da conquista de uma língua portuguesa amoldada ao *ethos* tupiniquim quanto pela exploração, em profundidade, da psicologia do brasileiro.

Para o jovem Merquior, o modernismo de 22 é incontornável por ter estabelecido um parâmetro, em linguagem e em temática, do qual depende a saúde de nossa literatura. É quase ocioso dizer que, a esta altura, o crítico recebia com incomum docilidade a tocha marioandradiana, inclusive na sua impostação messiânica: não raras vezes, como fica tão evidente em ensaios como "A Poesia Modernista" e "Falência da Poesia", Merquior age como um legislador zeloso de sua gleba, um guru que se dá a missão não apenas de separar no presente o prestável e o imprestável, mas de apontar as boas sendas rumo ao futuro.

Para o Merquior daqueles anos, tudo o que reme contra a maré produzida pelos heróis de 22 – ele chega mesmo a chamar a Semana de Arte Moderna de "Semana

---

[26] Mesmo os textos de cunho mais especulativo, concentrados na segunda parte do livro, visam interferir no contexto da produção e recepção da poesia brasileira. É o que pensa também o crítico Luiz Costa Lima: "Seu objetivo principal [em *Razão do Poema*] era a poesia brasileira e, sobretudo, seu legado modernista. Mas isso tanto em sua incidência particularizada, o poema, como em sua abrangência teórica: as 'notas estéticas' e artigos seguintes que formam a segunda parte do livro". In: Luiz Costa Lima, "Um Certo Merquior". *Intervenções*. São Paulo, Edusp, 2002, p. 399-404.

libertadora"²⁷ – é signo de conservantismo retrógrado ou de falta de percepção estética. Só os autores capazes de reelaborar a herança de 22, a exemplo de João Cabral de Melo Neto, podem levar a poesia nacional a patamares mais altos. Purificar nossa literatura dos resíduos românticos, insistir na compreensão do dilema nacional e no abrasileiramento da língua, saltar do cotidiano aos graves temas sociais e filosóficos são ritos que os poetas nacionais devem cumprir para que possamos ter, de fato, uma literatura pujante. Nesse sentido é que ele vai abrir sua artilharia contra o simbolismo e o romantismo residuais do grupo Festa[28] e contra o antimodernismo da geração de 45.

No já aludido "A Poesia Modernista" criticará o sublime forçado e a "linguagem imperdoavelmente aguada" de Augusto Frederico Schmidt, como também a "mediocridade sonora" do espiritualista Murilo Araújo. Referirá a Mário Quintana com certo menoscabo, desaprovando seu neorromantismo tardio. Louvará Vinicius de Moraes por ter abandonado o "derrapante sublime"[29] de sua poesia inicial em nome de sua descida ao cotidiano e ao coloquial. Alguns modernistas de 22 mais à direita serão também criticados: Menotti Del Picchia é acusado de falsificar o regionalismo, e Guilherme de Almeida, de impostar um mau intelectualismo.

Mas o anátema de fato recai sobre a geração de 45. No ruidoso, hilário e linguisticamente inventivo ensaio intitulado (dou-lhe agora o título completo!) "Falência da Poesia ou uma Geração Enganada e Enganosa: Os Poetas de 45", Merquior desfere golpes impiedosos sobre muitos baluartes de 45. Dentre todos os ensaios do livro,

---

[27] Ver, neste livro, p. 51.

[28] E, podemos acrescentar, contra a crença da construção do nacional a partir do universalismo que marcou a atuação daquele grupo. Para uma discussão sobre modernismo e nacionalismo no Grupo Festa, consultar a pesquisa de dissertação: Joseane de Mello Rücker, *A Revista Festa e a Modernidade Universalista na Arte. Um Estudo de Caso: Adelino Magalhães*. Dissertação (Letras). Porto Alegre, UFRGS, 2005, 175 p.

[29] As três citações encontram-se neste livro, p. 49.

trata-se daquele em que a verve humorística do futuro autor de O *Estruturalismo dos Pobres* (1975) rivaliza, em termos de força persuasiva, com a argumentação lógica elaborada: "Os poetas de 45 eram comportados. Bons meninos: em nenhuma hipótese, capazes de fazer pipi na cama da literatura".[30] Ou nessa tirada referindo-se a Thiago de Melo: "A sua banalidade é o canto de marreco da lírica de 45".[31]

Merquior contemporiza o radicalismo de 22, alegando ter sido ele um exagero necessário – foi ele um "modernismo-atitude" imprescindível para a instauração do "modernismo-processo",[32] que consolida o direito permanente à pesquisa estética reivindicado por Mário de Andrade. O poema-piada, que causava arrepios e caretas nos próceres de 45, recebe uma defesa do crítico que, no seu apelo nacionalista, é emblemático de sua defesa do modernismo em geral. Argumenta ele que, de um lado, o poema-piada destruíra, ou ajudara a destruir, o academicismo e sua aborrecedora ideologia; de outro lado, esse o mais importante, o poema-piada refletia o mergulho dos modernistas na sensibilidade brasileira, num humor que foi "mais brasileirice que sarcasmo". Humor "tolerante como o Brasil".[33]

Em geral tão atento às virtudes intrínsecas do texto literário – esse conjunto de dados formais, figurativos e estilísticos que em geral é o que permite falarmos em qualidade estética –, Merquior usa como salvaguarda do poema-piada um critério de julgamento extrínseco: a capacidade daquela forma poética refletir nossa sensibilidade nacional. Boa parte dos ensaios de *Razão do Poema* vai pelo mesmo caminho e busca equilibrar, em geral com mais sucesso, esteticismo e nacionalismo como critérios de valoração de poemas e poetas. Nesse sentido, percebe-se a influência do crítico Afrânio Coutinho sobre

---

[30] Ver, neste livro, p. 51.
[31] Idem, p. 58.
[32] Idem, p. 52.
[33] Idem, p. 53.

Merquior – ou, caso não se possa falar em influência, pelo menos numa notória convergência de postura.[34]

Em 1960, cinco anos antes da publicação de *Razão do Poema*, Afrânio Coutinho publicara um livro hoje pouco lembrado, apesar de uma reedição recente,[35] cujas ideias defendidas devem ter influenciado aquele direcionamento que mescla nacionalismo e esteticismo presente no livro de Merquior. Esse livro de Coutinho chama-se *Conceito de Literatura Brasileira* e é constituído por um conjunto de ensaios breves que repisam três teses: i) a literatura brasileira já é diferenciada e perfeitamente "nacional" desde seus albores, quando ainda constituíamos uma colônia de Portugal; ii) a tônica de nossa literatura recaiu, desde seus primeiros autores, numa progressiva tentativa de expressão e compreensão da alma nacional; iii) deve-se estudar a literatura brasileira atenta ao desenvolvimento de nosso nacionalismo, mas o único critério legítimo de narrá-la historicamente é pelo critério da periodização estilística, já que este põe em relevo o caráter estético do discurso literário, bem como sua autonomia em relação às demais formas discursivas.

Tanto Coutinho quanto Merquior, portanto, i) reconhecem a autonomia da literatura e pedem que a estudemos,

---

[34] Veja, a respeito, o que diz Merquior neste mesmo *Razão do Poema*: "Em nossos dias, quando a crítica se tornou aparelhada, quando incorporou ao juízo nacional aquela segurança e autoconhecimento que foram conquistas literárias dominantes do nosso tempo, vemos encantados, mas não surpresos, que o homem a quem se deve, em primeiro lugar, a implantação dessa nova consciência crítica, Afrânio Coutinho, é exatamente quem tanto se tem lançado à defesa do brasileirismo. Em mais de uma ocasião declarei minha dívida intelectual para com o prof. Afrânio Coutinho. Alegremente quero repeti-lo aqui, porque acho oportuno lembrar a certos adversários seus, os mesmos que por indigência ou preguiça de espírito o têm acusado de 'formalista', este fato simples, inarredável e compacto: a nítida preocupação nacionalista da sua obra, a obstinada valoração do nosso passado com empenho de abrasileiramento (não por meio da discurseira fácil, mas através de edições trabalhosas), a afirmação sempre presente de que 'o sentimento de brasilidade' constituiu-se 'no tema central da literatura contemporânea'" (p. 202).

[35] Afrânio Coutinho, *Conceito de Literatura Brasileira*. Petrópolis-RJ, Vozes, 2008.

antes de tudo, a partir de critérios estéticos e não políticos ou morais, por exemplo; ii) tomam o modernismo e seu projeto nacionalista como ponto de chegada da literatura brasileira à maioridade. Lembremos, de passagem, que, no caso de Merquior, a aferição da qualidade estética é constantemente feita pela recorrência ao método da estilística, embora ele pouco cite os espanhóis Dámaso e Amado Alonso bem como o alemão Leo Spitzer. Porém, sempre indo do verso ao universo, Merquior jamais reduz a palavra poética a adorno ou pirotecnia:

> (...) a lírica na qualidade de literatura problemática é crítica social das mais eminentemente fecundas, é proposta militante de valores novos e de formação coletiva, é livre exame emocionado daquilo que só se conservará, daí em diante, pelo seu ser-ultrapassado.[36]

Era apenas o primeiro livro de José Guilherme Merquior, mas já ali o crítico, ao supor uma racionalidade intrínseca à lírica, resgatara a poesia da frivolidade a que não poucos a submetem, nem sempre conscientes de que assim o fazem. No poema, a razão regula, sem sufocar, o sentimento e a fantasia; o poema, se quer ser instrumento de participação coletiva, precisa constituir-se numa "fantasia exata".[37] De quebra, o Merquior daquela obra inaugural ainda desdobra aos olhos uma espinha dorsal que, por mais passível de críticas e correções, dá inteligibilidade à literatura brasileira moderna: a busca por uma língua "brasileira" e o adensamento da compreensão da sensibilidade nacional (em resumo, o projeto nacionalista do modernismo em sua fase heroica).

IV

Dois adendos precisam ser feitos antes de encerrarmos este texto. O primeiro diz respeito à forma de nacionalismo exaltada pelo crítico em seu primeiro livro.

---

[36] Ver, neste livro, p. 196.
[37] Idem, p. 183.

Merquior não atrela o nacionalismo a nenhuma plataforma político-ideológica explícita; tampouco espera ver obras recobertas daquele pitoresco que mais de uma vez debilitou poemas e narrativas da literatura brasileira. Interessava-lhe aquele *brasileirismo interior* que Machado de Assis captou tão bem em seu célebre ensaio sobre o instinto de nacionalidade e que Afrânio Coutinho retomou em *Conceito de Literatura Brasileira*. Não se trata, pois, de nenhuma norma limitadora do gênio criativo dos escritores brasileiros. Merquior certamente subescreveria a famosa observação de Machado: "O que se deve exigir do escritor, antes de tudo, é certo sentimento íntimo, que o torne homem de seu tempo e de seu país, ainda quando trata de assuntos remotos no tempo e no espaço".[38] No breve ensaio "Responsabilidade Social do Artista", dirá Merquior em pauta não muito divergente daquela do grande romancista:

> (...) a arte já é, por si mesma, uma responsabilidade social (...). Que se exija agora, entre nós do artista atual, que seja um responsável, isto é, que veja realmente a problemática objetiva da nossa particular sociedade, é algo que seria espantoso, seria uma atitude até pretensiosa, se não fosse, como é, apenas uma face de uma outra exigência – a exigência de uma verdadeira arte nacional.[39]

O segundo adendo diz respeito à reconsideração do modernismo na obra posterior de Merquior. Em obras como O *Fantasma Romântico* e *As Ideias e as Formas*, o crítico vai acentuar em sua argumentação a dimensão antimoderna e irracionalista da arte moderna. O alto modernismo ocidental, com sua repulsa pelo progresso histórico, será interpretado como força reacionária e obscurantista, estimuladora de toda sorte de elaborações mentais e condutas irracionalistas. Desse quadro nada animador, Merquior

---

[38] Machado de Assis, "Notícia da Atual Literatura Brasileira – Instinto de Nacionalidade". In: *Obra Completa*. Vol. 3. Rio de Janeiro, Nova Aguilar, 1997, p. 807.

[39] Ver, neste livro, p. 233.

salvará o modernismo brasileiro, já que nele a cantilena antimoderna pouco foi ouvida; nosso modernismo, menos radical, mais propenso à celebração dionisíaca que aos urros niilistas, "soube se fazer 'literatura da modernização'".[40] No entanto, não deixam de sobrar farpas, por exemplo, para Oswald de Andrade, acusado de portar um anarquismo neorromântico de acentos irracionalistas.[41]

Numa época em que tantas vezes se reduziu a poesia a um jogo verbal cheio de coincidências, em que se ergueram miríades de barricadas antimiméticas para fazer do poema um arranjo verbal que gira perpetuamente em torno de si, em que tantos aceitaram docilmente a pseudo-mística do poema como expressão do indizível (portanto, inapreensível pela crítica), a razão poética laborada por Merquior constitui um antídoto ou, no mínimo, um alerta contra o ceticismo que grassou em boa parte de certa crítica literária do século XX.

---

[40] José Guilherme Merquior, *As Ideias e as Formas*. Rio de Janeiro, Nova Fronteira, 1981, p. 116.
[41] Ibidem, p. 275.

Dez anos sem
José Guilherme Merquior[1]

José Mario Pereira

Presidente Tarcísio Padilha – Tenho o prazer de conceder a palavra ao jornalista e editor José Mario Pereira.

José Mario Pereira – Começo por agradecer ao presidente da Academia Brasileira de Letras, prof. Tarcísio Padilha, o amável convite para participar deste encontro que homenageia o ensaísta, crítico literário, diplomata, meu amigo José Guilherme Merquior, na passagem dos dez anos de sua morte.

Nesta mesa, apenas eu não conheci Merquior desde que ele se iniciou nas letras. Antonio Gomes Pena foi seu professor e amigo da vida inteira (na Apresentação de *O Véu e a Máscara – Ensaios sobre Cultura e Ideologia*, Merquior recorda que foi iniciado por ele em ciências humanas, "de modo não dogmático e intelectualmente instigante"). O prof. Eduardo Portella editou três livros de Merquior, afora inumeráveis ensaios que fez publicar em sua revista *Tempo Brasileiro*; Leandro Konder conheceu-o no MAM, ainda nos anos 1960, apresentou-o à obra de Lukács e assinou as orelhas de *Razão do Poema*, o primeiro livro de Merquior; e o coordenador desta mesa, o ensaísta e embaixador Sergio Paulo Rouanet, fez junto com ele nos anos 1970, em Paris, a primeira entrevista brasileira com Foucault[2] – tão substantiva que a editora

---

[1] Este texto foi inicialmente apresentado na mesa-redonda realizada no dia 4 de outubro de 2001 na Academia Brasileira de Letras. Na ocasião, estiveram presentes os acadêmicos Eduardo Portella e Sergio Paulo Rouanet, assim como Antonio Gomes Pena, José Mario Pereira e Leandro Konder.

[2] *O Homem e o Discurso – A Arqueologia de Michel Foucault*. Rio de Janeiro, Tempo Brasileiro, 1971, p. 17-42.

foi convidada a incorporá-la num dos quatro volumes que a Gallimard há pouco publicou com os dispersos do filósofo de *As Palavras e as Coisas* – além de ter, como colega no Itamaraty, sofrido as mesmas investigações (por suspeita de esquerdismo) de que Merquior foi objeto, como lembra Marcílio Marques Moreira no depoimento que acaba de publicar.[3] Ou seja, meus companheiros nesta mesa são pesos-pesados. O que me resta dizer, ao lado de tão ilustres representantes da cultura brasileira, sobre José Guilherme Merquior? Tentarei esboçar uma rápida síntese do percurso intelectual do ex-ocupante da Cadeira 36 desta Casa, onde tomou posse a 11 de março de 1983 sucedendo a Paulo Carneiro. Comprometo-me, pelo menos, a ser breve.

* * *

Passados dez anos da morte de José Guilherme Merquior é sintomática a ausência de estudos monográficos, já não digo sobre a totalidade, mas sobre aspectos específicos de sua obra. Merquior tem sido objeto – salvo raras exceções – de leituras apressadas, em geral tendenciosas, e que procuram ligá-lo ao que se convencionou chamar a "direita" brasileira. (Lembro, porém, que na Inglaterra, onde César Cansino e Ernest Gellner publicaram uma antologia de ensaios em homenagem a Merquior,[4] neste momento pelo menos uma tese está sendo escrita – a de Milton Tosto,[5] sob a orientação de Quentin Skinner – sobre o liberalismo de Merquior.)

Boa parte da crítica literária brasileira de hoje, em especial a paulista, impôs um insultuoso silêncio sobre a obra de Merquior. Figuras para as quais, generosamente,

---

[3] Marcílio Marques Moreira, *Diplomacia, Política e Finanças – De JK a Collor*. Rio de Janeiro, Objetiva, 2001.

[4] Ernest Gellner & César Cansino (orgs.), *Liberalism in Modern Times. Essays in Honour of José G. Merquior*. Bucareste, Central European University Press, 1996.

[5] Por exemplo, no livro de Milton Tosto Jr., *The Meaning of Liberalism in Brazil* (Lexington Books, 2005), a discussão da obra de José Guilherme Merquior ocupa lugar de destaque.

ele chamou a atenção, ao reeditarem seus livros simplesmente o ignoram. É o caso de Davi Arrigucci Júnior, cujo *Achados e Perdidos* foi saudado com entusiasmo por Merquior no *Jornal do Brasil* de 05/01/1980. Em 1999, refundiu e relançou o livro com o título de *Outros Achados e Perdidos*, mas, nas várias entrevistas que deu, nas orelhas e na quarta capa, não há nenhuma menção ao nome de quem fez – quando da primeira edição, e num órgão de circulação nacional – afirmações desse quilate: "O todo me parece situar o autor na primeira fila dos nossos intérpretes da coisa literária, alguém a ser colocado entre a eminência de um Antonio Candido e a sutileza de um Alexandre Eulálio". Simples esquecimento, ou é que o sentimento de gratidão é mesmo planta rara entre nós?

Um outro caso sintomático: ao publicar agora um volume sobre *Borges no Brasil*,[6] Jorge Schwartz não viu razão para incluir o excelente texto de Merquior sobre o escritor argentino contido em *As Ideias e as Formas*. No mesmo passo caminhou o prefaciador da recente edição de *Tempo Espanhol*: desconhece a bela página de Merquior, pioneira, no *Jornal do Brasil* (19/06/1960), sobre o originalíssimo livro de Murilo Mendes. Mesmo um amigo como Marcílio Marques Moreira, que o acompanhou até os dias finais, preferiu deixar para outra oportunidade o depoimento que sobre Merquior dele se esperava na obra que acaba de publicar.

Merquior foi um polemista, mas reduzi-lo a um profissional dessa arte é desconsiderar a riqueza de sua variada e extensa obra, toda ela vinda à luz em pouco mais de trinta anos de atividade crítica. Não se pode negar, contudo, que a polêmica o alimentava. Já doente, embora os amigos próximos tentassem demovê-lo, lá estava ele, outra vez, embrenhado num debate em jornal com um senhor que atendia pelo nome de Ricardo Musse. Numa das réplicas, ironizava: "Musse ou chocolate?".

---

[6] Jorge Schwartz (org.), *Borges no Brasil*. São Paulo, Editora da Unesp, 2001.

Os estudos da produção intelectual de Merquior tornam-se ainda mais difíceis em função da multiplicidade de seus interesses. Muitos que dominam os estudos literários desconhecem (ou simplesmente não se interessam em abordar) a parte de teoria política e história das ideias de sua obra. Isto tem se mostrado redutor, impossibilitando uma visão global de sua produção, e fertilizando o terreno para o nascimento de incompreensões de toda natureza.

Obviamente existem ensaios excelentes sobre ele: lembro aqui os de Sergio Paulo Rouanet – "O Sagitário do Presente" e "Os Herdeiros do Iluminismo", em *As Razões do Iluminismo*,[7] e "Merquior Vivo", em *Mal-estar na Modernidade*; "Merquior, Paladino da Racionalidade Concreta", de Miguel Reale – sobre quem Merquior escreveu o último ensaio – em *Figuras da Inteligência Brasileira*;[8] de Roberto Campos a arguta introdução a *Liberalismo – Antigo e Moderno*, livro póstumo de Merquior. Isso para não falar do que sobre ele escreveram Eduardo Portella e Celso Lafer, entre outros.

Merquior era um mestre da língua. Seria possível fazer uma antologia onde seu domínio da língua e sua verve se apresentam impagáveis. Um de meus trechos preferidos está em artigo publicado no *Jornal do Brasil* (01/09/1979), sob o título "Sabe com Quem Está Falando?", onde comenta o recém-lançado *Carnavais, Malandros e Heróis*, de Roberto da Matta. Ouçam o show de destreza verbal e ironia:

> Um dos méritos de Roberto da Matta é, aliás, o seu cuidado com a literatura anterior. Nada noto nele dessa pífia presunção, feita de incultura e insegurança, com que vários dos nossos mais novos praticantes de ciências humanas dão as costas ao que se escreveu antes deles – com muita frequência, muito melhor – sobre seus temas. Em compensação, a linguagem de *Carnavais, Malandros e Heróis* poderia ser mais apurada. O autor expõe, em geral com clareza, não

---

[7] São Paulo, Companhia das Letras, 1989.
[8] Segunda edição refundida e aumentada: São Paulo, Siciliano, 1994.

raro com certa elegância; mas volta e meia sucumbe ao desleixo ou, pior ainda, a esse fraseado esquisito com que tantos textos universitários macaqueiam gratuitamente palavras e construções inglesas ou francesas. O desleixo abrange alguns anacolutos e várias regências incorretas, além da estranha menção a um tal "Alex" de Tocqueville (que intimidades são essas, professor Matta? O homem se chamava Alexis). O fraseado postiço inclui, por exemplo, um emprego superabundante do verbo "colocar" (em vez de "observar", "pretender", "argumentar", "postular", etc.). Esse abuso de "colocar" está virando uma verdadeira muleta verbal do nosso jargão universitário. Mas quanto a Roberto da Matta, não tenho dúvida em (agora, sim) colocar esse seu livro bem acima dessas mazelas de expressão. Ele, pelo menos (ao contrário da maioria dos colocadores), tem muito a dizer.

O autor do livro em questão pode até não ter gostado da crítica, mas submeteu o livro a uma esmerada revisão. É só comparar a primeira edição com a última para confirmar.

* * *

Merquior estreou no Suplemento Dominical do *Jornal do Brasil*. Embora seus primeiros artigos neste importante Suplemento já aparecessem em 1959, só depois da hoje histórica nota editorial assinada por Reynaldo Jardim é que sua colaboração lá se efetivou. Num texto intitulado "Bilhete de Editor", publicado no alto da página em 30/04/1960, lê-se:

> A primeira colaboração de JGM nos chegou como centenas de outras através de nossa seção *Correspondência*. Bastou ler o primeiro artigo para constatarmos que estávamos frente a um legítimo escritor amplamente capacitado a colaborar conosco. Publicamos o artigo e tempos depois chegou outro comprovando a categoria intelectual de seu autor. Mais um ou dois artigos de JGM vieram às nossas mãos sem que o conhecêssemos pessoalmente.

Reynaldo finaliza dizendo:

> Aqui estará ele, sem o compromisso do aparecimento semanal, mas mantendo um certo ritmo em sua colaboração, que pretendemos venha contribuir para a melhoria do nível de produção poética em nosso meio.

Neste Suplemento, já no início de sua colaboração, a veemência e os golpes certeiros de Merquior se fizeram notar. Salvo prova em contrário a primeira polêmica foi com o crítico de arte Roberto Pontual, a quem responde no artigo "Miséria e Ingenuidade" (01/07/1961):

> Já que ele me faz a honra de me ler, poderia acrescentar o cuidado de me compreender. Onde foi que em qualquer artigo eu exaltei a poesia neoconcreta como uma *solução*? Onde foi que a saudei, ultrapassando uma simpatia que se impõe pela honestidade e pelas intenções do movimento, como uma soma de resultados e um estilo já *realizado*? (...) Só por três vezes o entusiasmo quase total dirigiu minha crítica às obras do movimento: um ensaio sobre experiências de narrativa plástica devidas a Lygia Pape, o texto de "Galateia I", consagrado aos bichos de Lygia Clark, e finalmente – única vez no campo da literatura – um esforço de compreensão do chamado *livro infinito*, de Reynaldo Jardim. Todos esses dados servem aliás de duplo argumento: se quiserem uma fé de ofício de atenção e preocupação com o poema sem verso, aí estão para provar que nunca o ignorei e que não é em virtude de um conceito convencional que tenho julgado a poesia; mas para proclamar uma incoerência seria necessário enxergar neles mais do que realmente mostram: a simpatia por um ensaio honesto, e não o reconhecimento de um resultado. Ao mesmo tempo, minha enorme boa vontade para os artistas neoconcretos ficou definitivamente demonstrada pela rapidez, embora lúcida, com que eu adverti nas suas *obras plásticas* um imediato valor de permanência. Se interessa a Pontual, posso afirmar desde logo que considero o neoconcretismo muitas vezes

mais realizado nesse terreno. Não vejo o lado poético nesse mesmo nível de maturidade. Prefiro Clark, Carvão, Amílcar, Pape, a todos os poetas do grupo. Implicância? Mas não seria quase cretino, uma vez que trato muito mais de *poesia*? A verdadeira razão é que distingo as experiências vitoriosas das pesquisas ainda incompletas. É claro que amanhã mesmo Lygia Clark poderá mudar mais uma vez o seu estilo: nada impedirá que os bichos *permaneçam* na nossa escultura como valor inarredável. Chamo a isso um experimentalismo maduro. Há exemplos semelhantes na poesia neoconcreta?

Entre as abordagens possíveis – e que vejo intocadas – sobre a obra de Merquior está a do seu apreço pela arte, em especial a pintura, de que é exemplo sua referência ao cubismo em João Cabral. Já no início da atividade crítica, escreve um ensaio, sob o título "Neo Laocoon, ou da Espaciotemporalidade" (17/10/1959), que chamou a atenção de Leandro Konder. Entre os ensaios da fase no Suplemento Dominical do *Jornal do Brasil* poderíamos ainda destacar: "Estudos sobre Expressionismo: Hodler, Munch e Ensor (Extrato de um Ensaio sobre a Gênese da Pintura Moderna)", de 1959; "Introdução a um Pintor Moderno: Degas" (23/01/1960); a série "Galateia ou a Morte da Pintura", publicada em duas partes (a primeira em 26/11/1960, e a segunda em 07/01/1961), afora "A Criação do Livro da Criação", em 03/12/1960, sobre obra de Lígia Pape. (Todo este material está por publicar, pois Merquior não o incluiu em *Razão do Poema*.)

A estes, numa antologia de textos sobre pintura, teríamos ainda que agregar os ensaios: "Kitsch e Antikitsch (Arte e Cultura na Sociedade Industrial)", "O Problema da Interpretação Estilística da Pintura Clássica (Um Desafio para o Método Formalista)", e "Sentido e Problema do 'Pop' – Pop e Hiper-realismo", todos em *Formalismo e Tradição Moderna (O Problema da Arte na Crise da Cultura)*, de 1974; "A Tirania da Imaginação", em *As Ideias e as Formas* (1981); "Arte? Que Arte?" (27/11/1988), e "Roubaram a Pintura" (25/03/1990), ambos inéditos em livro, e só publicados em O Globo na coluna "A Vida das Ideias", que manteve até a morte. Este último artigo, que conta do roubo de uma coleção de quadros, começava assim:

> Em 1955, sem tostão para comprar sequer uma tela, o grande pioneiro do pop-art, Robert Rauschenberg, pegou o edredom de sua cama, estendeu-o no chão, juntou-lhe o travesseiro e pintou vigorosamente o conjunto. Batizada como "Cama", essa insólita salada de lençol, cobertor e fronhas, espessamente pintados, foi há pouco oferecida pelo conhecido *marchand* Leo Castelli ao Museu de Arte Moderna, o famoso MoMA de Nova York. Valor atual estimado: perto de 10 milhões de dólares. É o caso de dizer: faça a cama e deite-se na fama...
>
> (...)

Merquior concluía com um lúcido diagnóstico:

> Roubaram a pintura, senhores – e não só dos museus mal guardados. Sequestraram a experiência estética de nossas vidas modernosas. O cinismo do pseudoartista, o terrorismo de falsos teóricos, o oportunismo das galerias e o esnobismo pateta de um público tão ingênuo quanto inseguro insistem em vender gato por lebre. A terrível trepidação da vida-reflexo, banindo a vida da reflexão, se casa ao reino da grossura para nos negar o refúgio da arte – a pausa da qual se volta intimamente mais rico ao debate cotidiano. Rilke sabia que perscrutar um torso arcaico de Apolo nos convida a mudar nossa existência. Dou um doce a quem sentir algo de semelhante ao enxergar a enxerga pop no MoMA.

Passaram-se os anos e não se desvaneceu essa sua fixação pelo tema. Na biblioteca de Merquior se encontravam quase todos os volumes da Skira, editora que revolucionou o mercado de livros de arte nos anos 1950 e 1960; obras de Erwin Panofsky, o mestre da iconologia; de Frederick Antal, o historiador húngaro de feição marxista que analisou pioneiramente as fundações do Renascimento florentino; de Ernst Gombrich, o vienense que ficou conhecido por uma despretensiosa *História da Arte,* mas cujos estudos sobre o Renascimento mudaram a maneira de se entender este período pelo qual Merquior sentia a mais funda devoção; a abrangente *História da Cidade,* de Leonardo Benevolo; os volumes de Giulio Carlo Argan, e muitos outros ensaístas que renovaram os estudos estéticos no século XX. (Uma nota lateral vem a propósito aqui: Merquior, me parece que injustamente, não devotava o mesmo apreço que seu amigo Alexandre Eulálio à obra de um ensaísta como o italiano Mario Praz.)

A pintura italiana em especial fascinava Merquior: o Ticiano de "O Rapto da Europa", os Masaccio da Capela Brancacci, que visitou pouco antes da morte. Entre os franceses tinha Poussin em alta estima, entusiasmo compartilhado com Claude Lévi-Strauss, seu mestre, autor de um ensaio sobre o pintor que produziu em Roma a quase totalidade de sua obra.[9]

Nos anos de 1960 Merquior debruçou-se sobre a obra de Maurice Merleau-Ponty, e dedicou ao filósofo da *Fenomenologia da Percepção* dois ensaios no Suplemento do *JB*: "O Corpo como Expressão e a Palavra – Merleau-Ponty" e "Merleau-Ponty: O Cinema e a Nova Psicologia". Leu Jean-Paul Sartre e Georg Lukács, este nas edições italianas que lhe passavam Leandro Konder e Carlos Nelson Coutinho. Mas o Sartre que o entusiasmou foi o de *As Palavras,* o do ensaio inacabado sobre Tintoretto, o da aguda percepção sobre os móbiles de Calder, o autor de páginas penetrantes de psicologia existencial.

No texto de apresentação do catálogo de uma exposição do artista Marcos Duprat, Merquior esclarece seus pontos de vista sobre a arte moderna:

> Há pelo menos duas décadas, com a fadiga do abstrato, o paradigma da pintura ocidental voltou à

---

[9] Claude Lévi-Strauss, "Olhando Poussin". *Olhar Escutar Ler*. São Paulo, Companhia das Letras, 1993.

imagem. À imagem violenta ou plácida, impessoal ou retratística: daí o triunfo de Bacon ou de Balthus, dos hiper-realistas ou de um Lucien Freud. Mas, como advertiram os primeiros denunciantes da penúria do abstracionismo, o retorno à figuração só ganharia consistência se passasse por um novo rigor da técnica e da composição. Na plástica brasileira dos últimos anos, ninguém encarna esse requisito com mais consciência que Marcos Duprat.

Tranquilamente, alheio ao frenesi neofágico das propostas vanguardeiras, Duprat se refugiou na mais estrita fidelidade ao que ele chama "o enigma da realidade visível". Esse enigma, os óleos de Marcos Duprat o armam, decifram e rearmam num estilo translúcido, cristalino, onde as mudanças cromáticas sugerem momentos de mágicas metamorfoses. Os planos são dispostos, as camadas superpostas, a cor nasce da "velatura" – um processo colorístico de nobre linhagem, que exige um trabalho em ritmo artesanal, a léguas da herança turbulenta, e ainda tão influente, de Pollock e sua tribo. Uma pintura lenta, em adágio, propícia à meditação do duplo, à ponderação da série, à perquirição da profundidade – todos temas desses óleos peritos em focalizar o prolongamento de uma imagem noutra, o reflexo no espelho ou na água, os corredores engavetados em túnel, a delicada modulação de sequências.

Quando ele aborda a figura humana, especialmente nua, Duprat sabe ser tão sereno quanto Balthus – mas sem fazer da cena o prelúdio a um drama de vício e malícia. Quando prefere objetos, o silêncio das formas é tão lírico quanto um Morandi.

Cito esse longo trecho porque ele é emblemático de como Merquior entendia o fenômeno pictórico, do que gostava de ver em pintura. Não preciso dizer do tédio que nele provocava a maré alta das instalações e artifícios do gênero que começou a invadir os museus nos anos 1960 a partir do clima tão ironicamente descrito pelo crítico de arte Robert Hughes nos capítulos finais de *American Visions* (1997), como a "era da ansiedade". Desse modo corre Merquior o risco de ser visto como um crítico conservador pela chamada "indústria da arte" e pelos membros da lucrativa associação entre *marchands* e "artistas" (entre aspas) que, mais e mais, toma conta do setor.

* * *

Do livro inicial sobre a Escola de Frankfurt até os anos maduros de sua atividade intelectual, Merquior vai ficando cada vez mais crítico em relação à obra dos membros da Escola de Frankfurt. Em *O Marxismo Ocidental* percebe-se que o heterodoxo Walter Benjamin é o único pensador dessa escola pelo qual manteve a estima intelectual adquirida nos anos de formação.

Uma das contribuições decisivas de Merquior à nossa cultura são os ensaios que escreveu sobre Drummond, Murilo Mendes e João Cabral. Isso para não falar de sua amizade com Bandeira, que o convidou para colaborar na seleção da antologia *Poesia do Brasil*. Numa carta até este momento inédita, datada de Roma (19/11/1972), Murilo Mendes lhe escreve para agradecer o envio do novo livro, *A Astúcia da Mímese*:

> Querido José Guilherme,
>
> Tenho tanto que lhe agradecer, muito, muito, muito, e tantas desculpas que lhe pedir, pela falta de cartas (...).
>
> Gratíssimo pelo cartão e pelo grande livro que é *A Astúcia da Mímese*, pelo magnífico estudo sobre o "Texto Délfico" e o outro, idem, sobre a "Pulga Parabólica" (...) Estou muito feliz pela atenção que você dá aos meus papéis: isto representa para mim um diploma, vindo de quem vem.
>
> Gratíssimo, íssimo, íssimo.

Professor no King's College, em Londres, doutorou-se em Letras pela Sorbonne com tese sobre Carlos Drummond de Andrade, aprovada com louvor em junho de 1972. Enquanto a escrevia, Merquior ia enviando ao poeta mineiro os capítulos à medida que os concluía. Drummond levou meses para acusar o recebimento, mas finalmente respondeu:

> Eu poderia tentar justificar-me alegando que esperava o recebimento do texto completo para lhe escrever. Mas a verdade verdadeira é que, desde a leitura das primeiras páginas, me bateu uma espécie de inibição que conheço bem, por ser velha companheira de minhas emoções mais puras. Se você estivesse ao meu lado nos momentos de leitura, decerto acharia graça na dificuldade e confusão das palavras que eu lhe dissesse. Talvez até nem dissesse nenhuma. E na minha cara a encabulação visível diria tudo... ou antes, não diria nada, pois o melhor da sensação escapa a esse código fisionômico. Senti-me confortado, vitalizado, vivo. Meus versos saem sempre de mim como enormes pontos de interrogação, e constituem mais uma procura do que um resultado. Sei muito pouco de mim e duvido muito – você vai achar graça outra vez – de minha existência. Uma palavra que venha de fora pode trazer-me uma certeza positiva ou negativa. A sua veio com uma afirmação, uma força de convicção que me iluminou por dentro. E também com uma sutileza de percepção e valorização crítica diante da qual me vejo orgulhoso de nobre orgulho e... esmagado. Eis aí, meu caro Merquior. Estou feliz, por obra e graça de você, e ao mesmo tempo estou bloqueado na expressão dessa felicidade.

Com João Cabral a amizade também era fraterna. Li pelo menos duas cartas de Merquior dando conta de livros encomendados pelo autor de "O Cão sem Plumas". Alguns, curiosamente, eram do crítico desconstrucionista Paul de Man, sobre quem recaía então o interesse de João Cabral; por se encontrarem esgotados, Merquior informava estar enviando xerox de alguns livros do crítico belga. Digo "curiosamente" porque Cabral costumava afirmar que não era de ler crítica literária. A mim mesmo afirmou uma vez, com visível enfado, desconhecer a quase totalidade do que se escreveu sobre sua obra.

Os artigos de Merquior sobre a nossa poesia são de leitura obrigatória pela clareza, singularidade da interpretação e precisão da análise. Nesta sala estão Ivan Junqueira, cuja tradução da poesia de T. S. Eliot foi elogiada por Merquior, e Alberto da Costa e Silva ("alto poeta", também na opinião de Merquior), cujo pai, o piauiense Da Costa e Silva, ganhou um luminoso ensaio do nosso homenageado ("Indicações para o Estudo da Obra de Da Costa e Silva", em *Poesias Completas*, Nova Fronteira, quarta edição, 2000).

Ivan Junqueira – um exigente leitor de poesia que igualmente escreveu sobre José Guilherme Merquior – afirmou que apenas em dois momentos discordou dele: quando analisou favoravelmente a poesia de Capinam e a de Francisco Alvim. Para Ivan, nestes dois casos a generosidade falou mais alto que a agudeza crítica.

* * *

Em meados dos anos 1980 Merquior abriu fogo contra a psicanálise como método terapêutico. Seus artigos – quase todos depois incorporados ao livro *As Ideias e as Formas* – provocaram viva irritação entre os membros da comunidade psicanalítica. Seu debate público com psicanalistas como Eduardo Mascarenhas e Hélio Pellegrino eram comentados até na praia de Ipanema. Num programa de televisão, Mascarenhas mostrou *As Ideias e as Formas* e acusou Merquior de praticar "terrorismo bibliográfico" diante da quantidade de nomes – que se dera ao trabalho de contar – citados no livro. Quem razoavelmente inteligente pode encarar como defeito a decisão de um intelectual sério de fornecer ao leitor as fontes de sua pesquisa?

Até que ponto Merquior tem razão quando nega o estatuto científico da psicanálise? Até onde está sendo unilateral em sua crítica a Freud? Terá Ernest Gellner, o teórico do nacionalismo e orientador de sua tese na London School of Economics – autor também de *O Movimento*

Psicanalítico (1985), implacável enfrentamento crítico da psicanálise – mais que Karl Popper, influenciado essa sua tomada de posição? Na verdade, a dificuldade de Merquior com Freud já é perceptível no primeiro livro, *Razão do Poema*, de 1965. Na seção II da segunda parte do volume, intitulada "As Relações da Antropologia com a Psicanálise e a Psicologia Social", se lê:

> Os contatos entre a antropologia e a psicanálise foram, em seu começo, marcados pela hostilidade dos antropólogos às generalizações freudianas tipo *Totem e Tabu* (1913), onde a "explicação" da cultura em termos de impulsos da libido não podia resistir à seriedade crítica. Ainda por cima, Freud extraiu a maior parte de seu material antropológico, de maneira frequentemente ingênua, do evolucionismo e da antropologia de "gabinete" do século XIX e dos inícios do atual: de Spencer e Wundt, de McLennan e Tylor, de Lang e, sobretudo, de Frazer. Em tais condições, o prazer bem maligno de Malinowski, ao arrasar a aplicação ortodoxa do complexo de Édipo ao estudo das origens culturais, encontra sua razão ao combate que a antropologia moderna, sob o signo do funcionalismo, moveu contra os "pais" oitocentistas dessa ciência. O determinismo e o unilateralismo interpretativo de livros como *Totem e Tabu,* tanto nas fontes quanto na orientação, só poderiam indignar as novas tendências antropológicas.[10]

É o ensaísta Sergio Paulo Rouanet quem melhor põe luz nessa questão quando, em elegante estilo, procura compreender e ampliar os arroubos antipsicanálise de Merquior. Em *Mal-Estar na Modernidade* escreve:

> Que dizer de tanta agressividade? Os que passaram pela experiência analítica sabem como é difícil discutir com os que não a viveram. O diálogo acaba sendo um diálogo de surdos, porque o crítico simplesmente está falando de coisas sobre as quais não

---

[10] Ver, neste livro, p. 250.

tem um conhecimento direto. Além disso, um *fair play* mínimo nos impede de usar intuições que devemos ao processo psicanalítico. Dizer que a veemência do nosso interlocutor se deve a uma atitude defensiva, a uma angústia diante da análise, seria provavelmente verdadeiro mas irrelevante, porque as regras do jogo da argumentação pública nos proíbem de invocar no debate um saber privilegiado e incomunicável.

Estaremos em terreno mais seguro se dissermos que, descartando Freud, Merquior abriu mão de um valiosíssimo aliado na cruzada iluminista. Freud é o último e o mais radical dos iluministas. (...) Por ignorar Freud, Merquior privou-se da ajuda desse Voltaire da alma, e reduziu seu poder de fogo diante dos verdadeiros inimigos do espírito.

Mas Merquior era tão diabolicamente inteligente que tinha razão mesmo quando não a tinha. O freudismo não é irracionalista, e nisso sua crítica estava fora de foco, mas está cercado de irracionalismo por todos os lados, e por isso essa crítica provocou devastações saudáveis.[11]

Também o suíço Carl Gustav Jung (1885-1961), que tanta influência teve, entre nós, na obra da dra. Nise da Silveira, foi alvo da mirada crítica de Merquior. Em resposta ao prof. Meira Penna no *JB*, no meio dos anos 1980, ele batia forte:

(...) Ao contrário de Freud, Jung teve uma longa vivência clínica da loucura, e nessa sua prática terapêutica se enraíza uma de suas melhores contribuições à teoria psicológica: a distinção entre introversão e extroversão. Procurando captar a especificidade do comportamento esquizofrênico, ele supôs que este consiste numa tentativa, por parte do doente mental, de conferir sentido à sua experiência, protegendo-se

---

[11] Sergio Paulo Rouanet, *Mal-Estar na Modernidade*. São Paulo, Companhia das Letras, 1993, p. 294-303.

do mundo hostil (é fácil reconhecer o quanto essa caracterização se aplica como uma luva às paranoias).

Até aí, tudo perfeito. Mas acontece que, ao construir sua "psicologia analítica" como visão do mundo, Jung partiu para uma generalização indébita, descrevendo o homem moderno como alguém no fundo tão necessitado quanto o esquizofrênico de dar sentido à sua vida.

***

Merquior leu Marx já nos primeiros anos da universidade, e desde então procurou manter-se informado sobre a melhor bibliografia sobre Marx e o marxismo. De Gramsci ele viria a escrever depois: "Por ambíguas e, até, errôneas que sejam suas opiniões políticas, não resta dúvida de que, na tradição marxista, ele teve um efeito profundamente libertador". Sua formação estética deve muito também à leitura de Lukács, Galvano della Volpi e outros pensadores de tradição marxista.

Com a maturidade, assim como gradativamente perdia o entusiasmo por Martin Heidegger, aumentava o grau de sua lupa crítica em relação ao marxismo. Nesse sentido, a leitura de Lucio Coletti – que ajudou a trazer ao Brasil, e, através de Regina Bilac Pinto, lançou entre nós – foi decisiva. Como decisivo foi o contato com o filósofo polonês radicado em Oxford Leszek Kolakowski, autor de *As Grandes Correntes do Marxismo*, que considerava uma síntese crítica definitiva. Entre os mais jovens Merquior deixou-se entusiasmar pelo Jon Elster de *Making Sense of Marx* (1985), cuja leitura me recomendou com um forte argumento: "A inteligência desse norueguês é uma navalha afiadíssima". As ideias liberais do último Merquior – o ensaísta que advogava a economia de mercado e as leis do liberalismo clássico; o leitor do Rawls da *Teoria da Justiça*; o que se encantou por Norberto Bobbio, defendendo-o das ácidas considerações perpetradas pelo inglês Perry Anderson, teórico do "Estado Absolutista" e editor da *New Left*; o

Merquior entusiasta de Raymond Aron (para a edição brasileira da UnB dos *Estudos Políticos* deste último, escreveu, diretamente em francês, uma extensa introdução) – cristalizaram-se no segundo período diplomático em Londres. Nomes como Ralf Dahrendorff, Ernest Gellner, John Hall, Anthony Giddens, Pierre Manent, Harry Levin, Isaiah Berlin, Arnaldo Momigliano figuravam entre os importantes intelectuais com os quais manteve laços de amizade.

O livro que melhor apresenta esta sua tomada de posição me parece ser *A Natureza do Processo* (1982), "a mais orgânica de suas obras" na opinião de Miguel Reale. Foi escrito à mão, e em parte ditado, em um mês, atendendo a uma sugestão do editor Sérgio Lacerda, da Nova Fronteira. A partir desse momento, o tema liberal não mais abandona as especulações de Merquior. No último livro, *Liberalism – Old and New* (no Brasil, *Liberalismo – Antigo e Moderno*), chega a examinar até mesmo as variantes latino-americanas da questão liberal, tal como elas se apresentaram em pensadores como os argentinos Domingo Faustino Sarmiento e Juan Bautista Alberti.

***

Nos anos de formação, quando estudava direito e filosofia e já colaborava com assiduidade em jornais e revistas como a *Senhor*, Merquior teve por professores Dirce Cortes Riedel e Antonio Gomes Pena. Deu também conferências no ISEB, ali conhecendo muitos dos melhores intelectuais da época.

Certamente foi nas rodas de cinema do MAM que ficou amigo de Glauber Rocha. Numa das cartas de Merquior que localizei e cedi para a edição das *Cartas de Glauber*, publicadas pela Companhia das Letras, o diplomata, então em Paris – onde frequentou por quatro anos o Seminário de Lévi-Strauss – procura entusiasmar o cineasta de *Terra em Transe* a filmar a vida de Villegaignon, e revela que o antropólogo de *Tristes Trópicos* lhe contara alimentar, há tempos, o desejo de escrever um libreto de ópera sobre a saga do navegador francês. Mais tarde,

Glauber escreve pedindo a interferência do amigo para arranjar um emprego.

***

O desaparecimento prematuro de José Guilherme Merquior, há dez anos, privou o país de um crítico cultural com obra *in progress,* e cuja potência analítica continuará sempre a impressionar. Como figura humana, Merquior era também especial: prestativo e solidário. Quem o via esgrimindo em público, ou lia suas muitas diatribes, não tinha a menor ideia do homem gentil, afetuoso e dado a boas gargalhadas ("riso erasmiano", como notou Sergio Paulo Rouanet). Muitos aqui presentes perderam não só um mestre, cuja obra se lê com prazer, aprendendo, mas também um amigo fraterno.

Merquior faz falta. Muitas vezes, nestes anos que se passaram desde sua morte, ao me deparar com um novo livro que sei despertaria o interesse dele, fico a me perguntar: o que acharia do que acabo de ler? Onde estaria sua concordância ou discordância com a interpretação aqui exposta? Imagino que a mesma sensação já tomou conta de muitos que o conheceram.

Ainda há pouco, ao descobrir um volume dedicado a Baltasar Gracián, de quem a Espanha está comemorando os quatrocentos anos de nascimento, deparei-me com um ensaio sobre as leituras que fez Walter Benjamin da obra do monge de Tarragona enquanto preparava *O Drama Barroco Alemão* – que o prof. Rouanet traduziu. Imediatamente me veio à cabeça a certeza de que Merquior se entusiasmaria com as informações contidas neste ensaio. Acho que Eduardo Portella, a quem dei cópia do volume, também sentiu a presença do amigo durante a leitura desse texto.

São muitas as perguntas que o destino nos impossibilitou fazer ao grande ensaísta e ao inesquecível amigo. Diante do atentado terrorista de 11 de setembro, como o racionalista Merquior, íntimo da obra de Max Weber e Ernest Gellner – dois teóricos que estudaram o Islã – analisaria o mundo a partir desse trágico acontecimento?

Como o Merquior que dedicou páginas tão vivas à questão da legitimidade política veria o desenrolar da crise internacional provocada pelo atentado terrorista contra o World Trade Center? Como reagiria à dimensão religiosa que subjaz em alguns dos mais complexos dramas da modernidade, como acentua o pensador alemão Jürgen Habermas na longa entrevista dada recentemente a Eduardo Mendieta, da Universidade de São Francisco, significativamente intitulada "Um Diálogo sobre o Divino e o Humano"?

Infelizmente as respostas a essas e outras questões terão de ser extraídas do que Merquior nos deixou escrito. Tem razão Roberto Campos, grande amigo e incentivador de sua carreira, quando diz que sua morte foi "mais uma grande tragédia brasileira".

* * *

Merquior era um autêntico e corajoso intelectual. Contrário à sempre atual moda brasileira de ignorar as críticas para disseminar a impressão de que não têm substância, ele não deixava nada sem resposta. É natural que, com essa postura, algumas vezes tenha criado em suas polêmicas mais calor do que luz. Ele sabia disso e não se importava, pois tinha uma obra sólida que lastreava tais exercícios de pinga-fogo. Não temia críticas, desde que fossem inteligentes.

Recebi em 23 de abril de 2001, do ensaísta e teórico da literatura Luiz Costa Lima, um e-mail no qual dava um importante testemunho:

> José Guilherme foi a primeira pessoa com quem tive contato pessoal, ao chegar do Recife, cassado em outubro de 1964. Embora soubéssemos, um e outro, que nossa situação era mutuamente delicada, nunca evitamos nenhuma conversa ou tivemos qualquer atrito. Lamentavelmente, o país que o repudiava levianamente, sem saber aproveitar o talento raro que era o seu, continua, apenas com outros nomes, no mesmo clima de superficialidade. E, assim, eu que durante muito tempo lamentei que José Guilherme tivesse seguido a

carreira do Itamaraty, vejo que não teríamos intelectualmente ganho mais com ele caso ele tivesse seguido uma profissão outra.

Seu último artigo em *O Globo* chamou-se "O Sentido de 1990". Era um comentário a partir do famoso ensaio de Francis Fukuyama, e foi publicado a 30 de dezembro daquele ano. Cito os dois parágrafos iniciais:

> No epílogo das cinco estações entre o verão setentrional de 1989 – a chamada "revolução de 1789" – e o aprofundamento da crise do Leste europeu, a que se veio somar o conflito do Golfo, a fermentação política desse inquietante virar-a-década soa como um desmentido brutal à tese do ex-diretor-adjunto de planejamento no Departamento de Estado, Francis Fukuyama, sobre "o fim da história".

> E que desmentido, se considerar a presunção profética desse harvardiano transformado em tecnocrata das relações internacionais! A história continua quente, nem há dúvida – quente, explosiva e imprevisível. Em vez de assistirmos ao seu fim, o que estamos é testemunhando a agonia do *historicismo*: a morte – já vai tarde! – das arrogantes teorias de uma lógica da história.

Merquior não teve tempo de escrever memórias, mas vez por outra encontro em seus escritos momentos liricamente confessionais, como este trecho do artigo "Afonso Arinos, o Último Patrício" (*O Globo*, 09/09/1990):

> Um dia, lá se vão vários anos, no solar da Rua D. Mariana, com a meiga, tácita aprovação de dona Annah, sua esposa e companheira de toda a vida, mestre Arinos decidiu me presentear com uma foto histórica: o instantâneo de sua passagem do cargo de ministro das Relações Exteriores a seu velho amigo San Thiago Dantas.

> Guardo com o maior carinho esse emblema da nossa aristocracia política. Arinos e San Thiago sorriem um

para o outro na serena alegria de uma cumplicidade patriótica, acima e além de tudo quanto a política possa conter de mesquinho. Quando é que esse escol servirá de escola entre nós?

Os liberais da era Afonso Arinos eram juristas e tribunos como ele; os de hoje são sociólogos e economistas, raça que ele, discreta e algo preconceituosamente, tendia a desprezar. Não importa: a política da liberdade não precisa só de lucidez econômica. Precisa também de inspiração humanística como a que nós íamos tantas vezes beber, entre livros e pássaros, no seu velho casarão de Botafogo, no convívio inigualável de Afonso Arinos, nosso último patrício.

Resta-nos a consolação dos 21 livros que publicou, num total de 5.489 páginas, aos quais se juntarão em breve *O Outro Ocidente*, volume a ser organizado sob a orientação de sua mulher, a embaixatriz Hilda Merquior, e no qual se recolhem alguns dos muitos ensaios escritos para publicações no exterior, quase todos inéditos no Brasil. A este se seguirá a totalidade do material publicado nos dois anos de colaboração em *O Globo*, para onde foi a convite de Roberto Marinho escrever a coluna "A Vida das Ideias", que será o título do livro.

Seus primeiros artigos publicados no *Jornal do Brasil* não recolhidos em *Razão do Poema* já foram localizados por mim, e certamente se editará, um dia, o resultado de suas muitas entrevistas em jornais e televisão. Uma outra ideia que me tem assaltado é a de reunir tudo que Merquior escreveu sobre Machado de Assis, de que é exemplo o capítulo admirável dedicado ao patrono desta Casa em *De Anchieta a Euclides*. A ideia de publicar suas polêmicas é editorialmente tentadora mas, como o correto seria incluir também os textos rivais, se acabaria por dar espaço a autores de discutível estatura intelectual, que então se beneficiariam da visibilidade proporcionada pelo nome de Merquior.

* * *

Aqui na Academia Brasileira de Letras, José Guilherme Merquior votou em Evaristo de Moraes Filho, e lutou pela candidatura de Pedro Nava – mas o bom mineiro declinou do convite. Em 24/05/1983, o memorialista escreveu ao nosso homenageado dando suas razões:

> Mentalmente e no fundo, mesmo sabendo-a inevitável e já na sua hora, rejeito a ideia da morte e uma das formas de rejeitá-la simbolicamente é fugir da glorificação acadêmica. (...) Está aí presente e me aconselha a ficar quieto o infarto de Guimarães Rosa, que só se fardou em duas ocasiões: a da posse no transitório e a ocasião definitiva do tremendo passo que temos de dar para transpor a distância milimétrica que separa este mundo do nada. E, julgue-me você maluco ou um supernervoso, a ideia da farda passou a me perseguir e a não me dar mais momento de tranquilidade.

A justa homenagem que a Academia Brasileira de Letras presta neste momento àquele de quem o grande mestre francês Raymond Aron afirmou ter lido tudo documenta o quanto essa nobre instituição tem sabido manter viva a memória dos que tiveram a honra e a glória de a ela pertencer.

Como amigo e editor de José Guilherme Merquior, renovo meus agradecimentos ao autor de *A Ontologia Axiológica de Louis Lavelle*,[12] prof. Tarcísio Padilha, pelo convite para estar hoje nesta mesa. Agradeço também ao acadêmico Sergio Paulo Rouanet, coordenador desse encontro, assim como aos demais componentes da mesa, e a todos do auditório que tiveram a gentileza de me ouvir.

Muito obrigado.

---

[12] Livro relançado pela editora É Realizações em 2012. (N. E.)

ÍNDICE ONOMÁSTICO

Abreu, Casimiro de, 204
Adler, Alfred, 251
Akhmadulina, Bella, 149
Albano, José, 105, 204
Alencar, José de, 52, 201
Almeida, Guilherme de, 49, 300
Alonso, Amado, 184, 303
Alonso, Dámaso, 209, 303
Alphonsus de Guimaraens, 204
Álvares de Azevedo, Manuel Antônio, 204
Alvarez, Al, 189-90
Andrade, Mário de, 46, 51-52, 54, 68, 72, 74, 86, 101, 152, 205, 301
Andrade, Oswald de, 47, 305
Aranha, Luís, 48
Araripe Júnior, Tristão de Alencar, 180, 201
Araújo Jorge, J. G. de, 49
Araújo, Murilo, 49, 300
Ariosto, Ludovico, 45
Aristóteles, 228
Athayde, Tristão de, 51, 72
Auden, Wystan Hugh, 166
Auerbach, Erich, 34, 195

Bachelard, Gaston, 125
Balzac, Honoré de, 78, 170-71, 177, 231-32, 242-44
Bandeira, Manuel, 42-43, 47-48, 58, 72-73, 205, 316

Barfield, Owen, 214
Baudelaire, Charles, 68, 73, 211, 231, 272
Beardsley, Aubrey, 281
Beckmann, Max, 176
Beethoven, Ludwig Van, 174
Béguin, Albert, 73
Benedict, Ruth, 261
Benjamin, Walter, 81-82, 234, 280, 291, 294-95, 316, 323
Berceo, Gonzalo de, 213
Berger, Gastón, 194
Bergson, Henri, 138, 155
Bilac, Olavo, 51, 321
Binswanger, Ludwig, 35, 251
Blake, Patricia, 151
Blanchot, Maurice, 78
Blok, Aleksandr, 151
Boas, Franz, 254, 258-59, 270
Bocage, Manuel Maria Barbosa Du, 19, 154-57, 203
Booth, Wayne, 167
Bopp, Raul, 41
Bosanquet, Bernard, 271
Boscán, Juan, 187
Bosch, Hieronymus, 84-85
Boss, Medard, 251
Botelho de Oliveira, Manuel, 203
Brecht, Bertolt, 176, 272
Breton, André, 73-74
Broch, Hermann, 176
Brueghel, o Velho, 28, 84-85, 160

Bühler, Karl, 262
Buytendijk, Frederik Johannes Jacobus, 123, 125, 251

Cabral de Melo Neto, João, 50, 55, 58, 86, 100, 113, 115-20, 122, 125, 195, 206-07, 213, 214-15, 218, 241, 300, 312, 316-17
Calderón de La Barca, Pedro, 174
Callot, Jacques, 160
Camões, Luís de, 28, 111, 135, 186, 189
Campos, Geir, 57, 206
Camus, Albert, 79, 294
Candido, Antonio, 164, 203, 308
Cardoso, Lúcio, 75
Cardozo, Joaquim, 19, 22, 36, 39, 41, 53, 68, 89, 205, 298
Carew, Thomas, 191
Carlyle, Thomas, 169
Carpeaux, Otto Maria, 176
Cassirer, Ernst, 16, 86, 273-74, 278, 281-82, 284
Castro Alves, Antônio Frederico de, 204
Cervantes, Miguel de, 155
Chamie, Mário, 71, 217-20, 225
Coleridge, Samuel Taylor, 192-93
Correggio, Antonio da, 172
Côrtes Riedel, Dirce, 71, 224
Coutinho, Afrânio, 51, 71, 201-03, 301-02, 304
Croce, Benedetto, 223
Cruz e Sousa, João da, 204
Curtius, Ernst Robert, 28

Daniel, Arnaut, 28, 89
Daniel, Samuel, 136
Dantas, Julio, 49
Dantas, Pedro, 48
Dante Alighieri, 34, 105, 110, 119, 139
Demetz, Peter, 285
Desportes, Philippe, 128
Dewey, John, 252
De Witt Parker, 281
Dietrich, Marlene, 175
Dilthey, Wilhelm, 284
Dix, Otto, 176
Donne, John, 189-92
Dostoiévski, Fiódor, 297
Drummond de Andrade, Carlos, 42-45, 53, 72-73, 76, 86, 100-12, 205-07, 211-12, 214, 220, 288, 298, 316-17
Du Bois, Cora, 251
Dubuffet, Jean, 114
Dufrenne, Michel, 281
Duplessis, Yves, 73
Dürer, Albrecht, 37
Durkheim, Émile, 252-54, 262, 282

Eisenstein, Serguei, 118
Eliot, T. S., 151, 201, 318
Empson, William, 180, 280
Engels, Friedrich, 241, 285
Epicuro, 135
Evans-Pritchard, Edward Evan, 260, 282-83
Evtuchenko, Eugênio Alexandrovitch, 143-45, 149-53

Faulkner, William, 151
Ferreira, Ascenso, 41
Ferrier, Jean-Louis, 85
Figueiredo, Cândido de, 53, 206
Fischer, Ernst, 68, 199, 272-73, 277, 281
Flaubert, Gustave, 37, 171
Frazer, Sir James, 250, 256, 319
Freud, Sigmund, 151, 250-53, 315, 318-20
Fromm, Erich, 147-48, 242, 251
Frost, Robert, 151

Garcia, Othon Moacyr, 69
Géraldy, Paul, 49
Germani, Gino, 253
Gide, André, 130
Giorgione, 126
Girodias, Maurice, 157
Goethe, Johann Wolfgang Von, 119, 170, 173, 280, 295
Goldmann, Lucien, 223
Goldoni, Carlo, 178
Gonçalves Dias, Antônio, 59-60, 63-65, 69, 203-04
Gonzaga, Tomás Antônio, 203
Goodman, Paul, 184
Gotshalk, 281
Gozzi, Carlo, 178
Grosz, Georg, 176
Guillén, Jorge, 209
Gurvitch, Georges, 249

Hegel, Georg Wilhelm Friedrich, 124, 222, 239, 245, 249, 271
Heidbreder, Edna, 253
Heidegger, Martin, 229, 251, 321

Heine, Heinrich, 173
Hemingway, Ernest, 149, 151
Hendel, Charles W., 274
Herbert, George, 192
Herculano, Alexandre, 64
Highet, Gilbert, 210
Hoffmann, Ernst Theodor Amadeus, 19, 78, 84, 158, 160, 165, 169-70, 172-78, 296
Holanda, Aurélio Buarque de, 59-60, 63
Horácio, 136, 210
Horney, Karen, 251
Houaiss, Antônio, 115, 202, 214
Hsu, Francis, 252
Hugo, Victor, 73, 293
Huizinga, Johan, 28
Humboldt, Wilhelm Von, 276-79
Husserl, Edmund, 194

Ingarden, Roman, 281
Ivo, Lêdo, 51, 55

Jakobson, Roman, 194, 262, 275-76, 279-80
Janowitz, Hans, 175
Jespersen, Otto, 277
Jonson, Ben, 192
Joyce, James, 151
Jung, Carl Gustav, 251, 257, 320-21
Jünger, Ernst, 176

Kafka, Franz, 78-84, 151, 176-77, 294-95
Kant, Immanuel, 170, 183, 222, 271, 273-74, 278-79, 298

Kardiner, Abram, 251
Kästner, Erich, 176
Kayser, Wolfgang, 84, 160-61, 164, 168-69, 175, 177
Kazakov, Iuri, 149
Keats, John, 39, 68, 272
Keesing, Felix, 263
Kerouac, Jack, 149, 152
Klee, Paul, 85-86
Koffka, Kurt, 262
Köhler, Wolfgang, 262
Kracauer, Siegfried, 147, 175

La Harpe, Jean François de, 134
Lamartine, Alphonse Marie Louis de Prat de, 204
Lang, Andrew, 250, 319
Lawrence, David Herbert, 154, 167
Leavis, Frank Raymond, 221
Lefebvre, Henri, 199
Leibniz, Gottfried, 278
Lerner, Lawrence, 167
Lévi-Bruhl, Lucien, 171, 315
Lévi-Strauss, Claude, 16, 252, 254-55, 257, 259-64, 267, 269, 274-75, 277, 283, 298, 314, 322
Lewin, Kurt, 253, 262
Lima, Alceu Amoroso. Ver Athayde, Tristão de
Lima, Jorge de, 41, 45, 53, 205-06, 208
Linton, Ralph, 251
Lisboa, Henriqueta, 48
Longfellow, Henry Wadsworth, 204

Lukács, Georg, 81-82, 173, 199-200, 222, 227, 229, 241, 243-46, 272, 291, 294-95, 298, 306, 314, 321

Machado de Assis, Joaquim Maria, 201, 304, 326
Machado Filho, Aires da Mata, 60, 64
Maiakóvski, Vladimir, 144, 151, 153
Mailer, Norman, 152
Malherbe, François de, 133-34, 136
Malinowski, Bronislaw, 250, 252, 258-62, 282-83, 319
Mallarmé, Stéphane, 189, 208
Mann, Thomas, 151, 173
Manrique, Jorge, 117, 209
Manuel da Costa, Cláudio, 26, 203
Mariano, Olegário, 49
Marot, Clément, 133
Marvell, Andrew, 137, 190-91
Marx, Karl, 241-47, 283, 285, 321
Matisse, Henri, 237
Matos, Gregório de, 155, 203
Mauss, Marcel, 253-55, 257, 262, 267
Mayer, Carl, 175
McDougall, William, 252
McLennan, John Ferguson, 250, 319
Mead, George Herbert, 252-53
Mead, Margaret, 251
Meireles, Cecília, 47, 53, 205-06

Mello, Thiago de, 57
Mendes Campos, Paulo, 57
Mendes, Murilo, 19, 45, 53, 71, 75-77, 86-87, 90, 161, 165, 204, 288, 293-94, 297, 308, 316
Mendes Vianna, Fernando, 214-16, 241
Merleau-Ponty, Maurice, 239, 251, 255-56, 314
Meyer, Augusto, 28, 48, 205
Milano, Dante, 48
Miller, Arthur, 149
Milliet, Sérgio, 48
Milton, John, 137, 307
Miró, Joan, 114
Molière, 115
Molinet, Jean, 28
Mondrian, Piet, 114
Montale, Eugenio, 211
Moore, Marianne, 114
Moraes, Vinicius de, 49, 300
Morawski, Stefan, 280
Morazé, Charles, 171
Moreira da Fonseca, José Paulo, 56
Morris, Charles W., 281
Moura, Emilio, 50
Mozart, Wolfgang Amadeus, 174
Munro, Thomas, 281
Musil, Robert, 176
Myers, Bernard, 175

Nekrassov, Nikolai, 150
Nietzsche, Friedrich, 226-28
Novalis, 73, 173

Ogden, Charles Kay, 281
Oliveira, Alberto de, 206
Oliveira, Marly de, 216
Orléans, Charles de, 36-37, 39
Ossowski, Stanislaw, 280
Ovídio, 28, 210

Pabst, Georg Wilhelm, 176
Pasternak, Boris, 151
Peirce, Charles Sanders, 275
Pessanha, Camilo, 210
Pessoa, Fernando, 95, 118, 211
Petrarca, Francesco, 33, 89, 185-86
Picasso, Pablo, 149
Picchia, Menotti del, 49, 300
Picon, Gaëtan, 73-74, 193
Pirandello, Luigi, 235
Platão, 275
Ponge, Francis, 113, 209
Portella, Eduardo, 117, 202, 291, 306, 309, 323
Pound, Ezra, 39, 192, 201, 207
Proust, Marcel, 151
Puchkin, Alexander, 150, 152

Quental, Antero, 210
Quevedo, Francisco de, 37, 155, 209
Quiller-Couch, Sir Arthur, 167
Quintana, Mário, 50, 300

Radcliffe-Brown, Alfred, 252, 262, 283
Ramos, Péricles E. da Silva, 56, 71, 115
Rank, Otto, 68, 251

Raphael, Max, 273
Ratzel, Friedrich, 258
Raymond, Marcel, 73
Remarque, Erich Maria, 176
Ricardo, Cassiano, 46, 53, 91, 98, 211, 308
Richards, Ivor Armstrong, 281
Richter, Horst-Eberhard, 147
Rilke, Rainer Maria, 125, 151, 313
Rimbaud, Arthur, 151
Rivera, Bueno de, 54
Rodrigues Lobo, Francisco, 210
Romero, Sílvio, 201
Ronsard, Pierre de, 127-29, 131-36, 138, 140-42
Rosenfeld, Anatol, 84
Ruisdael, Jacob Van, 172

Sá-Carneiro, Mário de, 210
Sade, Marquês de, 156
Sainte-Beuve, Charles-Augustin, 134
Salinas, Pedro, 211
Sanctis, Francesco, 33
Sapir, Edward, 254, 263
Saraiva, Antônio José, 111
Sartre, Jean-Paul, 78-79, 83-85, 154, 166, 193, 196, 220-21, 237-39, 251, 294, 314
Saussure, Ferdinand de, 239, 275, 278
Scève, Maurice, 28, 190
Schaff, Adam, 280
Schelling, Friedrich Wilhelm Joseph Von, 170
Schiller, Friedrich, 244

Schlegel, Irmãos, 173
Schmidt, Augusto Frederico, 48-49, 53, 72, 87, 292, 295-96, 300
Schopenhauer, Arthur, 86
Schubert, Gotthilf Heinrich, 170
Schücking, Levin, 197
Secchin, Antonio Carlos, 102
Seghers, Anna, 176
Seguin, Carlos A., 251
Shaftesbury, Anthony Ashley-Cooper, 3º Conde de, 183
Shakespeare, William, 38, 119, 134-35, 167, 242, 244
Shelley, Percy Bysshe, 43
Silva, Domingos Carvalho da, 55
Silveira, Tasso da, 49, 320
Slutski, Boris, 149
Sófocles, 246
Spencer, Herbert, 250, 319
Spenser, Edmund, 136
Spitzer, Leo, 211, 303
Starobinski, Jean, 36-38, 68
Stendhal, 171
Strauss, Richard, 149
Strzeminski, Vladislav, 280
Sullivan, Harry Stack, 251, 253
Swift, Jonathan, 276

Tchecov, Anton, 152
Tellenbach, Hubertus, 37
Tennyson, Lord, 39, 137
Ticiano, 134, 314
Tintoretto, 85, 314
Tolstoi, Liev, 150
Torga, Miguel, 211
Trotsky, Leon, 198

Trubetzkoy, Nikolay Sergeyevich, 262
Tylor, Edward Burnett, 250

Valéry, Paul, 100, 192-93, 207
Van Gogh, Vincent, 31
Varela, Fagundes, 204
Vega, Lope de, 170
Verde, Cesário, 114, 210
Veríssimo, José, 69, 201
Verlaine, Paul, 138
Viau, Theóphile de, 28
Vicente, Gil, 155
Villon, François, 133, 205
Violante do Céu, 190, 210
Virgílio, 28
Voltaire, 320
Voznesenski, Andrei, 149, 152-53
Warner, Lloyd, 252

Weitz, Morris, 281
Weltfish, Gene, 270
White, Leslie, 259
Whitman, Walt, 151
Wiene, Robert, 175
Williams, Tennessee, 149
Winters, Yvor, 192-93, 200
Wols (Alfred Otto Wolfgang Schulze), 84-86
Wordsworth, William, 52, 183, 219
Wundt, Wilhelm, 250, 319

Yeats, William Butler, 97, 136-42

Zuckmayer, Carl, 176

Dados Internacionais de Catalogação na Publicação (CIP)
(Câmara Brasileira do Livro, SP, Brasil)

Merquior, José Guilherme
　Razão do poema: ensaios de crítica e de estética / José Guilherme Merquior. – 3. ed. – São Paulo: É Realizações, 2013. – (Biblioteca José Guilherme Merquior)

ISBN 978-85-8033-137-0

1. Artes 2. Ensaios 3. Estética 4. Poesia - História e crítica I. Título. II. Série.

13-06390   CDD-809.1

Índices para catálogo sistemático:
1. Poesia : História e crítica   809.1

Este livro foi impresso pela Gráfica Vida & Consciência para É Realizações, em agosto de 2013. Os tipos usados são da família Sabon LT Std e Industrial736 BT. O papel do miolo é pólen soft 80g, e, da capa, cartão supremo 250g.